儒林

【2016】（第六辑）

山东大学儒学高等研究院

○主　编　黄玉顺

○副主编　沈顺福　陈　峰

上海古籍出版社

《儒林》编委会

《儒林》编辑部

目　录

学派评析

文献研究

心场视域的主体
——论儒家角色伦理的博大性

◇［美］安乐哲(Roger Ames)/文　王堃/译

【摘　　要】儒家角色伦理不诉诸抽象的主体、行为、动机、理性、选择、结果、人格特征等等，而是植根于对人更为整体和多变的叙述性理解。因此，儒家角色伦理不是作为另一种伦理理论而被提出，而是对道德生活的一种更加广阔而独特的视角。这种道德生活，始于在相对直接的人类经验中寻求保证。生活的开始，是由浅薄到复杂的生理和社会关系网，进而发展为独特而一致的个人认同。为获得这个中心，只有生活在我们所处的关系和角色中，并逐渐生成我们的叙述方式，中心的问题在场域中才能得到解决。主体是这样一种表达，在天道的承袭中，自然与文化的遗产通过“仁”的持续获得而被继承，仁如同一个特殊的中心，在经验场域的无限展开中不断敞显自身。

【关 键 词】儒家；角色；伦理；心场视域；博大性

【作者简介】安乐哲(Roger T. Ames)，男，美国夏威夷大学哲学系教授、夏威夷大学和美国东西方中心亚洲发展项目主任、《东西方哲学》主编、《国际中国书评》主编。主要研究领域为中国经典英译、中西哲学比较研究。

一、儒家角色伦理和对人的叙述性理解

儒家角色伦理不诉诸抽象的主体、行为、动机、理性、选择、结果、人格特征等等，而是植根于对人更为整体和多变的叙述性理解。正如黄百锐(David B. Wong)所说：

> 《论语》展现出以孔子为中心的一个组织，他们参与道德培养，每个人都有不同的优势和弱点，并没有理论化或给出哲学上的验证，而是通

过互相之间的交流，为中国哲学传统中孔子后人的理论化和哲学求证提供基础和灵感。[①]

因此，儒家角色伦理不是作为另一种伦理理论而被提出，而是对道德生活的一种更加广阔而独特的视角。这种道德生活始于在相对直接的人类经验中寻求保证，如同我们在《论语》及其他早期儒家著作中看到的那样。有一些对儒家角色伦理持欢迎态度、同时要求澄清某些相关观念的学人，我们将以对其作出回应的方式，继续寻找足以完整而一致的表达我们思想的语言，以期探讨儒家角色伦理的广阔性之所在。

对于罗思文(Henry Rosemont)和我而言，形成这种思考的起点是儒家的核心词汇"仁"一直以来的模糊性，这种模糊在孔子《论语》中得到了发展。[②]在它多于100次的出现中，从我们英语的语法和反思来看，至少能够部分保证其中存在着一系列熟悉而有用的差别。这些差别的作用是从具体经验的统一中，抽象和离散出一个或多个因素；也就是说，从外在世界中抽出内在自我，从行为中抽出主体，从他人中抽出自我，从多元中抽出单一，从目的中抽出方法，将心理性格从其引导的行为中抽离，从总体独特的习俗中抽出特定的德行，从具体的叙述中抽出抽象观念本身，从更高的总括中抽出特殊行为，等等。

这些错综复杂的语言上的区分，其中的大部分，如果不是所有，对我们很有意义。因为我们习惯把个人先从群体中抽出，再从其行为中剥离，这植根于我们的哲学传统，远至毕达哥拉斯以及他的不死灵魂说。而在读《论语》的过程中，我们发现，一个人不能通过自己成仁，也不能通过某种可复制的仁的行为而成仁。"仁"总是因情况而异、因人而异的。[③]

如果我们认为，早期中国宇宙论以一种重关系而轻实体的方式为解读《论语》及其他经典文本提供了另一套诠释语境，那么我们必须质疑我们常识中的这种抽象和区分，因为它背离了其他传统中经验的基本存在方式。换言之，儒家哲学中所有伦理讨论的叙事基础，总是把这种区分看作是从具体而

---

① David B. Wong. "Cultivating the Self in Concert with Others." *Dao Companion to the Analects*. Amy Olberding, Editor. Dordrecht: Springer, 2014, p. 175.

② "仁"的确出现在商代的甲骨文和青铜器中。虽说在甲骨文中它的意思还很模糊，但在青铜器上它意味着爱和善良。我们的观点是，虽然"仁"在早期出现得不多，然而它在《论语》中的发展仅仅增加了一些实质性的哲学意味。

③ 例如，从黄百锐的观点出发，从对12.1的颜回问仁，15.10的子贡问仁，孔子的回答非常不同。这是因为颜回和子贡的具体情况不同，他们之间存在差异，正如在11.22中孔子对子路和冉有的另一个问题的不同回答一样。无论哪种情形，都如孔子在11.22结尾所说，其答案都与提问者的个人情况相关。

连续的关系性行为中的特殊抽象结果。过去我们区分为“个体”与其“德行”，或“观念”与其“叙述来源”，实际上只是同一经验中不可分离或分析的方面。

我们所谓儒家角色伦理，以关系存在的事实为起点，没有什么事物或人可以自己做任何事。那么，一个人的特定角色——女儿和祖父母，老师和邻居，店主和爱人——仅仅是某种被指定的关系，在其特定性中采用了一种清晰的伦理判断：我是一个好女儿或好老师吗？角色伦理是对这种传统的一种适宜的动词状形容式的解读。这种解读不同于我们貌似寻常的假设，即个体作为离散的实体，可被抽象于其叙述背景，独立于与之关联的环境，此环境首先包括其他的人，并可以被精确地描述、分析和评价。角色伦理将始于一个宣称，在任何有趣的道德或政治意义上，人都不能脱离与其交流的其他人而被理解。事实上，只有在与他人的交流中指导其行为的特定角色中，一个人才能得到最好的描述和评价。简单说来，所谓道德就是有助于角色和关系生长的行为，我们与他人就共同生活于这些角色和关系之中。

在其最近的一篇文章《仁：一种典型示范性的生活》（*Ren: An Exemplary Life*）中，赖蕴慧（Karyn Lai）也许简单讲明了一点，“仁”应被理解为一种广阔的、与特定语境相关的行为质，这种行为的质表现在君子与人同乐的道德生活中，因而这种生活是以促进关系的生长为目的的。人们在角色和行为中，如同撰写自传般发展和表达着这种行为的质：首先，这些角色和行为起源于家庭，接着更加广泛地扩展到社区。对于人的行为中显现出来的不同能力，赖蕴慧坚持一种整体论观点为不同的行为能力提供了一致的保证，这也使其对于“仁”的解读与杜维明不同。赖蕴慧倾向于有机的、情境性和动态的解释，而杜维明则更有分析性、理论性和抽象性。“仁”对杜而言是“更高的观念秩序”和“内在道德”；而赖蕴慧认为，对于她认为是不可避免的具体而特殊的生活质而言，杜维明的这种简略解释有个体化和心理化之嫌。[①]

二、放弃“抽象的冒险”

威廉姆斯（Bernard Williams）以其与任何道德理论都保持距离而著称，这些道德理论告诉我们什么是对的，什么是错的，以及什么我们应该做。在《道德运气》（*Moral Luck*）这本书的序言中，威廉姆斯声称：

对于什么是道德，没有任何有趣、干净而自洽的理论能够说明；并

① Karyn Lai. “*Ren* 仁: An Exemplary Life.” *Dao Companion to the Analects*. Amy Olberding, Editor. Dordrecht: Springer, 2014, pp. 83 - 94.

且，尽管有当前鼓吹者有力的活动，也不可能有一个伦理理论，在一种哲学架构的意义上，将与某些经验事实一道产生道德理性的决定过程。①

怀特海(Alfred North Whitehead)常被引用的语句是："我们通过整体思考，却活在现实中。"他也忧虑使我们依靠貌似清晰的抽象理论所造成的持续不平衡，同时又权衡着另一个更加含糊而充满试探性的实践世界。在对哲学史的反思中，怀特海批判伊壁鸠鲁(Epicurus)、柏拉图和亚里士多德"不明白抽象的危险"，而使得知识封闭和完备。怀特海的观点是，与这些伟人相联系的"思想史"：

> ……是活跃的开始与压抑的终止之灾难性的混合。穿透感丧失于完备知识的确定性中。这种教条主义是学习的反抗者。在事物之间完全具体的关联中，事物的特征进入了关联本身的特征之中，因而关联本身不能被确定的定义。例如，每一个友谊都显现出两个朋友特别的特征。而如果把这种特征认作对友谊的完备定义，那么两个其他的人就不会符合这个特征了。②

怀特海在此提供的例子是为了解释"穿透感"，而在有关友谊的知识之确定性的假设中，这个解释的"穿透感"就受到了阻碍和抵消。这种确定的知识也就是当两个通常是独特的人能够达到并巩固一种有生产力的关系图式时，我们生活中创造性的进步就发生了。然而，在特定友谊中的两个人，其自身是不可替代的，以致把任何其他人放在那种关系中都是不适当的。用怀特海的话说，对他而言，友谊这个过程本身的质是持续的，包括朋友和朋友之间的联系，那是十分具体的。作为假定为"个体"的两个人，实际上是从现实中的抽象结果。

对怀特海而言，假定有某种离散个体的存在，是他所谓"简单定位谬误"的典型例子。此谬误也就是说，用于将事物作为简单的分子进行孤立和分析，这种熟悉而错误的假设是理解我们经验内容的最佳方式。怀特海摒弃了"对象物"的世界，认为它是从我们经验中抽象的结果，并主张作为基本现实的经验和自然本身最好被理解为扩展和动态的事件。对怀特海而言，离散的个体观念是对于人在自由维度上的理论化假定，它是哲学家"职业异化"(deformation professionelle)的一个特定而顽固的例子，也是他在别处提到

① Bernard Williams. *Moral Luck: Philosophical Papers* 1973 - 1980. New York: Cambridge University Press, 1981, pp. ix-x.

② A. N. Whitehead. *Modes of Thought*. New York: Free Press, 1938, p. 58.

的"具体的误用"(misplaced concreteness)的一个露骨例子。后者密切关系到一个谬误,认为抽象实体有一个"更真实"的简单位置,而非其所处在的动态扩展的关系场域。而恰在此场域中,各种不确定的转变和连接构成了人类经验的真实内容。[①]

哈特肖恩(Charles Hartshorne)详述了怀特海的这一思想,质疑了我们对表面的"内"、"外"领域的常识,并主张在人与人的关系中相互暗示和渗透:

> 怀特海看得最清楚的是:个体总的来说不仅在各自之外("简单定位"的谬误),而是在各自之中,上帝包容万物仅仅是个体之间的相互包含或社会的相对性的极限例子。[②]

陈素芬(Sor-hoon Tan)认为,人类行为不可避免的是社会的和有机的,这让人想起杜威(John Dewey)的"反思性谬误"。她说:

> 那些依然纠结于"身分认同"的人们常常抱怨杜威的观点是"无自我的行为自我"。他们忽视了杜威对传统自我观念的反对。对杜威而言,在人类的行为和经历、经验之外无自我。"自我"和行为之间的区别是"事实之后"。在经验中,一致超越了差别,否则就犯了"反思性谬误"——错把由后来的反思引入经验的差别当成完全是在当下原始经验中的给出。自我生成于复杂而有组织的交流,在此社会的、有机的交流中成为一种终极性的功能。[③]

不把人们当作离散的个体进行语法描述或分析,这就是对人的叙述性理解。黄百锐曾关注儒家角色伦理的"心场"观,而这种叙述性理解就是对此问题的答案。从以上引用的段中可以明显看到,在黄百锐对早期儒家的理解中,有大量作为人们共同叙述的成分在内,这与我们角色伦理的思想是一致的。黄百锐也似乎意识到了儒家道德生活观的这种审美的(因而也是整体的)基础。

> 儒家对好生活的观念有一种审美的维度,在西方读者眼中会显得古怪而陌生。好的行为被喻为拥有一种道德美,它表现为在自然而然的尊

---

① Alfred North Whitehead, *Process and Reality: An Essay in Cosmology*. Donald Sherbourne corrected edition. New York: Free Press, 1979, p. 137. 其中有:"这种个体独立预设是我在别处提到的简单定位谬误(fallacy of simple location)。"

② Hartshorne, Charles. *A History of Philosophical Systems*. New York: Philosophical Library, 1950, p. 443.

③ Sor-hoon Tan. *Confucian Democracy: A Deweyan Reconstruction*. Albany: State University of New York Press, 2003, p. 27.

重和关心中的优雅和自发。[①]

但黄百锐在读儒家伦理时，依然把离散的个体摆在首要地位，而不依赖与他人的关系。他对问题的构造如下："如果我是我的关系的总体，那么谁或者什么才是立于每一个特殊关系中的实体？"在建立关系之前必须有个体的存在。发展于早期著作，而留存于近期作品中，黄自己给出的答案是："我们以生物有机体获得生命，通过和同类建立关系而成人。"[②]

而我们的答案则是简单的重复道，我们是关系的总和并被关系所组成，而非复制这些集中的、惯性的中心，比如过去的集关系于其中的"实体"观。詹姆斯(William James)怀疑，这种"实体"思路是我们试图把名变为"实"的"根深蒂固的恶习"：

> 举例来说，今天的温度计是从某种叫做"气候"的东西中来。气候其实只是一段时期的名称，却被认为好像处于这段时期背后。我们总把名称当作存在，放在其所指的事实背后。但事物的属性并不在任何东西的内部，而依附或结合在事物之间。因此我们认为，任何东西离开了实体概念的支撑就不能为我们所知晓，如同马赛克黏合在水泥上一样，这样的想法必须被摒弃。结合本身的事实就是实体观念所意味的一切，事实背后一无所有。[③]

生活的开始，是由浅薄到复杂的生理和社会关系网，而发展为独特而一致的个人认同。为获得这个中心，只有生活在我们所处的关系和角色中，并逐渐生成我们的叙述方式，中心的问题在场域中才能得到解决。

三、"场域"作为内部关系理论的必然推论

为了清楚地回答黄百锐的问题，首先要区分内部关系和外部关系。实体形而上学与其外部关系的理论，曾经是、并将继续是我们共同的常识。用黄的话说，当我们从单个的有机体进入与同类之间的关系时，这种理论保证了

① Wong, "Cultivating the Self in Concert with Others," p. 177.

② Wong, "Cultivating the Self in Concert with Others," p. 192. 同样可见于其论文："Relational and Autonomous Selves." *Journal of Chinese Philosophy* 34: 4 (December 2004) 以及 "If We Are Not by Ourselves, If We Are Not Strangers." *Polishing the Chinese Mirror: Essays in Honor of Henry Rosemont, Jr.* Edited by Marthe Chandler and Ronnie Littlejohn. New York: Global Scholarly Publications: 2008.

③ William James. *Pragmatism and Other Writings*. New York: Penguin, p. 42.

离散和独立的个体的首要和完整。

相反，在一种内部关系的理论中，有机的连续性是最重要的，这种连续性由假定的事物组成。当把这种至关重要的关系摆在儒家角色伦理的宇宙论背景的首位时，它所代表的生物学关系和社会关系，如在同源词“体”(生活的所在之处)和“礼”(生活的表现形式)中呈现的那样，被有机的灌注在那些动态的、相互促进、相互渗透的样式中，这些样式构成了人们所在生活的叙述。[①]这些样式起初是微弱和试探性的，而随着我们学会生活并建立起独特的人格，生活样式的意义也会增长和加深。我们认为，无论在生理意义还是社会意义上，一个孩子并非作为一个离散的，或已经完备的实体降临到世界上，而是在一种辐射远及宇宙终端的关系中，被灌注为一个生物的和社会的中心而诞生的。

当然，其所在的家庭成员确实会通过表达和传达他们的成熟文化的方式，成为孩子“有思想”、“有道德”的首要资源，使孩子在确立人格的过程中可以借鉴和使用。如果婴儿时期能够教会我们什么，那将不会是我们存在着独立的道德主体；相反，通过反思早年的经历，我们领会到的却是，“思想”是一个共同的过程，我们应欣赏对家庭和社区的依赖，不仅为了发展和建立人格，还为了我们的生存。

我们习惯于把世界看作由先在的、离散的事物所构成，这些事物后来才进入相互的关系中。对于这种顽固不化的习惯，赫肖克(Peter Hershock)提出了一个没有争议的观点，也即以内部的构成性关系来诊断这种顽疾中存在的问题：

> 自发的主体和客体，最终只是抽象的假设……所谓“事物”——无论是山川、人类，还是复杂的现象如历史——都只是已建立相对稳定的价值和相关存在者的标准之后的经验结果。它们并非如常识所坚持的那样，是实在或实体的自然显发。事实上，独立于我们而存在的对象物只是一种惯常的关系样式的作用结果。[②]

赫肖克为我们这种文化跳跃思维提供了一剂良药，“事物”的先在这种无辜的假设，引导我们看到了“实体是预定的演员，关系是第二实体这样的假

---

① 参见 Roger T. Ames. *Confucian Role Ethics*: *A Vocabulary*. Hong Kong and Honolulu: Chinese University Press and University of Hawai'i Press, 2011. 在第3章，Ames 使用了两个词 *Ti*(体)和 *Li*(礼)作为一种探索和启发，以解释在早期儒家传统中获得个人认同的过程。

② Peter Hershock. *Buddhism in the Public Sphere*: *Reorienting Global Interdependence*. New York: Routledge, 2006, p. 140.

象。”内部关系理论则要求我们具有另一种不同的常识：

> 这等于一种形而上学的格式塔，从雇用独立和不独立的演员作为第一实体、而其关系作为第二实体开始，到把关系看作第一(最终)实体、而所有单个演员作为按惯例从其中抽象出来的。①

当我们试图澄清心场观，出发点是这种内部的构成性关系，而对包含特殊与整体的这样一个有机过程，却要求一种完全不同的理解。也许我们需要读一段孟子常被引用的话：

> 孟子曰：万物皆备于我矣。(《孟子》7A4)

如上所述，我们对“仁”的理解首先有内在自我和外在世界的区分，而孟子的这段话对这个区分提出了质疑。我们可以用内—外二分法来重构这种分离。那么这两个不同领域是否存在着替代品，如果存在，会是什么？为了弄清孟子的这句话，我们必须澄清关于人类经验具有过程性和辐射性的宇宙论假设，以及关于特定的人与其世界之间看得到的关系。唯其如此，我们才能探讨孟子常被翻译为“heartmind”的“心”的观念是如何在早期的宇宙论中被理解的。

很明显，心既能认知，也有感情——在认知与情感、知识和感觉、身体和意识、结构和功能、思考和行动、中心和背景之间，都不存在二分的关系。这些区分是不可分析的，也不能分离和孤立心的不同元素；它们只是看待同一现象的不同方式而已。为这一宇宙论的实际应用，可以从中医那里获得线索，我们须避免外在关系带来的形式主义，比如承认生理学和解剖学、结构和功能的不可分割。实际上，由于其对结构和功能的毗连关系作动态的、共生的“体用”理解，对于孟子的“万物皆备于我”的“万物”，传统中医可为我们提供一种显著不同的理解方式。如同医学人类学家冯珠娣(Judith Farquhar)在其对中国“气”宇宙论的探索中所观察到的：

> 气既是结构的又是功能的，是质料和暂时形式的统一，若把它降低为任何一个“方面”，都会丧失所有的一致性。②

传统中医敏感地将系统性的生理功能摆在更为切近而局部化的解剖结构之上，这就要求对中医的解释应为整体的和包容的，而非过于特定而排它。

---

① Peter Hershock. *Buddhism in the Public Sphere: Reorienting Global Interdependence*. New York: Routledge, 2006, p.147.

② Judith Farquhar. *Knowing Practice: The Clinical Encounter of Chinese Medicine*. Boulder: Westview, 1994, p.34.

例如,“诊脉”这个词,可以被精确翻译为“测量脉搏”,但更重要的是,它是运用人的触觉敏感来感受和领会整个躯体中内脏的活动。这样,诊脉大概指示的不仅是有机体自身,还包括身体内外的活动之间的关系。在诊脉中,行医者最终感到的是宇宙中的相互关联。

也就是说,如果我们用心与场的语言来描述心的概念,那么它首先是特定系统中心的动态中心,这个系统是思想和情感从生理和心理的维度辐射到作为其背景的无限宇宙中。的确,心只是从派生的和抽象的意义上成为物理器官,而那只是更为复杂的事件的转喻,在那些事件中这一方面被列为一个符号,为构成连续人生的整体而多样的功能服务。

从孟子另一个相关的段落的描述中,我们可见“尽心”如何体现在相互给出的过程中,首先充分生长于家庭和社区的初始环境中,然后为了在宇宙背景中自我实现而做出自己的突出贡献:

> 尽其心者,知其性也。知其性,则知天矣。存其心,养其性,所以事天也。(《孟子》7A1)[①]

受到孟子“心”的启发,我们也许想挑战一下外在关系中的内—外二元论,那么为“反思”发明一个替代词,如“返观”(*intra*-spection)这个新词表示一个事实,即“观照我心”的过程同时也是观看世界。这种返观看到的是内心和外界的关联,因而既是内又是外。也就是说,心是全息的。的确,既然“万物皆备于我”,“尽心”也就意味着我们其实是把整个宇宙纳入中心,以我们独特的视角给出一种解决方式。因而,我们与发生在周围事件中的一切,得以通过最有效的方式联系起来。

至于我们的特定行为如何发生在无限的行为场域中,要获得对其更为整体的理解的另一种方式,也许要借用杜威(John Dewey)和他的导师詹姆斯(William James)二人光辉的形象为此铺垫。首先,杜威声称我们要摒弃一种常识,即假设我们活在自己的皮肤里,并认识到生命与变动的外在世界在哪种程度上达到最完备的相互合作。

> 最要紧的一件事是,经验中的生活并非进行在一个有机体皮肤之下:它总是包容了有机体内部和外资时刻以及更高生物和更远范围之间的联系和交流。[②]

---

① 意识到“知”的行为性(performative)很重要。我们通常把它翻译为 knowing,而在这里把它作为实现(realizing),意味着把它变成真实的而非认知上的了解。

② John Dewey. *The Essential Dewey* Volume 1. Edited by Larry A. Hickman and Thomas M. Alexander. Bloomington IN: Indiana University Press, 1998, p. 147.

在此基础上，杜威为思想本身的来源、落实和功用提供了一种社会的、动态的和交互的概念，很类似上文中孟子的散播而又集中的"心"的观念。

> 在空间思维的统治中，思想者常问的问题是，思想在哪里……暂且接受提问者的立场（同时忽略了讨论的位置、制度和社会艺术），把问题限制在有机个体上，我们会说思想的位置——其静止意义——是有机行为的质量，只要行为的质量受语言及其结论的调节。对于那些被"在哪里"这个问题所困的人们，以及那些不情愿承认思想是非空间划分的存在领域的人们，他们大部分相信神经系统、特别是脑部或脑中枢就是思想的位置。然而有机体不只是结构；还包括内部活动的特殊方式，这种活动不是同时进行，而是连续的。没有结构的支持，这些活动远非可能，但它们与结构的不同正如行走和腿、呼吸和肺的关系一般。[①]

杜威的观点是，思想是世界上进行着的心理—物理活动。这种参与式的理解体现在对"灵魂"这个词习语式的、非学理的和有机的使用：

> 强调一个人有灵魂或强大的灵魂……表达了一种信念，即这个人有相当的敏感度，在生活的各个方面都有积极协调的参与……看看有机体在其本身之中……会发现"在其之中"，并非像箱中的石头那样，而像历史中的事件那样，在一个变化、生长、永不停息的过程中进行。[②]

在《多元宇宙》(*Pluralistic Universe*)这本书中，詹姆斯用一个意识现象来反思和表达他所谓的"内部生命的搏动"，这种搏动同时是整体的和特殊的，要求我们摒弃任何关于排他性的"内"、"外"领域观念，并在心场观中，以全息的方式重构它们的关系，内外只是思考统一现象的两种方式。

> 我们每个人都能感受到内部生命的搏动，其中有过去，有未来，还有各种意识，其中包括对自己身体、对彼此之间的为人、以及对我们想要表达的思想、对地理和历史发展的方向、对真理和谬误、对善良和邪恶，凡此种种的意识，谁又能知道更多呢？内部生命的搏动感，无论如何微弱和潜在，都关联着所有的一切，与之相互连续，相互属于……我们感受到的生命单位不像主知论者宣称和计算的那样，不与存乎其中的他者相分离，只有在相隔久远的日期中才能发现其中的两者之间存在某些界限……我当下的意识领域是中心，被不知不觉深入潜意识的边缘所包围……哪一部分在我意

① John Dewey. *The Essential Dewey* Volume 1, p. 151.

② Ibid., p. 152.

识之中，哪部分不在？如果我说出之外的部分，那部分就已经进入其中。中心以一种方式工作，边缘则以另一种，并在当下超越和成为中心。我们在观念上认同自己是什么，并说出自己在想什么，那么什么就是中心；但我们完全的自我是整个场域，包括所有不确定的辐射着的潜意识增长的可能。①

对于我们习惯行为中的全息中心如何能既是一切事物又是所有时间，杜威的描述是，全息中心是从一个特殊视角，从全部历史作一时的解释。

我们也发现，在所有这些高级有机物中，行为是由先前的活动结果所预设的；我们发现了学习和习惯养成的事实……在当前的行为中，当下复制了一个广泛而持续的环境。实事求是地说，遥远和过去在行为中被赋予了意义。所谓"有机的"行动不仅是内部结构；也是有机的—环境的联系的结合。有这种思考也许显得很神秘；但如果这种考虑中包含一个"当前的"词语，包含了时空中遥远的事件，甚至到了地质学的年代，未来的消逝和遥远的星系，那么这种思考就不再神秘。问题只是实际经验中有多远被解脱出来并变成中心……值得注意的是，经验中的生活不是有机体皮肤下面的东西：它是富有包容性的事件，包括有机体内部和外部时空中、以及更高有机体之间的联系和交流。②

如果以中国宇宙论语言重申杜威和詹姆斯的话，应认识到"道"就是经验的场域。从不同角度对"道"的领会总是相互冲突，而"德"是贯穿于不同角度的领会中的特例。换言之，道是持续的经验场，而"万物"、"万有"是指其中发生的一切，二者只是以两种方式表达同一现象，一个强调连续，另一个突出多样。每个独特的"东西"或事件都暗含着所有事物的连续整体，而此整体必然要从某个角度进行理解。

四、"中心"作为关系视域的成就

当"心场"观中的扩展了的"场域"得到了更为微妙的理解后，我们可以更切近地反思场域的"中心化"过程意味着什么，以及这种语言在表达一个更为复杂而在经验上一致的人格或主体时的用处。因而，我们在具体回应黄百锐对于进一步澄清的要求时，这样说就没有问题了："场域通过个体和关系而被

① William James. *A Pluralistic Universe*. New York: Longmans, Green and Co., 1912, pp. 286 - 288.

② John Dewey. *The Essential Dewey* Volume 1, pp. 146 - 47.

定义,并在此意义上由它们组成。"然而,对黄百锐而言,"更复杂的是讲清楚场域如何组成个人。"[1]当然他是对的,但我们要试一下。

尽管在我们的经验中,无限的总体无处不在,在形成有特点的行为以塑造人格的过程中,对我们每个人最重要的是,什么对我们而言真正地"成为了中心"。也就是说,在把我们的关系网集中成为有意义的成就方式时,什么成为了最直接相关的。同样对我们大多数人而言,对家庭和社区中的角色和关系进行连续的叙述,也就是那个具有优势的中心。为达到中心和人的一生叙事展开中的成就方式,我们也许会转向孟子的"心",和与此相协调的"气"作为转喻。"气"在存在中适当的协调和聚焦带来了深刻的道德意义及其心理—生理意义,因为它决定了关系的增长。

在所有早期儒家文献里,在中国哲学传统的形成中,最为经久不衰的主题就是处于关系中的个人培养。正如他把"气"场理解为一种特别的道德能量,孟子在品行修养方面也给出了自己的提议。他以"至刚"和"至大"的同时具备这种心场式的语言来描述对"气"的培养,从而把自己与人有效交流的能力比拟为对浩然之气的培养能力。

> 孟子曰:"……我四十不动心。"……[公孙丑问]曰:"不动心有道乎?"……"敢问夫子恶乎长?"曰:"我知言,我善养吾浩然之气。""敢问何谓浩然之气?"曰:"难言也。其为气也,至大至刚,以直养而无害,则塞于天地之间。其为气也,配义与道;无是,馁也。是集义所生者,非义袭而取之也。"(《孟子》2A2)

孟子把广义的有效交流能力作为个人培养的基础,这种能力会使有意义的关系得到深入发展。这其实是心场这种宇宙论语言的重申。在关系中创造意义的能力使他能够培养"浩然之气",并在他与远近环境的关系中达到"至大"和"至刚"。用他自己的话说,孟子通过对"气"培养,得以把"义"的意义发展到最大,并把这个意义赋予他和家庭、社会中其他人的密切关系之中。这一强化的中心同时使他在最广泛的气场(道)中受到影响。因此,道德在行为中的获得方式,是通过在他所处环境(道)最广延元素的关系中获取最大程度的能力和效果(德)。[2]

---

① "Cultivating the Self in Concert with Others," p. 191.

② 我们可以使用熟悉的词语"精神"来概括一个人增强的场域与中心之间的活力。"精"并非与属性相反的本质,而是个人活力的集中来源——生命的精神,一种可触及的生命能量——既直接继承于父母,又得来于生活各种滋养的形式。而"神"不是与肉体相反的灵魂,而是一种活力,流行并显现于思想和身体的整体活动中,神就是生活的显现。

我们也许回忆起以上引用的《孟子》那一段，而现在我们考虑的是整个段落，而非仅仅第一句。其中再次出现了"内—外"这样的心场动态描述：

孟子曰：万物皆备于我矣。反身而诚，乐莫大焉。强恕而行，求仁莫近焉。(《孟子》7A4)

在这一段中我们再次看到，把人培养成为君子是一个全息的过程，内部成就和外部影响是相互给出的。一方面，在中心内部巩固我们的关系，并把关系带进有意义和清晰的成就(诚)之中；另一方面，把与中心认同相关的场域向外扩展，在一个扩展的关系圈里思考和产生意义。这两方面之间有一种协同作用。从第一方面讲，诚成于"内"(within)；而从另一方面，诚又表现为外部行为在交互中发展到最佳的"外"(without)。这样，不仅万物皆备于我，而更重要的是，它们在我自身之中被给予了最佳的意义。我们可以用更熟悉的语言进一步澄清孟子的思想。在早期儒家文献的记载中，孔子曾因其生活的动荡和决断而成为后世榜样，并对世界产生了极大的影响。透过对这位文化伟人的尊敬，后人也加入了他不断扩张的轨迹，并通过模仿他史诗式的生活，自己的生活也富于意义，于是孔子在不断的模仿和演进中具体化了。在这个进行的故事中，究竟谁是孔子？作为一个君子的典范角色，他是独一无二的，他继续生活并影响着无数的人们，也在此过程中继续获得其个人的意义。

五、从适当的行为模式到个人认同

近期出土文献中，《五行》篇解释了一个人的行为如何"形于内"，成为一种认同形成模式，在此过程如何在关系中产生善，以及如何在世界的变化中培养德。[①]

仁形于内谓之德之行，不形于内谓之行。义形于内谓之德之行，不形于内谓之行。礼形于内谓之德之行，不形于内谓之行。智形于内谓之德之行，不形于内谓之行。圣形于内谓之德之行，不形于内谓之行。德之行五，和谓之德，四行和谓之善。善，人道也；德，天道也。

在对这段的解释中，我们可以把一个过程用一个熟悉的表达"慎其独"关

① 出土文献中，思孟派的这段话有两个版本。其一是1973年马王堆出土的公元前168年的帛书，然后是1993年出土的公元前300年的郭店楚简。在历史和空间距离如此久远的两个出土文献中有同一段文字，足以说明其重要性。

联起来。在此过程中,行为在习惯中形成并从内部得到巩固,发展为组成一个人的个体认同的“心”。在《大学》里,“慎其独”的初始意义是“诚其意”,在《五行》篇中它有同样的初始意义,意思是把这五种合适的行为内部化并巩固为德行中惯常的性格。马王堆《五行》篇的注疏十分简明,把“心”定义为在巩固这五种行为中产生的“一”:

慎其独也者,言舍夫五而慎其心之谓也。独然后一。一也者,夫五为□(一)心也,然后得之。

以上我们重建了“心场”理论,这使得我们能够理解“人之道”与“天之道”的关系。在《五行》篇的末尾,这种关系被描述为相关而非互斥的。这段表明,前四行的和谐交流产生善,但把第五种行为加入后就变成了圣,产生了德作为天人之间的连接和转变。简言之,圣出现于天人合一之处,成圣也就是成为天,而天也同时被圣人扩展和深化着。

通过圣人看天之道与人之道的结合,在孟子的“四端”说中尤为明显。四端是指人在家庭和社会的关系中最原初的状态。对心作心—场的理解要求我们不再把内外之间的差别解释为互斥的和本质的,而是相互关联的、经验的,是机缘作用的结果。四端作为行为的倾向,使人在经验的关系中对自己的主观性情和客观行为有所了解。德是人与周围世界之间的合作结果,而非仅从外界习得、或仅从本性发显而成的行为样式。或许这段的关键是,把善定义为我们倾向于作的,如“可以为善矣”,因而我们可以向善的方向发展。这意味着善是生活中可作为、可改变的质,随所处的环境发展而由人逐渐获得,并非某种独立于环境而先在的人性的实现。

四端不仅为善的培养提供了可能,而且成为孟子所谓人有四端、皆能成圣这一宣言的基础。正如我们在以《论语》为首的儒家文本中所见,圣人常被描述为具有人类面孔的“天”:

叔孙武叔毁仲尼。子贡曰:“无以为也,仲尼不可毁也。他人之贤者,丘陵也,犹可逾也;仲尼,日月也,无得而逾焉。人虽欲自绝,其何伤于日月乎?多见其不知量也!”(《论语》)19.24)[①]

在郭店楚简的《五行》篇中,人道与天道也被同样地关联起来:

圣知,礼乐之所由生,五[行之所和]也。和则乐,乐则有德,有德则

① 也可在《论语》的19.21和19.25中看到。

邦家兴。文[王之示也如此。文王在上，於昭]於天。[①] 此之谓也。

《中庸》曰，如果人人皆可成圣，那么人人亦可为“天”：

唯天下至诚，为能经纶天下之大经，立天下之大本，知天地之化育。夫焉有所倚？肫肫其仁！渊渊其渊！浩浩其天！苟不固聪明圣知达天德者，其孰能知之？（《中庸》32）

六、一就是多，一多不分

由此可见，不管“个人”是什么或不是什么，它都脱离过去以及现在关系而独立，或从空间上隔绝。人不是生而有之，而是从最初构成他的关系中逐渐成长起来的。在家庭和社会的交往中，我们获得自我意识，不是“我思故我在”，而是“通过交往，我成为存在”。这种交流性、分散性的成人过程，体现了角色语言在表达一个真正强大的主体叙述性观念时的有力。作为一个儿子，其主体性与行为不是一个离散的个人，而暗含了不仅是父母的养育，而且还有遥远祖先的生理、文化以及伦理的独特背景。

当代哲学家唐君毅提出一多不分观作为中国过程宇宙论的总体特征时，也为这种心场的力量提供了另一种视域，相当于一个表达的不同解读方式。“一多不分，同时也是唯一与多元、连续与多样、完整与融合的不分。”[②]重要的是，这种内在的、连续的关系观，也就是一多相互给出的假设，是中国自然宇宙论的特征，对于我们理解人由关系构成、万物皆备于我这些问题是很重要的。

从宇宙论上说，一多不分不仅是指经验场域中的任何现象中都暗含无限的多，而且包含多重角色如何以不同的方式集中为一。这个女人是这个父亲的女儿，这个孩子的妈，这个丈夫的爱人，这个政治候选人的支持者，等等。一方面，她是独特而顽强的参与者，影响力不断增长，直到能够给她所在的特定角色中赋予意义和成就。另一方面，她拥有整个宇宙以及她自己的内在和外在关系中发生的一切事情。独特的个人培养各种关系的最大目标是优化其可能性——最大程度地利用她所处环境中允许的机会。

举例来说，这个女人的家庭的意义不是预设的，而是从家庭成员的贡献和持续的需求中商讨得来的，并隐含在有意义的关系所能达到的质中。家庭

① 《诗经》235，可比较于 Karlgren (1950)：185－186.

② 唐君毅：《唐君毅全集》第11卷，台北：学生书局1991年版，第16—17页。

的每一个个体成员，在他们以自己独特的角度做任何事的时候，都成为对所有其他成员的完整补充。秩序不可避免地要经过商讨而不断发展，预料中的和谐依靠许多因素构成，它既非严格线性的，也不服从既定目标的限制。

可见，不论个体是什么或不是什么，都不是在脱离关系发展的想象中相互离散或空间上隔绝的东西。人生而非人，人是在初始阶段给出他们的关系中发展起来的。我们的自我意识是在家庭和社会的交流中获得的，不是“我思故我在”，而是“在交流中获得存在”。成人的过程总是交互的。因此，在表述一个更加强大的、叙述性的主体观念时，角色语言的力量是强大的。作为一个儿子，其主体与行为不是离散个体的行为，相反，暗含在行为中的不仅是他父母的指导教育，还包括在独特的物理、伦理、文化等的质的基础上父母自身的生活。

七、在主体的心场观中重构自主和选择

在关于儒家角色伦理的讨论中，使用熟悉的艺术词汇是没有问题的。只是诸如自主个体与其特定选择这类词语要求一种激烈的索引性，因而应在其特定的叙述流中被理解，而非作为独立或孤立的事件。

重要的一点是，关系理论并没有剥夺人的个体性或主体性。事实上，这一理论通过排除任何关于共同的、本质的个体认同，如“毕竟，我们都是人类(human ‘beings’)”这种说法，从而在关系的深刻根基中加强了人的唯一性和特殊性。而且，它从经验的角度为人的主体性提供了一个更有说服力的观点，主体性既集中又分散，既是一又是多，既是唯一的，同时又与他者相续，既一贯又常变，既富于目的性又具有包容力，既积极主动又谦恭顺从。按照惯例，自主在自由主义理论中意味着独立自制，而自我则是离散而排他的。然而个人的离散是一种观念的抽象，而与之相应的严格自主则是误导性的假想。儒家的个体观念为相互依赖的独特个体性提供了另一种动词状形容词的表述。对于这种个体而言，关系性、特殊性、以及最终的社会行为都在个体性之上，随着个体在构成它的关系中获得了“德”，其独特性也相应得到测量和增长。个体性既非本质，也不排他；相反，我们之所以独特甚至杰出，都是在与他人的关系中相互影响而当下造就的。由于人在关系中互相依赖、没有界限，在任何特殊情况下的自制都是交互性的相关利益。由于人们之间特殊的差异在共同的交流实践中得到调整，这种关联自我的自主性表现为互相之间的意义与功用。这种定义下的自主性具有着呼唤尊重、拒绝强制的功效。孔子比别人更有自主性，就表现在他的价值观塑造了相互尊重的行为模式。

黄百锐曾引用《论语》中的一段，来表达其兼具关系性和自主性的自我观念：

子欲居九夷。或曰："陋，如之何！"子曰："君子居之，何陋之有？"[①]

黄百锐的理解是，孔子比其他人更"自主"，因为作为一名君子，在树立理想的世界观——正义面前决不动摇的时候，他是自己行为的唯一决定者。其所谓正义，也就是能够从特殊语境中，受特别环境中特别的人所激发，而挺立起自己的正义观。用黄的话说："贵族一部分的成就似乎在于，他们无论走到哪里、跟谁一起居住，都能对别人施加影响，同时保留自己价值观的杰出。"[②]

对于人由关系构成这个概念的理解，我们的建议是，通过在所有相关的人当中实现"义"（比"正义"要好）来理解一多不分的世界观。我们设想，孔子与附近的"野人"深入交往时，互相之间的关系会变得更"义"气。而在此过程中，孔子与"野人"的相互认同也改变了。

野人们通过与孔子融为一体，将超越其惯常的残忍而获得德行的成就，而孔子也将野人的德行纳入自己之内。同时，在与异俗文化的交流中，孔子对于"义"的体会也加深了。他的形象和影响将会提升和扩大，在把价值推广于更多人时，其对价值的欣赏和领悟也将加深。在孔子与野人的共处过程中，他无疑将使所有人得到重新的塑造。为了具体的理解这段，我们也许要考虑孔子文化在韩国和日本的拓展，因为这种文化同样影响了三种文化传统的形成。韩国、日本的独特文化，与中国儒家文化本身是完全不同的，但都被孔子文化所熏染和丰富了。在心场过程中，每一种文化都吸收和包容着其他文化。[③]

行为选择通常被理解为一种谋划和实践中的理性思考：考虑哪种行为在一个人的能力范围之内，决定每种行为对于最佳目标的贡献程度，谨慎选择最适合目标的行为方式，然后果断地参与行为本身。考普曼（Joel Kupperman）在其早期作品中，特别是他影响深远的专题论文"人格"中，形成了"人格伦理"的理论，对于选择他提供了一种更为有机的、而非片段的理解。[④] 在儒家对个人培养的强调中，他看到了与其长期关注的人格发展相似

① 《论语》9.14。

② Wong, "Relational and Autonomous Selves," p. 425.

③ 我们也可以设想，当我们这些西方"野人"进入孔子的轨道时，会发生什么不同。

④ Kupperman 发现，儒家人格培养与他长期关注的人格发展有密切联系。的确，在形成他的人格伦理时，Kupperman 不仅乐于打破德行伦理，并进一步准备加入孔子的阵营，将孔子列为"人格伦理"的同道。参见 Joel J. Kupperman, *Character*. New York and Oxford: Oxford University Press, 1991, pp. 108 - 109.

的东西。的确,在其人格伦理理论的形成中,考普曼不仅欣然摆脱了德行伦理,并近乎把孔子论证为人格伦理的同道中人。

在把德行伦理替换为人格伦理的尝试中,考普曼极力把伦理哲学中的大块头放回原处。他把我们会想到的康德、边沁、密尔等人归入所谓"大时代"伦理,并对此发起挑战。与此同时,被挑战的还有德行伦理中进行伦理决定的"快照"观点。① 这种片断化的方法导致我们对伦理理解的断层以及断裂处的充血。而他认为,我们的理解本应是一个相对无缝的人格发展过程,这使我们在日常生活中具有了表达道德的能力。而片断化的划分,在承认了伦理学中相关问题的同时,似乎也同样隔离并孤立了这些关注。②

考普曼关于人格的强大观念更加个人化、特殊化和复杂化,在时间中流逝的生命,由一种活跃、连续和特殊的角色而获得统一并稳固。对于人格发展的这种过程式理解,使考普曼摒弃了任何原子式的行为观点,拒绝把行为选择看作是离散的序列化而非个人化的决定。他把选择本身作为一个过程趋势,其中责任与承诺的连续发生联合了表面的判断:

> 决策指向单一的决定,看起来与其他决定无关,然而这是以一种忽视了道德意义和承诺连续性的方式看的。生活中许多最关键的选择都是无数选择的群,其中大部分或全部都指向同一个方向,只是其中的许多不清晰或不明确。人生中任何选择模式都须考虑到此。③

阿玛蒂亚·森(Amartya Sen)也在其《正义观点》一书中,批评了他老师罗尔斯(John Rawls)的超越理论,并试图以不同方式恢复理论和实践之间的连续性。例如,当遇到诸如选择的问题时,在自由的要求下,理性广泛的包容力表现在允许那些特定的人在选择中存在差异。他还坚持把选择过程看作综合结果的一个成分,而非仅仅是强调决定或"终点"。④

这些熟悉的词语,诸如自主和选择,都可以在角色伦理中使用;但最终它们是在词语在社会和伦理活动中相互贯通的特殊而集中的例子,因而它们有

---

① "大时代"(Big Moment)是 Kupperman 自己的发明。参见 Kupperman, "Confucius and the Nature of Religious Ethics," in *Philosophy East and West*, volume 21, 1971.

② 在人格发展的不同角度,Kupperman 想通过重申道德行为的包括进步性、特殊语境、特殊性等在内的全部特性,以在更为重要和整体的意义上理解道德行为。但即使他复原了人类行为中未能被理论化所代表的某些连续性,使我们找到了合适的位置,但还走得不够远。在他自己的人格伦理理论中还有几个遗留的不连贯和分裂之处——特别是人的离散观念以及人与行为的清晰分裂——这阻碍他恢复实际道德经验的完整性和宽阔性。

③ Kupperman, *Character*, pp. 70 – 74.

④ Amartya Sen. *The Idea of Justice*. Cambridge MA: Harvard University Press, 2009.

机的关联于其所发生的过程叙述，并为这些叙述所提示。

八、心—场主体的总体结论

安靖如(Stephen Angle)对我们的儒家角色伦理给以慷慨的评价，他认为角色伦理很独特，足以抵御而不滑入现存的西方道德理论。他推测，我们强调这些道德理论和儒家角色伦理的差别，是因为二者的比较中持续存在着严重的不对称，似乎这种最近的相遇其实是儒家伦理的决定性时刻。虽说安靖如附带批评了一下，我们应在读儒家文本时建立一个诠释背景，但他自己也好像站在了我们一边，把他对《论语》中道德理论的讨论作了个同样谨慎的概括。对安来说，有许多“危险存在于将古典文献与现代理论进行有意义的比较中”，当我们忘记了“文本自身有一个复杂的社会的、观念的和历史的背景”时，危险就出现了。① 本文的目标不只是提醒读者阅读儒家经典中存在的主要问题，而且尤其要澄清主体的心—场观以及内在自我与外在世界差别的全息理解也是许多危险中的一个，并会抵消相关的文化比较。很明显，儒家伦理中人的观念会抵御我们最熟悉的区分。

继而，安靖如承认，坚持儒家角色伦理是道德生活的独特自述，使我们“不须声称角色伦理不能与西方道德理论兼容。”的确，我们从一定的深度上试图表达不同宇宙论假设在比较哲学上的不对称，就从在人的观念上的巨大区别开始，并不应排除任何与西方伦理理论之间“建设性的、相互有利的对话”。② 事实上，罗思文和我都明确需要有这样一种对话，并且正在写一部关于正义的专题著作，使得儒学与西方伦理理论在这一问题上得以对话和交流，这是此书的目标所在。③ 我们的学生在写博士论文时，也在展开着儒家角

---

① Steve Angle. “The *Analects* and Moral Theory.” *Dao Companion to the Analects*. Amy Olberding, Editor. Dordrecht: Springer, 2014, p. 252.

② Angle, “The Analects and Moral Theory”, p. 245.

③ Rosemont 一直期待着第二步：对于我提出的各种问题，我不希望早期儒家著作是一劳永逸的答案……意向西方哲学观点将会、也应当与我们共在，而一些其他观念将会被延伸、弯曲或大力扩展，以精确的代表非西方的观念和观念组……(“Rights-bearing and Role-bearing Persons.” Rules, Rituals, ans Responsibility: Essays Dedicated to Herbert Fingarette. Edited by Mary Bockover. La Salle, IL: Open Court, 1991, pp. 92 - 94.)

希望首先让儒家角色伦理能够自我表述，我也明确了进一步的挑战：下一步是要充分表达角色伦理，使之成为富有激励意义的伦理生活新形式，并使儒家哲学与西方伦理理论达成持续对话，以期在人类行为的评价和改善上能够创造性地使用这些不同的思想方式。(Confucian Role Ethics: A Vocabulary, Hong Kong and Honolulu: Chinese University Press and University of Hawaii Press, 2011, p. vxii.)

色伦理、女性关怀伦理、杜威社会伦理，以及其他多种主流道德理论如德行伦理的比较。

安靖如认为，儒家角色伦理最实质性的哲学思想在于：

> 《论语》清楚地看到了，不同的人在角色的继承上需要进行判断性的评价。"儒家角色伦理"提供了足够的判断性评价吗？……如果我们需要弹力好的一极坏的父母……问题就在于我们用什么词汇判断或表达这种"好"的评价。①

对于安靖如而言，如果我们要判断一个人是否以伦理上正当的方式生活在某个角色中，评价的标准必须超越或外在于角色本身。"好"只能诉诸其他更高的价值秩序，而非仅仅是"好的父母"本身。安靖如引用了纽恩（A. T. Nuyen）的儒家角色伦理观点，即"一个角色被履行的好坏，决定于该个体是否完成了与此角色相关的义务"——该义务被假设为独立于角色本身的标准而存在。②

安靖如认为，如果我们宣称在伦理上致力于关系和相互依赖，那么我们终将成为"技艺伦理"（virtuosity ethics）而非"德行伦理"（virtue ethics）——根本不依赖于角色，而与德行伦理有着建设性的对话。但我们的主张是，在儒家角色伦理中，行为有助于关系的增长和人类的繁荣，这就是道德的实质。"乐"的中心意义——也许在早期儒家经典中被更好的理解为"繁荣"而非"快乐"——常常被忽视。并且，所有的人类关系都建立在角色之上。最大程度的利用关系网，作为一种道德的艺术，其审美意义就在于其伦理性。

我们如何判断性地评价我们所处的角色？我们应当规定人类繁荣的总体特征，但特定的角色本身——例如，我们与某个特定学生的复杂关系——是第一位的，并给出了这种"繁荣"所必须的具体而微的内容。我们都有好的老师，但不会设想对于好老师有某种总体而相同的特征可以概括这一现象。事实上，老师之间有一队的区别。角色本身有自己的伦理力量来抗拒我们的总体概括。我们总试图从某个老师特定而具体的技巧行为实例中抽象和概括出"好"，但不管我们关于"好"的抽象概括是什么，这些好老师仅作为好的范例而非人人要跟从的原则。他们总被佚事性地提起，而非由总体的特征来描述。因此，"老师"本身是一种伦理命令，提醒我们注意具体的例子和我们

① Steve Angle. "The *Analects* and Moral Theory," pp. 246 - 247.

② Steve Angle. "The *Analects* and Moral Theory." p. 248. 诉诸总体"义务"的一个问题是，义务对角色的定义在于它关注的是个体而非角色。正如角色可同时根据信任和可信度来定义，因而角色既会要求义务也会要求特权。

自己过去的经历，在决定下一步做什么的时候，这一命令比一些贫血的、抽象的德行——例如正义、勇气、审慎等等——更为清楚。“他是我的学生”在指导我的行为时更为正义而有力。

也许另一种回应安靖如的方式是，这些儒家文本把“通过角色和关系（礼）来获得价值”以及与此价值相关的耻辱摆在首位，把法律规则和惩罚措施看作是必要的设施，而同时也是共同的失败：

> 子曰：“道之以政，齐之以刑，民免而无耻；道之以德，齐之以礼，有耻且格。”（《论语》2A3）

这是统治者角色的道德技艺之典范，也是在以礼组织的家庭和社会中，角色和关系适当的作用体现。总之，这是我们对价值进行判断性评价的基础。

在《论语》重要的中间章节中详细地描述了孔子的生活细节。这些佚事性的细节描述把孔子带到了他的学生以及后人的生活中，孔子作为一个人被描写为具有四种节制：

> 子绝四：毋意，毋必，毋固，毋我。（《论语》9A4）

我们会问，孔子的行为习惯与角色伦理的一致性基础，在于道德主体的心—场观里的哪些特征中？

从孔子对推测（意）的拒绝可见，对道德主体的理解是完全自然的，因为不诉诸形上自我主体或任何诸如灵魂或本性的基础，因而最好被描述为一种集中的生命力，而非任何简单的统一体。由于在关系中被塑造，主体因而具有了符号的意义，在这种符号学的过程中，主体获得了不断增长的文化，并在与他人的主体间性的关系中，发展了其曲折而反思性的自我感觉。这是一种在个人的独特中获得的生长感，一个人通过家庭和社会密切联系到整体的连续性，像一条直线般，从自我意识中对道德生活的尊敬、崇敬和感激，贯通到联系着我们与日俱增的宗教感的灵性体验。

现在我们可以说，心—场视域中的主体之决定性的特征与孔子本人的行为习惯一致。首先，“生”的观念在其关系背景中是主体的决定特征。因而，人作为复杂的主体，不可避免的是内在活跃或充满活力的。持续的个人叙述的意义首先是生活和增长，作为对此的一种表达，主体首先是奋斗和行动着（doing）的。作为这个意义的增强，叙述中出现了期望、沮丧，有时甚至是满意。反思性的“自我”通过对其自身和自身背景、或心与场之间连续性的承认，而具有了交互性（transactional）：在关系背景中塑造与被塑造。这种主体不是被动的，而是充满活力和动机的，因而也总是暂时的、修正的，并且是新兴的而没有终点。

主体也是万物有生论的，既是精神的又是物质的——一方面被体现，一方面又体现着，如同多孔的瓣膜，在构成有机体的生理和社会关系中力求改变形状，以获得意义与一致性的所在。这样，主体不仅有能力回应环境，并且在生活和环境的完全参与中，主体被自由和创造力的程度表征为自我定义和自我意识。

唐君毅对早期中国宇宙论的另一个总结是“性即天道观”，也就是说，我们所设想的人性，无非是自然和文化过程自身的展开。这意味着主体深入地植根于心场的观念中，并只能被理解为从场到心、从整体到特殊、从最远到最近的移动，因而从关系场的视域出发，才能考虑到其中的一切指示。主体是这样一种表达，在天道的承袭中，自然与文化的遗产通过“仁”的持续获得而被继承，仁如同一个特殊的中心，在经验场域的无限展开中不断敞显自身。

略谈儒家角色伦理

◇郭齐勇　李兰兰

（武汉大学哲学院）

【摘　　要】“儒家角色伦理学”以实用主义和过程哲学为基础，突出了儒家伦理关系性、开放性和具体性的一面，又区别于西方主流的伦理学，凸显了儒家伦理本身的思想特色。不容忽视的是，这一提法强调了儒家伦理的特殊性和家庭本位性，否定了其普遍性和终极性，对普遍性与特殊性之间的关系缺乏分疏，在这一意义上是不无危险的，因此是可以商榷的。儒家伦理的普遍性表现在其对德性和真理的探求，并落实于具体的生命中，因此是具体的普遍性。

【关 键 词】儒家伦理；普遍性；角色伦理学；特殊性

张君劢曾在《儒家哲学之复兴》中着重阐述了儒家伦理学复兴的必要性和理论根据。近年来学术界关于“亲亲相隐”的争论，在很大程度上促使人们反省儒家伦理及其现代价值。在全球化背景下，讨论儒家伦理的时代价值，首先面临的就是儒家伦理的普遍性问题。从唐君毅、牟宗三，到刘述先、杜维明等，关于儒家伦理的普遍性的讨论从来都没有停止。需要注意的是，普遍性不等于“抽象的普遍性”①，也不等于“普世价值”②，儒家伦理的普遍性是与特殊性有密切关系的。③ 牟宗三在讲中国哲学的特质时，着重发挥了其具体的普遍性，以区别于西方哲学传统的抽象的普遍性，如“仁”、“义”、“孝”等德

---

① “抽象的普遍性”是黑格尔所提出的名词。在《精神现象学》中，黑格尔实现了从抽象的普遍性到具体的普遍性的转换。西方从古希腊开始，只有抽象的普遍，没有所谓具体的普遍。但在中国传统这里，具体的哲学、具体的普遍性很容易理解。参见牟宗三：《中国哲学十九讲》，上海：上海古籍出版社 2005 年版，第 28 页。

② 蒋国保关于儒家伦理的普世价值有相关的论述，他指出：“儒家伦理之所以具有普世价值，是因为儒学是生命的学问。既然儒学是生命的学问，那么就人类的本质而论，人要实现自己的生命价值，就不可能拒斥儒家伦理，因为儒家伦理所关涉的是人所以为人之最基本的伦理准则。”参见蒋国保：《儒家伦理的普世价值》，《社会科学战线》2007 年 5 月。

③ 魏英敏曾指出，普世伦理、共同道德，只能存在于各民族、各社会、各国家的具体的伦理之中。离开特殊性的普遍性是不存在的。参见魏英敏：《如何认识普世伦理——论道德的普遍性与特殊性之关系》，《伦理学研究》2003 年 5 月。

目不是抽象地讲，而是在我们的真实生命里具体呈现的，但同时其表现出来的真理，又是普遍的真理[①]。探讨儒家伦理的普遍性问题，既是当今中国时代发展的需求，又是儒学思想的题中应有之义。

“儒家角色伦理学”（Confucian role ethics）这一提法在很多方面都是有创见性的，它突出了儒学思想中所具有的实质性、关系性的一面，摆脱了西方中心主义和道德虚无主义的窠臼。需加以补充的是，儒家伦理还有终极性、普遍性、超越性的层面，其对德性与终极真理的追求、自律的肯定等都是明证。本文认为，儒家伦理在进行普遍性的建构的时候，一是要发掘其自身的思想资源（仁与义、仁与礼、仁与智等），考察儒家传统中所内涵的“仁义”原则和实践理性品格；二是要站在人类学和社会学的高度，与西方的规范伦理学、德性伦理学等对话，考察其具有的人类共同性的价值观念。儒家伦理具有超越性、终极性的一面，这是“角色伦理学”或“关系伦理学”所忽视的。

一、儒家角色伦理学的提出

关于儒家伦理学的性质的讨论有很多，但大都从西方伦理学或道德哲学的角度进行阐释，并进而以它与西方的德性伦理学、规范伦理学作比较。需要注意的是，中国哲学有着与西方传统截然不同的问题意识和发展路向，因而简单地以西方伦理学的理论来比附和解读儒家伦理学是不可取的。“正是这种旨在最大限度地利用关联性生活以提高和改善我们的生活角色与人际关系的持续过程，促使我们把儒家道德描述为一种‘角色伦理’，并主张儒家角色伦理学是一个有别于西方哲学而自成一格的伦理学取向。”[②]安乐哲与罗斯文所提出和论证的儒家角色伦理学[③]是非常好的尝试，它从中国伦理学本身的思想特色出发，并通过更全面的理解，试图最大限度地发掘儒家伦理思想的现代价值。

安乐哲等将儒家的伦理学界定为“角色伦理学”，主要基于以下几个方

---

① 参见牟宗三：《中国哲学十九讲》，上海：上海古籍出版社2005年版，第28—29页。

② 安乐哲、罗斯文：《〈论语〉的“孝”：儒家角色伦理与代际传递之动力》，《华中师范大学学报》2013年9月。

③ 这里的“角色伦理学”在内容和性质上与“亲亲互隐”讨论中处于本相对立面的角色有所不同，如黄裕生认为，儒家伦理的根本原则实际上只停留于父子兄弟等各种角色之间，所以它只是一种角色或关系伦理学，而根本不是本相伦理学。安乐哲等这里所说的“角色伦理学”也认为儒家是关系性和角色性的，但更多的是站在同情的理解的立场上来研究，其内涵更加丰富深刻。参见：黄裕生：《普遍伦理学的出发点：自由个体还是关系角色？》，《中国哲学史》2003年8月。收入郭齐勇主编：《儒家伦理争鸣集——以“亲亲互隐”为中心》，武汉：湖北教育出版社2004年版，第938页。

面：一、中国的思想中没有明确的二元论思想，没有严格意义上的超越观念。而西方文化从形成开始，就寻求超越的存在者和理则，由这种超越性所涵衍的二元论，受到广泛承认。[①] 二、中国的哲学是过程哲学，不是封闭式的预设哲学。过程哲学无疑是西方主流学术传统中与中国相接合的重要思想资源之一，它突出了开放性和实用性。[②] 三、与西方超越性思维相区别，中国人的思维是关联性思维，与此相联系，中国的语言是关联性、修辞性、审美性的语言（或者过程语言）。[③] 四、中国的自我是焦点—场域式自我、关系自我、角色自我，是无我的自我、无心、无身、无目的、非意志的自我。[④] 这四个方面的论述都是有理有据的，儒家传统中没有超越的上帝，它强调的是道德生活的现实性、中和性和关联性，普遍的人的德性是与特定角色所具有的德性相统一的。与此同时，我们认为，儒家思想中保留着超越的天与天道，儒家伦理背后有终极信念的理据。[⑤] 李明辉也曾指出，"但是谁能否认，儒家的'天'与'道'是独立和永恒的，因而按照郝大维和安乐哲的定义，能够被视为超越的理则。"[⑥]

因此，在理解儒家伦理学时，需要注意两个方面的问题。第一，儒家伦理学不是从功能性的关系角色来建构起伦理学基本规范的，而是植根于人性之中，并有超越的天道根据。儒家重视孝道伦理、仁民爱物，也具有本相意蕴和规则伦理。第二，血缘亲情、家庭道德在儒家伦理中占有重要地位，但同时儒家也非常重视个体性的人格培养和塑造，这体现在"为己之学"、修身养性等中。每个人都有与生俱来的自主自立的"心"与"性"，而不仅仅是处于各种社会关系和角色之中。

从内容上来说，儒家角色伦理学关心的不仅是个体在社会生活中所处的角色，而且具体到不同的角色在不同的情境下所应遵循的道德规范。在现实中，每个人都扮演着多个角色，一般说来，孙子、儿子、父亲、丈夫、邻居、市民

---

① 安乐哲：《自我的圆成：中西互镜下的古典儒家与道家》，彭国翔译，石家庄：河北人民出版社 2006 年版，第 199 页。此处参考崔丽萍：《德性伦理还是角色伦理——以〈孟子〉为中心进行的考察》，《西北大学学报》2011 年 7 月。

② 郝大维、安乐哲：《孔子哲学思微》，刘东译，南京：江苏人民出版社 2012 年版，第 15—18 页。

③ 安乐哲：《和而不同：比较哲学与中西会通》，温海明编，北京：北京大学出版社 2002 年版，第 51、111 页。

④ 安乐哲：《自我的圆成：中西互镜下的古典儒家与道家》，彭国翔译，石家庄：河北人民出版社 2006 年版，第 165—336 页。

⑤ 参见郭齐勇：《中国儒学之精神》，第九讲，上海：复旦大学出版社 2009 年版，第 248 页。

⑥ 李明辉：《当代儒学之自我转化》，台北：中央研究院中国文哲研究所，1994 年，第 142 页。转引自安乐哲：《自我的圆成：中西互镜下的古典儒家与道家》，彭国翔译，石家庄：河北人民出版社 2006 年版，第 51 页。

等是一个个体最主要的社会角色，由此，角色的复杂性和冲突性就凸显出来了，比如“忠孝两难”、“情理之争”等。安乐哲曾指出，“儒家的角色伦理学不是从分离、辨析和解释某些道德行为中的偶然因素、某些原创性的原理或行动者能力入手的。相反，儒家的角色伦理学是从考虑正在发生的事情开始的。”①在这些不同的角色之中，“对于儒家，每一种境遇需要必要的、与之相应的换位性道德想象力(恕)，然后，还要求助于最大限度地尽其诚意(忠)，以便实现最佳的适当性(义)”②。安乐哲的这一看法无疑是有深刻性的，在一定意义上，角色伦理并非单纯的思想道德意识，同时也是一种在实际的角色和关系中积累而成的习惯性和适宜性，这也是“伦理德性”的本义。亚里士多德曾说过，伦理就是一种习惯。我们在理解角色伦理时，不能忽视这个特点。

二、儒家伦理的普遍性

与义务论伦理学、功利主义伦理学和道德伦理学不同的是，安乐哲认为，“儒家不寻求普遍，而是集中关注特殊性；他们没有看到抽象的自律个体，而是看中了处在多重互动关系中的具体的人。……根据儒家的感受，有吸引力的是在这个特殊家族中、由这些具体关系规定的、特别的人。”③事实上，儒家所关注的不仅仅是具体的生活和特定的场景，对于普遍性和自律个体的探索同样是儒家孜孜以求的。正如郭齐勇、丁为祥所指出的：“在儒家哲学中，普遍与特殊、绝对与相对的关系，既不是单向度的，也不是单方面的，而始终是双重而又双向的。所谓双重性，即指绝对与相对、普遍与特殊具有互渗互证的性质；所谓双向性，则指绝对、普遍不仅要内在于相对与特殊之中，而且从现实生活出发，后者既是对前者进行认知的前提，同时又是前者真实存在并得以发挥其决定作用的表现与证明。”④我们首先来考察儒家伦理在特殊性和普遍性两方面的表现，以进一步说明其普遍性与特殊性的关系。

(一) 儒家伦理的特殊性

我们承认儒家伦理具有特殊性，这种特殊性表现在两个层面：(1) 在古代历史发展的每一个阶段上，儒家伦理都有区别于其他阶段的特殊本质，这

① 安乐哲、罗斯文：《早期儒家是德性论的吗?》，谢阳举译，《国学学刊》2010年第1期。

② 安乐哲、罗斯文：《早期儒家是德性论的吗?》，谢阳举译，《国学学刊》2010年第1期。

③ 安乐哲、罗斯文：《早期儒家是德性论的吗?》，谢阳举译，《国学学刊》2010年第1期。

④ 郭齐勇、丁为祥：《也谈本相与角色——论儒家道德伦理的特殊性与普遍性兼答黄裕生先生》，《中国哲学史》2004年第1期，收入《儒家伦理争鸣集——以“亲亲互隐”为中心》，武汉：湖北教育出版社2004年版，第41页。

是儒学自身发展过程中的特殊性。(2)儒家伦理具有区别于西方伦理的特殊本质,此方面的不同显得尤为突出,这是儒学自身与他者比较中的特殊性。前者是从时间的维度上来讲儒家伦理的特殊性;而后者则是从空间的维度上来讲儒家伦理的特殊性。这两方面的特殊性问题都是不难论证的。具体来说,"殷因于夏礼,所损益可知也;周因于殷礼,所损益可知也"(《论语·为政》),儒家伦理思想在一定程度上是时代的产物,每一阶段在继承前代的思想资源的基础上,都不乏因时制宜的创造性发展。从空间上来讲,儒家伦理从产生之日起,与西方伦理的差异就显现出来了。儒家思想产生于农耕社会、有着三代文明的遗留等深厚的文化基础,而西方伦理与基督教的关系尤为密切。

所谓中国传统哲学特殊性或"非普遍性"的性质,其实是指,中国哲学并不是以普遍的知识作为自己追求的目标,或者说,中国古代的学者并没有关于普遍性知识的自觉意识。在柏拉图的作品中,有很多寻求定义或"理念"一类的对话,其对于普遍观念的思考和追寻可谓不遗余力,正印证了"不经审视的人生是不值得过的"这句名言。到了亚里士多德那里,他在《形而上学》一书开头就对知识进行划分,感觉、记忆、经验和技能的知识与智慧所把握的知识是截然不同的。此外,从绝对普遍的角度出发,所谓绝对普遍,是脱离时空、超越经验的,是纯粹概念思辨的产物,西方伦理学所追寻的普遍性更多地是从绝对普遍这一层面上来讲的,因此在西方世界有二元论(包括物质与现象、主观与客观、现象与本质等)的出现。

对于儒家伦理的特殊性问题,可以这样来看,在世界这个大家庭中,任何一种伦理思想或传统,不论是义务论、规范论还是自由主义,始终是一种特殊的伦理思想资源,其普遍性价值是不容置疑的。这也是现阶段伦理学理论受到普遍质疑和相互批评的原因之一,但这并不妨碍人们对普遍性和绝对性的追寻。"和实生物,同则不继"(《国语》),一定意义上可以说,儒家伦理的这一层面是它得以贡献于世界伦理的独特价值。

(二)儒家伦理的普遍性

无论从历史还是从现实上来看,终极性的普遍性层面的价值观念、伦理原则,在任何地方任何时候都不能完全消失。每一个文明,每一个时代,都有与其相适应的价值观念和原则,这是其个体性或特殊性的一面;但另一方面,人类社会和世界文明也会存在若干共通性或普遍性的问题,这是其群体性或普遍性的一面。对于那些真正能与人类社会的普遍性存在相适应的价值观念和基本原则的探求是人们矢志不移的志向。信念与怀疑并存,关于儒家伦理普遍性的质疑和否定一直都存在着,这是传统价值体系受到挑战的表现之一，人们对于这些问题未达成共识并不是说就没有一种普遍或终极的价值观念和原则。

儒家伦理的神圣性和普适性在很多方面都可以得到说明。首先，作为角色性规范的“礼”不仅具有关系（相关）性和功能性，而且有可变性和相对性特征，并有其一以贯之的普遍性与绝对性渗透其中。礼并不只是角色伦理，礼的源头在天，且含有内在的道德价值。其次，作为儒家思想核心的“仁”的普遍性与绝对性通过其对礼的补充、取代与超越过程逐渐形成并凸显。[①]“仁”是本相与角色互含的，体现了二者关系的双重性。仁德是天赋的，“仁，人心也”，进而“为仁由己”，正是就做人、为人之自我选择而言的，既包含着个体自我抉择的自由意识，又不仅仅是一个“纯粹意识”的问题，而是当下抉择、当下承当的问题。因此，“‘仁’不仅是社会的道德规范，更是天赋的、终极性的，又是人的道德理性、道德命令、道德是非判断；而在现实的层面，其所凸显出来的则是人的道德主体性与自律性原则。”[②]从这一角度来看，儒家的自我意识和自律哲学有与康德伦理学相通的地方。近年来关于儒学思想与腐败现象、任人唯亲之间关系的讨论，反映了人们对儒家亲情伦理、仁爱伦理的普遍性和适用性的批评。

（三）儒家伦理的普遍性与特殊性相统一

安乐哲等人认为儒家伦理没有普遍性，很大程度上是因为儒家没有绝对超越的实体存在，而这是西方哲学首先要解决的问题。在儒家这里，首先关注的是原初的生活，不离日用常行，落实在每天行住坐卧的具体世界，从而由具体的规范和礼仪抽象化为普遍遵守的原则，从而去探索所谓的具体的普遍性。因此，这一普遍性是主客不分、形上形下合二为一的，不离主观世界，这同时是儒家建立道德和伦理的基础。儒家这一思考方式，是非常有意义的。人自身的存在和生活经验，是考察普遍性问题的一个重要角度。当我们追问为什么要有道德？仅仅从先天的、抽象的原则入手是不够的，我们更要深入到人自身的存在过程中，如此方能更接近于历史的现实。而在西方的文明中，主客二分，因此普遍性被限定在了抽象的逻辑法则所建构起来的体系内，并同时也被限定在客观世界之中，这在一定程度上与人类历史是不相一致

---

① 参见郭齐勇、丁为祥：《也谈本相与角色——论儒家道德伦理的特殊性与普遍性兼答黄裕生先生》，《中国哲学史》2004年第1期，收入《儒家伦理争鸣集——以“亲亲互隐”为中心》，武汉：湖北教育出版社2004年版，第35页。

② 参见郭齐勇、丁为祥：《也谈本相与角色——论儒家道德伦理的特殊性与普遍性兼答黄裕生先生》，《中国哲学史》2004年第1期，收入《儒家伦理争鸣集——以“亲亲互隐”为中心》，武汉：湖北教育出版社2004年版，第37页。

的，尤其是在伦理学上，纯粹意义上的抽象的、先天命令只在上帝那里。比如在康德的伦理学中，他对道德的形式层面的考察，对普遍的道德规则的客观上的规定，都有精深的研究，但是对于道德的主观实质方面予以否定。

> 正因为儒家伦理道德的普遍性、绝对性内在于特殊与相对之中，故儒家伦理道德的普遍性、绝对性能落实和体现于现实经验层面的具体的道德法则和实践中，从而使其不至于被架空而沦为"恶的""抽象的"普遍性、绝对性；亦正因为儒家所主张的人伦道德有其一以贯之的普遍性、绝对性渗透其中，故也就使得儒家所主张的这种人伦道德具有了绝对的价值和普遍的意义，人之尽孝悌忠信之人事不仅是一种践人伦的道德实践活动，而且还是一种尽天道、体现天理的宗教性行为，从而使儒家的人伦道德体现出"亦道德亦宗教"、"极高明而道中庸"的特点。①

在儒家思想的价值体系中，没有纯粹抽象、脱离经验层面的绝对普遍性，儒家伦理的普遍性和绝对性落实在人伦实践中，带有一定的宗教性，其自身本具的规范性和具体性是并行不悖的，因而这种普遍性是独特的、具体的。

从特殊与普遍相统一的角度来看，儒家伦理可以为世界提供很多有意义的思路，其中普遍的道德原则与人的特殊存在境遇的统一是儒学的常见主题。除了"仁义"等道德观念以外，儒家还有一条重要的原则是经权相济，经主权从。具体来说，"经"是指事物的普遍性和绝对性方面；"权"是其特殊性和相对性方面，对具体的情境作具体的分析。另一方面，"经"本身又是主客合一的，既有原则性，又有与具体情境相权衡的实质性的一面。此外，经权关系中"经"始终是第一位的，不能违背的，这也现了其原则性和规范性。

三、儒家伦理的具体的普遍性

关于儒家伦理是否是"德性伦理"一直以来都有争议，②正是在反对将儒家伦理学理解为亚里士多德式的伦理学的意义上，安乐哲、罗思文等运用实用主义和过程哲学理论提出"儒家角色伦理学"。这一提法在很多方面都是有创见性的，它突出了儒学思想中所具有的实质性、关系性的一面，又没有受

① 文碧方：《论儒家伦理道德的普遍性与特殊性——以北宋理学家吕大临的思想的个案分析为例》，《孔子研究》2001 年 1 月。

② 如赵清文等认为"角色伦理"不符合儒家伦理对道德主体的理解，还有使儒家伦理陷入非普遍化的外在规范的危险。参见赵清文：《儒家伦理是"角色伦理"吗?》，《学术界》2012 年第 12 期。崔丽萍：《德性伦理还是角色伦理——以《孟子》为中心进行的考察》，《西北大学学报》2011 年 7 月。

制于西方的伦理学。“儒家的角色伦理学，需要深厚的情感驾驭能力而不是客观理性。……在指导道德行为的时候，具体的模范比诉诸抽象原则所起的作用更大。”[①]此外，“儒家角色伦理学需要的则不是某种客观理性，而是深厚涵融的智慧。它是全息性的，其中手段与目的合而为一，也正在此意义上，它是唯美主义的：一个因孝而著称的人就是一个行孝之人。”[②]这些说法否定了儒家伦理学对客观理性和抽象原则的追寻，“角色伦理学”对于儒家伦理的普遍性的理解和把握有值得商榷的地方。牟宗三论述具体的普遍性时讲到，“理固是超越的，普遍的，先天的，但这理不只是抽象的、普遍的，而且即在具体的心与情中见，故为具体地普遍的；而心与情亦因其即为理之具体而真实的表现，故亦上提而为超越的、普遍的，亦主亦客的，不是实然层上的纯主观，其为具体是超越而普遍的具体，其为特殊亦是超越而普遍的特殊，不是实然层上的纯具体、纯特殊”[③]。

（一）“仁”的具体的普遍性

在儒家伦理中，“仁”是多层次、多维度的规则，体现了儒家伦理的具体的普遍性。从社会关系和角色伦理的角度来看，“克己复礼为仁”（《论语·颜渊》），主体的行为规范要符合“礼”的要求。从家庭关系上来说，“孝悌也者，其为仁之本与！”（《论语·学而》），践行仁德需从孝悌着眼，突出了家庭伦理的重要性。从社会交往上来看，仁人要具有五种品德，恭、宽、信、敏、惠。从道德主体的角度来看，“仁”的境界是很难达到的，“博学而笃志，切问而近思，仁在其中矣”（《论语·子张》）。此外，“君子无终食之间违仁，造次必于是，颠沛必于是”（《论语·里仁》），仁德是须臾不可离的，具有广泛约束性的。“志士仁人，无求生以害仁，有杀身以成仁”（《论语·卫灵公》），具有仁德的人为了追求道义可以舍弃自己的生命，而绝不会为了求生而违背仁德。“仁者必有勇”（《论语·宪问》），“仁”是一种坚定的信念和伟大的力量，言出必行，但又不鲁莽、暴躁。到了孟子那里，

> 孟子曰：“仁也者，人也。合而言之，道也。”（《孟子·尽心下》）
>
> 孟子曰：“君子所以异于人者，以其存心也。君子以仁存心，以礼存心；仁者爱人，有礼者敬人。爱人者，人恒爱之；敬人者，人恒敬之。”（《孟子·离娄下》）

---

① 安乐哲、罗斯文：《早期儒家是德性论的吗？》，谢阳举译，《国学学刊》2010年第1期。

② 罗思文、安乐哲：《生民之本——〈孝经〉的哲学诠释及英译》，北京：北京大学出版社2010年版，何金俐译，第56页。

③ 牟宗三：《心体与性体》，台北：正中书局1990年版，第127页。

孟子明确地指出“仁义内在”，仁义具有抽象和具体的双重意义，这就赋予了“仁义”本体论和实在论的意味，并且是在实践生活中才能体证的。从形上的层面讲，恻隐之心和羞恶之心是其抽象和本质的一面；在父子、君臣关系中体现了其具体和现实的一面。理解儒家的伦理学，需要在“天人”、“物我”等形上形下合一的角度上进行。到了宋明儒那里，“仁者浑然与物同体”，“仁”的形上意味更加浓厚。牟宗三极为强调“仁”的具体的普遍性，他指出：

> 就孔子的仁说，他是依其具体清澈精诚恻怛的襟怀，在具体生活上，作具体混沦的指点与启发的。我们不能说在这具体混沦中不藏有仁道之为道德理性、之为道德的普遍法则之意，因而亦不能说这混融隐含于其中的普遍法则不是先验的，不是对任何“理性的存在”(rational being)皆有效的。不过孔子没有经过超越分解的方式去抽象地反显它，而只在具体清澈精诚恻怛的真实生命中去表现它，因而仁之为普遍的法则不是抽象地悬起来的普遍法则，而是混融于精诚恻怛之真实生命中而为具体的普遍的，随着具体生活之曲曲折折而如水银泻地、或如圆珠走盘、遍润一切而不遗的这种具体的普遍。[①]

在牟先生看来，“仁”是先验的、超越性的，并且这种先验性和超越性是融入在真实的生命之中的内在的先验性、具体的普遍性，因此是即体即用、内在与超越合一的。

（二）儒家伦理对角色冲突的重视

“角色伦理学”这一概念带有强烈的社会性、群体性色彩，并显示着一种相对主义的、差异化的文化诉求。安乐哲、罗思文在承认角色伦理学自身所具有的调适性的同时，倾向于认为儒家伦理是相对主义的、特殊性的，“角色伦理学在跨文化融合语境内，会通过放弃任何对普遍性的诉求避免棘手的道德冲突，假定适当行为总涉及特定情境织体内不断地平行协调”[②]。其实不然，我们看到在先秦时期的典籍中，客观情境和历史事件的描写尤为普遍，在这些事例中可以清晰地反映出时人对道德冲突的看法和态度。在“亲亲相隐”、“窃父而逃”、“封弟有庳”等章节中，道德与法律的冲突，情感和理性的冲突，从角色伦理学的角度来看，也是不同角色的冲突。儒家要求在具体的场合中，应有所权衡变通、因时制宜、随机应变，达到自我实现和兼顾他人的统一，这是角色伦理学的一个重要内容。

---

① 牟宗三：《心体与性体》，台北：正中书局 1990 年版，第 117 页。

② 罗思文、安乐哲著，何金俐译：《生民之本——〈孝经〉的哲学诠释及英译》，北京：北京大学出版社 2010 年版，第 58 页。

"事亲有隐而无犯,左右就养无方,服勤至死,致丧三年。事君有犯而无隐,左右就养有方,服勤至死,方丧三年。事师无犯无隐,左右就养无方,服勤至死,心丧三年。"(《礼记·檀弓上第三》)这反映出儒家在伦理角色、伦理情境上的分寸感。郑玄注:"隐谓不称扬其过失也。无犯,不犯颜而谏。《论语》曰'事父母几谏。'"孔颖达《正义》:"此一节论事亲、事君及事师之法、臣子着服之义……亲有寻常之过故无犯,若有大恶亦当犯颜。故《孝经》云:'父有争子则身不陷于不义'是也。《论语》曰'事父母几谏'是寻常之谏也。"[①]孙希旦说:"几谏谓之隐,直谏谓之犯。父子主恩,犯则恐其责善而伤于恩,故有几谏而无犯颜。君臣主义,隐则恐其阿谀而伤于义,故必勿欺也而犯之。师者道之所在,有教则率,有疑则问,无所谓隐,亦无所谓犯也。"[②]

这就说得很清楚了。职分不同,君臣、父子、师生之间的伦理角色定位不同;君臣间以义为重,父子间以恩为重,师生间恩义并存;君臣间处理公共事务,臣的任务就是批评、端正君,故应"犯",犯颜直谏;然而在家庭伦理中,尤其是子对父,面对日常生活中的"寻常之过",应当"隐而不犯",用"几谏"。但如有"大恶",则仍应犯颜,做"争子"。这就是儒家伦理的具体理性。对"攘羊"之事,不必公开告官,取微谏之法。以上这些伦理区别的背后,有统一的天道、天理,而在一定的意义上,天理、人情、法律有统一性。基于人类社会生活的复杂性和多面性,个体的角色也是时有冲突的,传统的典籍中不乏类似的论述,并不停地在寻求解决之道。

(三) 角色伦理学与血亲伦理

在郭店竹简的《六德》篇中,较早地论述了家庭和社会生活中的人的角色问题。第一,以夫、妇、父、子、君、臣为"六位";与之相应,此六位各有其职,分别对应于率人者、从人者、教人者、学者、使人者和事人者,称为"六职";此六职又各有相应之德,分别对应于圣、智、仁、义、忠和信,称为"六德"。第二,"六位"之间有内外之别,父、子、夫为内;君、臣、妇为外。第三,"夫妇别,父子亲,君臣义","夫夫、妇妇、父父、子子、君君、臣臣"极为重要。我们看到,在楚简中,"六位"是非常重要的,也就是说,人首先是处于一定角色和关系中的,如此又各有其职,各有其德,需要按照既定的品质规范而行。这在一定意义上可以作为儒家角色伦理的有力佐证。此外,值得注意的是,在《六德》篇中,"为父绝君,不为君绝父"反映了早期儒家学说最本质、最基础的

---

① [唐]孔颖达等正义:《礼记正义》,《十三经注疏(附校刊记)》上册,北京:中华书局影印1979年版,第1274页。

② [清]孙希旦撰:《礼记集解》上册,北京:中华书局1989年版,第165页。

伦理内容。[①] 一定意义上说，“六位”、“六德”又不等同于“角色伦理”，它并没有把“亲亲”的原则绝对化。

在儒家的思想观念中，家庭血亲伦理是十分重要的。对于父母亲人的孝悌和仁爱是发自于本心，内在于人性之中的，是人最自然本真的情感。角色伦理对于关系和角色的强调，很容易让人联系起血亲伦理，近年来关于儒家血亲伦理的批判即是一例。“角色伦理”常常与关系的、功能性的、他律的、特殊性等名词联系在一起，它突出了人的社会性和外在性，而忽视了作为主体的个人的独立性和自主性，因此在一定程度上是片面的。“根据这种儒家的道德人生观，我们不是抽象分离意义上的个体，相反，却是存在互相影响的人，……我们是与我们的同伴共同生活着的角色的总和”[②]，安乐哲认为儒家的关系性伦理中的个体主义观念是极为淡薄的，以此区别于亚里士多德那里的独立的个体。这一看法我们并不完全赞同。例如，“仁，亲也，从人从二”（《说文解字》），郑玄以“相人偶”注“仁者人也”，呈现出“仁”外在的、客观的社会伦理面向。更重要的是，作为儒家学说基石的“仁”中蕴含着极为丰富的思想情感和道德原则。因此，“仁”即是普遍的原则，又不是抽象的概念。“孝”作为“仁”的表现之一，也是具有普遍性的，但是“孝”一定要在对父母亲属的特殊关系中才能得以体现。从这种意义上来看，在用“角色伦理学”来解读中国传统哲学时，应突出儒家伦理的终极性、普遍性的一面，而不至于陷入相对主义和特殊主义。

① 徐少华：《郭店楚简〈六德〉篇思想源流探析》，收入《郭店楚简国际学术研讨会论文集》，武汉：湖北人民出版社2000年版。

② 安乐哲、罗思文：《早期儒家是德性论的吗？》，谢阳举译，《国学学刊》2010年第1期。

"角色"意识:《易传》之"定位"观念与正义问题

——角色伦理学与生活儒学比较

◇ 黄玉顺
(山东大学儒学高等研究院)

【摘　　要】"角色伦理学"与"生活儒学"及其伦理层级上的"中国正义论"之间颇有相通之处,但也存在着重大差异。一个人的"角色"是由其所居之"位"规定的,因此,可以从儒家《易传》"位"或"定位"观念来切入这个问题:1."正位"并且"当位"指的是恪守既定的位置及其角色,这是行为正义问题,角色伦理学与生活儒学对此都有基本的确认;2."得位"指的是获得一种新的位,即对原有之位置与角色的超越,角色伦理学与生活儒学对此的理解有所不同;3."设位"指的是对社会角色秩序本身的设置或重置,这是制度正义问题,角色伦理学未触及这个问题,而生活儒学则通过中国正义论的重建来探索这个问题。

【关 键 词】角色伦理学;生活儒学;《易传》;定位;中国正义论

作为对儒家哲学的一种新的诠释,安乐哲(Roger Ames)等人建构了儒家的"角色伦理学"[①]。这与我对儒家哲学的诠释"生活儒学"[②]及其在伦理层级上的"中国正义论"[③]建构颇有相通之处,但也存在着重大差异。一个人的"角色"是由其在社会上所居之"位"规定的,因此,对这两个思想系统加以比较,我们可以从《易传》的"位"观念入手,即分析社会"角色"与"定位"问题之间的关系。

---

① 安乐哲:《儒家的角色伦理学:一个词汇表》,英文版,香港中文大学:中国大学出版社 2011 年版。(Roger T. Ames: *Confucian Role Ethics: A Vocabulary*. Hong Kong: Chinese University Press, Chinese University of Hong Kong, 2011.)

② 黄玉顺:《爱与思——生活儒学的观念》,四川大学出版社 2006 年版;《面向生活本身的儒学——黄玉顺"生活儒学"自选集》,四川大学出版社 2006 年版;《儒家思想与当代生活——"生活儒学"论集》,光明日报出版社 2009 年版;《儒学与生活——"生活儒学"论稿》,四川大学出版社 2009 年版;《生活儒学讲录》,安徽人民出版社 2012 年版。

③ 黄玉顺:《中国正义论的重建——儒家制度伦理学的当代阐释》,安徽人民出版社 2013 年版。

一、定位：正位、得位、设位
——《易传》的“位”观念

所谓“角色”(role)，或曰“社会角色”，是由社会的角色分配结构决定的，这种社会结构，在儒学话语中叫做“名分”或“位”(positions)。一个社会共同体就表现为一个“位”的系统，每一个人都在其中占有某种“位置”、扮演某种“角色”。这种社会结构实质上是一个人际关系结构，这种结构是由社会规范及其制度决定的；在儒学话语中，这套社会规范及其制度表现为“礼”(rite)。礼决定了位，而位决定了角色，亦即：礼→位→角色。

在儒家文献中，《易传》系统地提出了“位”的观念。《易传》的“位”本来是指筮法中的“爻位”。如《系辞下传》说：“二与四同功而异位，其善不同：二多誉，四多惧，近也。……三与五同功而异位：三多凶，五多功，贵贱之等也。”《说卦传》说：“《易》六位而成章。”又如《象传》里讲的“六位时成”(乾)、“位乎天位”(需)、“柔得位而上下应之”(小畜)、“履帝位而不疚”(履)、“柔得位得中”(同人)、“柔得尊位”(大有)、“虽不当位，利用狱也”(噬嗑)、“刚当位而应”(遯)、“女正位乎内，男正位乎外”(家人)、“当位贞吉”(蹇)、“进得位”、“其位刚得中也”(渐)、“征凶，位不当也”(归妹)、“柔得位乎外而上同”(涣)、“当位以节”(节)、“刚失位而不中”(小过)、“刚柔正而位当也”(既济)、“虽不当位，刚柔应也”(未济)等等，本义皆指爻位。[①]

但当孔子“不占”(《子路》[②])、进而儒家《易传》建构义理系统的时候，“位”进一步获得了伦理学及政治哲学的意义、甚至形而上学的意义：

伦理政治层级上的“位”观念：“刚中正，履帝位而不疚，光明也。”(《履象传》)“刚当位而应，与时行也。”(《遯象传》)“家人，女正位乎内，男正位乎外，男女正，天地之大义也。”(《家人彖传》)“君子以正位凝命。”(《鼎象传》)“君子以思不出其位。”(《艮象传》)“居上位而不骄，在下位而不忧。”(《乾文言》)“子曰：‘贵而无位，高而无民，贤人在下位而无辅，是以动而有悔也。’”(《乾文言》)“君子黄中通理，正位居体，美在其中而畅于四支，发于事业，美之至也！”(《坤文言》)“列贵贱者存乎位。”(《系辞上传》)“德言盛，礼言恭；谦也者，致恭以存其位者也。”(《系辞上传》)“圣人之大宝曰位。何以守位？曰仁。”(《系辞下传》)

① 《周易》：《十三经注疏·周易正义》，中华书局1980年影印本。
② 《论语》：《十三经注疏·论语注疏》，中华书局1980年影印本。

形而上学层级上的“位”观念：“飞龙在天，乃位乎天德。”(《乾文言》)“天尊地卑，乾坤定矣；卑高以陈，贵贱位矣”；“天下之理得，而成位乎其中矣”。(《系辞上传》)

更进一步，《易传》提出了“定位”的观念。在流俗语言的用法中，“定位”(positioning)是一个消极的概念，是说在一个既有的角色结构系统中确定自己的位置；但实际上它本来是一个积极的观念，不仅包含上述含义，还包含着去寻找并获得一个新的位置的意思，甚至还包含着对这个既有的角色位置结构系统加以变革、创建新的角色位置结构系统的意谓。例如，《说卦传》说：

天地定位，山泽通气，雷风相薄，水火不相射，八卦相错。

《周易正义》说“此一节就卦象明重卦之意”，即讲的八经卦如何重出六十四别卦，因而这里的“天地”指的是乾坤两个经卦，“定位”并不是说乾坤自己如何在六十四卦中确定自己的位置，而是说乾坤如何为六十四卦定位。进一步说，乾坤就是阴阳，而在《周易》，一切皆由阴阳生成，也可以说一切结构系统皆由阴阳“定位”。由此可见，《易传》的“定位”不仅仅指“得位”(在一个既定的位置系统中获得一个角色)、“正位”并且“当位”(恪守“礼”的规定对这个角色的要求)，还指“设位”(设置或者重新设置这个角色位置系统本身)。

所以，“定位”(positioning)包含三层意义：(1)“正位”(putting oneself in a correct position)并且“当位”(being in a proper position)，指恪守社会角色，这是行为正义问题，角色伦理学与生活儒学对此都有基本的确认；(2)“得位”(getting a (new) position)，指获得一种新的位，即对原有之位的超越，角色伦理学与生活儒学对此的理解有所不同；(3)“设位”(setting (system of) positions)，指对社会角色秩序本身的设置，这是制度正义问题，即真正的社会正义论问题，角色伦理学未触及这个问题，而生活儒学则通过中国正义论的重建来探索这个问题。

二、正位并且当位：社会角色的恪守
——行为正义问题

任何一个社会共同体都表现为一个“位”的系统，每一个人都必须在其中找准自己的“位置”、扮演好自己的“角色”。这就是《易传》所说的“正位”与“当位”的问题。

(一) 正位：摆正自己的位置

所谓“正位”，就是找到自己的正确的位置。例如：

家人，女正位乎内，男正位乎外，男女正，天地之大义也。家人有严君焉，父母之谓也。父父、子子、兄兄、弟弟、夫夫、妇妇而家道正，正家而天下定矣。（《家人彖传》）

这是一个“父子、兄弟、夫妇”的角色秩序系统，所谓“正位”就是每一个人都要在这个系统中摆正自己的位置并扮演好自己的角色。《周易正义》指出：“家人之道，必须女主于内，男主于外，然后家道乃立”；“父母一家之主，家人尊事，同于国有严君”；“父不失父道，乃至妇不失妇道，尊卑有序，上下不失，而后为家道之正；各正其家，无家不正，即天下之治定矣”。显而易见，这是宗法社会的伦理政治观念，与《大学》所讲的一致：“身修而后家齐，家齐而后国治，国治而后天下平。”①

当然，不同社会形态的位置系统并不相同，角色定位也不相同。例如在现代社会中，以男性为“家长”、“男主外、女主内”这样的伦理未必能够成立。但是无论如何，任何一个社会形态总有其位置系统与角色定位。正是在这个意义上，儒家主张：

君子以正位凝命。（《鼎象传》）

《正义》指出：“‘正位’者，明尊卑之序也；‘凝命’者，以成教命之严也”；“制法之美，莫若上下有序，正尊卑之位”。也就是说，这里所说的“正位”就是“正尊卑之位”、“明尊卑之序”。所谓“尊卑”，就是社会地位高低的区分，例如现代所谓“科层”。这样的社会地位区分系统，也就是“礼”，它规定了每个人在这个系统中的角色，因此，每个人都要在其中确定自己的位置、角色。其实，这也就是孔子所说的“克己复礼为仁”（《颜渊》）的意思。《易传》还说：

君子黄中通理，正位居体，美在其中而畅于四支，发于事业，美之至也！（《坤文言》）

《正义》认为：“此一节明六五爻辞也。‘黄中通理’者，以黄居中，兼四方之色，奉承臣职，是通晓物理也。‘正位居体’者，居中得正，是正位也；处上体之中，是居体也。”这是从爻位而讲到职位，而且不仅涉及“正位”问题，实际上还涉及了“当位”问题：由具有“黄中通理”之德的君子来“正位居体”，即是恰当之人居于恰当之位。

（二）当位：充任恰当的角色

所谓“当位”，是说一个人的“德行”与其所居的“位置”要相当、相称。唯

① 《礼记》：《十三经注疏·礼记注疏》，中华书局1980年影印本。

有如此，才能扮演好其“角色”。

例如《蹇象传·六四》说：“‘往蹇来连’，当位实也。”《正义》解释：“‘当位实’者，明六四当位履正，当其本实。而往来遇难者，乃数之所招，非邪妄之所致也，故曰‘当位实’也。”王弼《注》释蹇卦卦辞“利见大人，贞吉”：“爻皆当位，各履其正，居难履正，正邦之道也。”这对应于《象传》“当位贞吉，以正邦也”，《正义》认为：“‘当位贞吉，以正邦也’者，二、三、四、五爻皆当位，所以得正而吉，故曰‘当位贞吉’也。‘以正邦也’者，居难守正，正邦之道，故曰‘以正邦’也。”这里的“履正”、“守正”，就是其德。

以下就是两个不能“当位”的例子：

> 子曰：“贵而无位，高而无民，贤人在下位而无辅，是以动而有悔也。”（《乾文言》）

这是解释乾卦的上九爻辞“亢龙有悔”。注云：“处上卦之极而不当位，故尽陈其阙也。”《正义》认为：“此明上九爻辞也。‘子曰贵而无位’者，以上九非位而上九居之，是无位也。”这里其实是说：尽管具有君主之德，但却处在一个尴尬位置，“高而无民，贤人在下位而无辅”，实为“孤家寡人”，所以“动而有悔”。这是有德而无位，亦即“处无位之地，不当位者也”（《象传·需上六》注）。另一种情况则是有位而无德：

> 子曰：“德薄而位尊，知小而谋大，力小而任重，……不胜其任也。”（《系辞下传》）

“位”的复杂性在于：我们每一个人实际上都具有多重角色，其中有些角色甚至可能尚未被我们自己意识到。例如今天，假如我们曲解“君子以思不出其位”（《艮象传》），那么我们可能会误以为：一个老百姓是不配议论国家大事的。但事实上，议论国家大事却正是这个人的“位”所决定的：作为一个公民，他的公民之“位”决定了他对于国家大事的政治责任。顾炎武说“天下兴亡，匹夫有责”，就是这个意思。

（三）位的存在论意义：作为存在的生活

角色伦理学的积极意义之一，在于赋予了“角色伦理”以某种存在论的意义，甚至以其独特的方式触及了生活本源的思想视域。安乐哲引述罗思文的观点、同时也是他自己的观点：

> 我的长期合作者和最好的朋友罗思文（Henry Rosemont Jr.）开始郑重其事地开发本书的主题——儒家角色伦理学的观念。像任何优秀的儒家哲学家一样，他是以对下述问题做出观察开始的：作为人类，我

> 们事实上是怎样作为完全语境化(contextualized)、境位化(situated)和关系组成化(relationally-constituted)的人来生活的?他说:"我们都出生并养育于一个特定的文化共同体之中,每个共同体都有它关于人之为人的事实真相(what it is to be a human being)的语言、价值观、宗教信仰、风俗习惯、传统及伴生观念。简言之,文化上无偏见的人类是不存在的。我们每一个人都有特定的希望、恐惧、欢乐、悲伤、价值观和见解,它们与我们关于'我们是谁'和'我们是什么'的解释之间存在着不可分割的联系,这些解释已经受到文化共同体的无法抗拒的影响,我们是这个共同体的一部分。"儒家哲学需要对日常经验的观念(notion of ordinary experience)有这样一种忠诚,在它的伦理生活的表达中既作为其最初出发点,也作为其裁定(adjudication)的终极源泉。[①]

这里的关键是:人"事实上是怎样……生活的",这被视为"出发点"和"终极源泉"。这一点是可以与生活儒学的观念相通的;但更确切地说,这是与海德格尔那种作为基础存在论的生存论相通的:"我们都出生并养育于一个特定的文化共同体之中",用海德格尔的话来说,我们一开始就"被抛"在特定的"语境"、"境位"和"关系"之中,我们的"去存在"和自我完善都只能在这种给定的角色位置秩序之中。

须注意的是,角色伦理学在方法论层级上的真正关键概念,其实是相互对立的"个体"(individual 或 person)和"关系"(relation 或 correlation)。角色伦理学把西方哲学归结为个体主义,而把儒家哲学归结为关系主义,并将二者对立起来,批判前者,试图用后者来解决前者带来的问题,甚至批判现代的"权利"观念。说实话,我对此是深表怀疑的。且不说能不能这样简单地归结,也不谈现代性生存与个体性的内在必然联系,我所深感忧虑的是:对于今天的中国来说,个体权利不是太多了,而是太少了,那么,这种关系至上的伦理如何能够保障个体权利?我的看法是:对于今天的中国来说,亟须批判的正是这种关系至上的传统伦理。

我的判断是:角色伦理学是将那种前现代的中国的生活方式——那个前现代的"文化共同体"的"语境"、"境位"和"关系"——认定为了现代性的中国乃至人类应有的生活方式,以此为"出发点"和"终极源泉"。于是,人们只能在这种前现代的伦理关系或角色体系中去存在、去生活。

① 安乐哲:《儒家的角色伦理学》英文版,序言,第 xiv-xv 页。

二、得位：社会角色的超越
——进取问题

这样一来，"超越"问题就凸显出来了：人能不能超越既有的"语境"、"境位"和"关系"？能不能超越给定的"位"与"角色"？这就涉及《易传》的"得位"与"设位"问题了。

首先是"得位"问题。众所周知，儒家具有强烈的进取精神，即孔子所说的"狂简进取"，否则便有"乡原"之嫌。（《孟子·尽心下》①）这种进取精神意味着我们不仅仅是消极地恪守自己既有的社会角色，同时还应积极地超越给定的角色。"得位"这个观念意味着：一个人原来并不具有某种"位置"，即并不扮演某种"角色"；他通过进取而"得"此"位"、扮演此"角色"。

例如坤卦六二爻，注："居中得正，极于地质。"（坤象征地）《正义》解释："二得其位，极地之质，故亦同地也。……以此爻居中得位，极于地体故，尽极地之义。此因自然之性，以明人事，居在此位，亦当如地之所为。"这是从爻位而说到人事："居在此位"即"得位"，"亦当如地之所为"即扮演这种"角色"。

又如观卦六四爻"观国之光，利用宾于王"，是说的担任为王礼宾的职位。注云："居近得位，明习国仪者也。"《正义》解释："'利用宾于王'者，居在亲近而得其位，明习国之礼仪，故曰利用宾于王庭也。"这也是说的"得位"而扮演其"角色"。

角色伦理学最深刻的思想之一，是对"人类"或"人"的重新理解，即从"存在着的人"（human beings 人的存在）观念转向"形成着的人"（human becomings 人的形成）观念。② 如果说，传统哲学的出发点是某种给定的（the given）主体性，如海德格尔所说，"哲学的事情就是主体性的事情"③，那么，角色伦理学就超越了这个观念，认为人并不是一开始就已经给定了的、已经"存在着"或曰"是"（being）的，而是"在形成中"的或曰"形成着"（becoming）的。由于对人的理解的这种转变，角色伦理学所理解的儒学已经超越了孔孟以后的传统儒学，在某种意义上回归了孔孟儒学，④因为它不再承认诸如"性善"、

---

① 孟子：《十三经注疏·孟子注疏》，中华书局1980年影印本。

② 参见安乐哲：《儒家的角色伦理学》第3章第1节"'人类'（Human Beings 人的存在）还是'成人'（Human Becomings 人的形成）"，第87—92页。

③ 海德格尔：《哲学的终结和思的任务》，见《面向思的事情》，陈小文、孙周兴译，商务印书馆1999年第2版，第76页。

④ 关于孟子的思想的性质，乃是一个有待澄清的问题。角色伦理学并不认为孟子的人性论是先天论的或先验论的，参看安乐哲：《儒家的角色伦理学》第3章第11节"《孟子》与人之形成"，第136—143页。

“性恶”那样的任何一种先天的或者先验的人性。这种观念是与生活儒学对人的理解一致的。生活儒学同样认为，人、或者说主体性，并不是我们思想的已被给定的出发点，相反，人或主体性是“被给予的”(given)东西。

既然如此，那么，我们应当追问的是：它是被什么给出的？或者说，它是怎样被给出的？同样，角色伦理学接下来的问题也是：人是怎样形成的？或者说，人是在怎样的条件下形成的？角色伦理学所强调的，是一个人所在的“境位”(situation 处境位置)，这种境位是由社会关系，尤其是伦理关系、又特别是家庭伦理关系所决定的。按照角色伦理学，人的形成、或者说成为一个人，就是在社会关系中获得一个角色(role)并且在这个角色中完善自己。

当然，人一开始就处在一种特定的境位中，此时他已经被给予了一个角色，这类似于海德格尔所谓“被抛的此在”；但他并不限于这个既定的角色，他还可以谋求一种新的角色，这类似于孔子所说的“君子不器”(《为政》)。这就是“形成着的人”或“人的形成”这个概念的真正意义。

孔子所说的“君子不器”，就是不拘限于角色的意思。邢昺解释：“器者，物象之名。形器既成，各周其用，若舟楫以济川，车舆以行陆，反之则不能。君子之德，则不如器物各守一用，言见几而作，无所不施也。”例如：

> 子贡问曰：“赐也何如？”子曰：“女器也。”曰：“何器也？”曰：“瑚琏也。”(《公冶长》)

何晏注引包氏：“瑚琏，黍稷之器，夏曰瑚，殷曰琏，周曰簠簋，宗庙之器贵者。”孔子既是在鼓励子贡为“贵器”，更是在批评子贡毕竟“器”了、而没有达到“不器”的境界。朱熹的理解是很准确的：“子贡虽未至于不器，其亦器之贵者与。”(《论语集注·公冶长》[①])

孔子曾说：“管仲之器小哉！”因为他“不知礼”。(《八佾》)这是区分“小器”和“大器”，所谓“瑚琏”即是一种大器。但即使是大器，也还不是君子的最高境界。最高境界乃是“不器”。

孔子还说：“君子……及其使人也，器之。小人……及其使人也，求备焉。”(《子路》)邢昺解释：“言君子有正德，……度人才器而官之，不责备，故易事。……小人……及其使人也，责备于一人焉，故难事也。”君子对于别人并不求全责备，而是因才任事。但是无论如何，君子对于自己却是“求全责备”的，就是要求自己“不器”。

孔子“君子不器”的思想与《易传》“得位”的思想是一致的，是说一个人不

① 朱熹：《四书章句集注》，中华书局 1983 年版。

必固守既有的"位置"而死守固有的"角色",他可以更加积极地"去生活"——"得"一个新的"位"。这让人记起陈胜的名言:"王侯将相,宁有种乎?"(《史记·陈涉世家》[①])

这种"得位"观念比起上文所谈的"正位"以及"当位"来说是更积极的,但是比起下文将要讨论的"设位"观念来说则仍然有消极的意味。例如无妄卦六二爻,《正义》解释:"六二处中得位,尽于臣道,不敢创首,唯守其终,犹若田农不敢发首而耕,唯在后获刈而已。不敢菑发新田,唯治其菑熟之地,皆是不为其始而成其末,犹若为臣之道,不为事始而代君有终也。"具体到角色伦理问题,即是说,尽管我们可以通过努力而"得"新"位",但最终仍然不过是"守位"而已,对这个"位"的秩序系统本身并无触动。

三、设位:社会角色秩序系统的设定

——制度正义问题

其实,按照儒家的思想,我们不仅可以超越自己既有的社会角色、可以"越位",这在《易传》即"得位"的观念;我们甚至可以改造既有的、规定社会角色的位置系统本身,亦即改造社会规范及其制度本身,这在《易传》即"设位"的观念。从正义论的角度来看,角色伦理学仅仅涉及了行为正义(justice of behavior)领域,而未触及制度正义(justice of institution)问题。下面我们就来探讨这些问题。

《易传》两次谈到"设位":

> 子曰:"《易》其至矣乎?夫《易》,圣人所以崇德而广业也。知(读为'智')崇、礼卑。崇效天,卑法地。天地设位,而易行乎其中矣!成性存存,道义之门。"(《系辞上传》)

注云:"天地者,易之门户;而易之为义,兼周万物,故曰'行乎其中矣'。"疏云:"天地陈设于位,谓知之与礼而效法天地也。'而易行乎其中矣'者,变易之道,行乎知礼之中,言知礼与易而并行也。若以实象言之,天在上,地在下,是天地设位;天地之间,万物变化,是易行乎天地之中也。"所谓"天地设位",是说的设置"天—地"这样的形而上的"易之门";人道效仿天道,即"知之与礼而效法天地",就是设置"智—礼"这样的形而下的"道义之门"。我们知道,"礼"的设置就是"制礼"的问题。这是中国正义论的基本课题。通过"义"

① 司马迁:《史记》,中华书局1982年版。

（道义）来制“礼”，这正是中国正义论的最核心的结构：义（正义原则）→礼（制度规范）的结构。[①]

不仅形而下的“智—礼”设置是人的事情，即使是形而上的“天—地”设置其实也是人的事情：

> 天地设位，圣人成能；人谋鬼谋，百姓与能。（《系辞上传》）

疏云：“‘天地设位’者，言圣人乘天地之正，设贵贱之位也。‘圣人成能’者，圣人因天地所生之性，各成其能，令皆得所也。”所谓“设贵贱之位”，也就是“制礼”，亦即设置一套“位置”系统，以规定人们在其中的各种“角色”。例如《蹇彖传》说：“当位贞吉，以正邦也。”这是说国君“当位”以后，他的一个基本职责就是“正邦”。所谓“正邦”，自然包含着正定国家的制度、亦即“设位”。这就是中国正义论要解决的制度正义问题。如果既有的社会规范及其制度本身就是不正义的——不正当、或者不适宜的，那么，它所设置的“位置”及其规定的“角色”就是不值得我们去争取的。这时候，人充当了一种更为伟大的角色——重新设置角色系统的角色（the role who re-sets the system of roles）。

这里还涉及一个更深刻的问题。我曾谈到，当下的生活际遇、角色所处的当下“位置”系统、“角色”秩序，具有双重性质，看起来似乎是一种循环：

> 生活本身的本源结构决定了我们总是要去生活，即总是要超越现实地生活，这是一种“改变现实”的态度。我们首先必须承认现实，然后才有可能改变现实；否则，改变现实的愿望只是一种空中楼阁。过去人们不理解孔子对“礼”的态度，就是因为不懂得这个道理：孔子一方面主张“学礼”、“克己复礼”、“非礼勿视，非礼勿听，非礼勿言，非礼勿动”，另一方面却主张“礼有损益”，人们感到这似乎是自相矛盾的。其实，“礼”作为规范构造是具有不同的意义的：它固然是前此的规则建构，即是“损益”的结果；但它却是当下的生活际遇，所以首先必须“学礼”。……我把生活儒学的意义概括为这样两句话：凡是现存的，都是本源的；凡是现存的，都是应当超越的。第一句话的意思是：凡是现存的，都曾经是前此的某种形而下学的构造，但是，无论如何，对于当下的我们来说，它们都是我们的在生活之际遇，我们只有由此出发，才能去生活而超越；第二句话的意思是：凡是现存的，纵然都是我们的在生活之际遇，但是，我们

① 黄玉顺：《中国正义论纲要》，《四川大学学报》2009年第5期；人大复印资料《伦理学》2010年第1期全文转载。

> 必定去生活而超越它们，而这种去生活而超越，同样归属于我们的在生活之际遇。——这种看法既无所谓“保守”，也无所谓“革命”；生活儒学只是告诉我们：我们向来在生活，并且总是去生活。[①]

这就是说，正如角色伦理学所言，既有的角色位置系统是我们的“出发点”、“源泉”；但生活儒学及其正义论坚持，既有的角色位置系统同时也可能正是我们应当加以改造、超越的对象。例如，在宗法王权时代，王族的嫡长子生来就被预定了王的位置和角色；但其前提是嫡长子继承制，而这个制度安排本身在今天却已经是不正义的了。

即便就角色伦理学所注重的家庭伦理来看，事情也是如此。表面来看，家庭角色是不可超越的。例如，在父亲面前，儿子永远是儿子的角色。但事实上事情并非这么简单。例如在现代社会中，当儿子还是一个未成年人时，他的角色是被监护人；然而当他成人以后，他就摆脱了被监护人的角色。

近年来，有不少儒者特别强调家庭，甚至认为家庭伦理才是儒学的特色、中国文化的特征。其实未必如此。家庭本身就是一个历史地变动的概念：我们曾经有上古王权时代的宗族家庭；曾经有中古皇权时代的家族家庭；还有现代的核心家庭，以及诸如合法的单亲家庭、乃至合法的同性恋家庭等复杂的家庭形式。这些不同时代的家庭形式具有不同的家庭伦理，不同的“礼”的制度、不同的“位”的安排、不同的“角色”定位。就此而论，“角色”问题并非儒学的根本所在；角色是由“礼”、“位”规定的，而“礼”、“位”又是由“仁”、“义”导出的。这是我们今天所应具有的一种“角色”意识。

① 黄玉顺：《面向生活本身的儒学——“生活儒学”问答》，载《面向生活本身的儒学——黄玉顺“生活儒学”自选集》，第89—91页。

角色伦理、个人定位与社会建构：儒家与西方的分野

◇ 任剑涛
（清华大学社会科学学院）

【摘　　要】在儒家传统社会建构理论与现代西方社会建构理论之间进行比较，是一个历史向度与现实情形的交错式比较。但这样的比较是有意义的。因为西方社会的当下走向需要在西方之外寻求资源，而儒家也需要在传统视角之外为现代发展寻找支援。相比而言，儒家传统社会在建构政治社会即国家的时候，是从既成个人模式塑造政治社会所需要的主体状态。从家庭、社会与国家对人的伦理—道德塑造，儒家将人建构成为适合稳定社会需要的模型。西方现代社会在建构政治社会即国家的时候，是从未定个人状态塑造政治社会所需要的主体结构。从家庭、社会与国家对人的政治—法律塑造，现代西方将人建构成为适合社会发展的模型。这两种基于建构政治社会而塑造人的模式，都是人的觉醒时代即轴心时代的伟大成就，是两种文明形态超越其他文明类型的卓越表现。此前，论者对两者进行的高低强行归类，是不明就里的说辞。但中低西高的判定不能逆反地扭转为中高西低的断言。否则，就都失去了对人的觉醒所具有的伟大意义的确定认知价值。

【关 键 词】角色伦理；个人定位；儒家社会；西方社会；社会机制

由于人是从动物脱胎出来的，人成为社会生物，是社会塑造、尤其是政治塑造的结果。每一个社会本质上都是政治的，都是人为建构而成的，都构成众所周知的国家实体。在将人转变成政治社会成员的过程中，政治社会生成了。不过，现代西方政治社会的建构，来源于对人的独立性个体价值的认取，由独立的个人组成具有保护性功能的政治社会。儒家传统社会的建构，来源于对既成个人模式的认取，并以这样的社会化角色对人做出政治社会的先在性定位。尽管一切政治社会的成员都不得不经受家庭、社会和国家的塑造，以便成为政治社会的合格成员，但西方现代社会和儒家传统社会对成员的三个维度的塑造，具有结构性差异。这促使两者在伦理领域和道德世界发生分化，从而建构成两种鲜明不同的政治社会模式：前者趋向于一种保持社会活

力的机制,后者趋向于一种保持社会稳定的体制。两者并无价值上的高低优劣之分,只有建构社会的结构—功能之别。

一、既成个人与未成个人:社会建构的不同起点

社会、尤其是政治社会即国家,不是自然而然生成的。国家是人为建构的结果。

在国家建构中,组成一般意义上的社会,进而组成特定的政治社会即国家,是一个紧密联系在一起的社会生成过程。前者需要解决的问题是社会成员的塑造,后者需要解决的是政治体的体制机制。

中西方在人类的政治社会建构中处于领先位置。儒家中国通过君臣、父子、夫妻、兄弟、朋友五伦,以及仁、义、礼、智、信五常的机制,将人塑造为既成伦理关系结构中的成员模式,从而稳定地建立起了一般社会机制向政治社会机制过渡的社会建构体系。人,在儒家的社会建构中是既成的。所谓既成,是指人的社会及政治社会成员资格的获得,是经由先定的伦理秩序给定的,不管这样的给定是通过个人的心性修养(修身)、还是"齐家"的整合、"治国"过程的统一、甚至是"平天下"的共同升华,都是在一种既定的、井然有序递进的状态中完成的。

西方的社会建构机制有古今之别。仅就现代西方社会而言,尤其是就现代原生形态的英格兰而言,脱离家庭关系、独立成为受社会塑造的个人,经由政治法律安排成为法权平等的社会以及政治社会成员,构成现代西方社会建构的基本进路。从个人被逼出家庭、进入陌生社会开始,他们必须经由契约的形式重新进入社会,建立政治规则,构筑国家机制,完成从个人到组织、再到国家的重新结构过程。个人总是未成的,是不断融入社会重建的产物。

二、社会角色:家庭、社会、国家的塑造

建构政治社会即国家,在理论逻辑上需要双重的成员建构:一重是作为社会成员的个体的塑造,另一重是政治社会成员的个体的塑造。

儒家中国与现代西方对二者的塑造迥异其趣。就儒家中国而言,在前者,是五伦塑造的结果;在后者,是五常塑造的产物。三纲八目的儒家社会建构要领,证明国家这一政治社会与社会自身的建构逻辑别无二致,勿须两种逻辑的对应性运作以及无缝对接。

就现代西方而言,在前者,是社会契约的产物;在后者,是政府契约的产

物。仅有社会契约,便会留下难以解决的卢梭难题;仅有政府契约,无法具备政治社会所需要的社会前提。在前者,需要个人与社会相容;在后者,需要公民与国家兼容。这是两种逻辑。在政治社会的建构进程中,两者实现无缝对接,就能够建构起稳定的国家机制;两者不能实现对接,就会流于政治社会即国家建构的失败。

三、从伦理到道德:人的现实处境与规范凸显

从儒家中国与现代西方来看,其社会建构的方式,在伦理的层面上,儒家依靠的是一种内趋性的伦理关系结构,而西方依托的则是一种外推型的伦理关系状态。儒家的伦理关系一旦外推,就走向了国家建构。西方的伦理关系一旦内趋,就丧失了政治社会建构的历史前提。

在政治社会的建构上,儒家中国依赖的是一种现成的伦理关系,而现代西方仰仗的则是一种契约关系。

儒家中国重视的是人的现实处境。现代西方重视的则是一种规范设计。

在从伦理到道德,也就是从现实人际关系到抽象规范状态的演进中,儒家中国采取了直取的方式,也就是一种直接从伦理关系中抽取出道德规范的方式,并将之作为政治社会构筑抽象规范的进路。而现代西方采取的是一种曲取式的方式,也就是一种离开人伦关系而建构抽象道德规范的方式。

在熟人社会的模式中建构政治社会即国家,儒家胜于西方。在陌生人社会中建构政治社会即国家,西方胜于儒家。这与双方各自的政治社会建构处境有关,而与政治社会即国家建构的智慧高低与技巧优劣无关——希腊晚期,西方就遭遇了陌生人进入共同体,而必须重构共同体规则的严峻挑战;但中国一直可以从容地以熟人原则处理政治社会的成员资格。这种情景,可谓各擅胜场。

四、社会的稳定建构与活性机制

一个政治社会建构的起码要求是能够维持基本的社会政治秩序,换言之,政治社会必须超越丛林规则,维持一种不至陷入混乱的社会政治状态。儒家政治社会建构与现代西方政治社会建构,进路不同,但这种起码的社会功能都大致具备:儒家以既成的个人模式塑造政治社会的成员,成就了一种稳而不乱的社会秩序;现代西方以未成的个人模式塑造政治社会的成员,凸显了一种活而不乱的社会秩序。这都是人类建构政治社会的伟大成就。

人类建构的政治社会,一方面需要稳定的社会秩序,这对于政治社会的规模、能力与前景等发展问题发生极其重大的影响。但另一方面也需要活性的社会秩序,这对于政治社会的灵动、竞争力和创新性等发展问题至关重要。儒家以自己的关系型角色伦理设定,对政治社会建构的稳定性,发挥出远远超越现代西方社会理论的作用;而现代西方以自己对个体型角色伦理的设计,发挥出远远超出儒家的、激活社会能量的效用。

儒家的优势与缺失悖反地呈现出来:社会稳定有余、但发展不足;规模超大、但创新不足;国家能力甚强、但成员聚合力不够。现代西方社会的优势与缺失同样突兀呈现:社会活力很强、但长期稳定能力稍弱,创新性很强、但规模问题难以解决,个人价值受到空前重视,但国家能力遭到高度限制。

中西之间从个人的社会角色塑造,到政治社会的建构,进路不同、结构相异、功能有别。人们常常在两者之间进行比较,并得出一种流行性的结论:中西之间应当学习对方的长处,以弥补自身的缺陷。但实际上,中西之间需要的不是采纳对方的长处。将对方文化机制中的长处抽离出来,既无法使之保持其在原有文化体系中的长处,更无法使之成为己方的长处。中西之间需要的是,尊重各自文化的长处,因势利导地借鉴对方的政治社会设计方案,引导自己文化的发展。

文化比较研究中的不良趋势：东、西方的两极化

◇［美］孟巍隆(Ben K. Hammer)
（山东大学儒学高等研究院）

一

汉学指的是非中国人特别是西方人研究的国学，也就是中国的传统学问。这个活动自身是一种跨越文化、比较文化的工作。搞比较文化的学术工作者都会追求实事求是、客观的态度和成果，不过完全客观是很难做到的，我们多多少少都会带着自己的一些成见。不承认自己成见的存在，自称完全客观，是一个不现实、不成立的立场。美国著名哲学家希拉里·普特南犀利地批评这种极端的唯实论，说这种态度“试图从‘无视角’来观察世界。这是不可能的。”①他声明“我们不可能具有不反映着自己利益和道德是非标准的世界观。”②安乐哲先生在《儒家角色伦理》一书中对此表示赞成。本人也表示同意。

但持这个看法的人一般指的是文化与文化之间的偏见。本人想指出，不同文化背景的人也会持有共同的偏见。笔者今天要探讨和批判的就是比较文化工作者们表现的一个普遍偏见，那就是东方与西方文化的极端对立。

从历史角度来说，这个现象可以视为汉学发展史或者中西方交流史的必然结果。自从西方汉学这一学科诞生以后，西方人拿西方的文化概念和宗教的定义去分析和评估中国的文化与哲学，而这些西方文化，西方哲学的标准，真是颇具文化特色。美国比较哲学家罗斯文先生总括其要点说：“自从笛卡儿的时代以来，西方哲学家越发地喜欢从具体的人类抽绎出来一种意识形态上的‘心性’，并且还得出结论，独立于肉体之外的这个心性……才是个别人物自知、自治的本体。他们竟然进一步认为，从哲学角度而言，这抽象心性本

① Putnam, Hilary. *Realism with a Human Face*. Cambridge, MA: Harvard University Press. 1990, p. 28. 笔者译，下同。

② 同上，第178页。

体比起实际的人物更真实，因为每人的个人特征都只不过是一种偶然，因此没有什么哲学意义可谈。"[①]用这般西方思维标准去衡量中国的哲学思想，明明不客观，对中国很不利。安乐哲解释说："由19、20世纪发展出来的现代欧洲儒学形象，甚为迂回歪曲，不以儒学自身的文化背景去辨识儒学，反而硬是套上欧洲传统思想的构架，再加以甄审。"[②]又说："儒家思想曾受外来的因素而贬值。在被西方学术界引进和学习的过程中，儒学的很多关键哲学术语，用了亚伯拉罕式的宗教观念和语言来进行翻译，其结果是，不少人眼里的儒学只不过是一种弱不禁风的次等基督教。"[③]

国内国学家也深受其影响。冯友兰的名著《中国哲学史》，开宗明义，第一章的第一句便是这样写的："哲学本一西洋名词。今欲讲中国哲学史，其主要工作之一，即就中国历史上各种学问中，将其可以西洋所谓哲学名之者，选出而叙述之。"[④]他紧接着阐明哲学的定义，陈述一系列诸如宇宙论、人生论、知识论之类的西哲词汇与范畴给予说明。其部分结论如下：

> 中国哲学家之哲学，在其论证及说明方面，比西洋及印度哲学家之哲学，大有逊色。[⑤]
>
> 中国哲学亦未以……知识问题（狭义的）为哲学中之重要问题。……在中国人的思想中，迄未显著的有"我"之自觉，故亦未显著的将"我"与"非我"分开，故知识问题（狭义的）未成为中国哲学上之大问题。[⑥]
>
> 哲学家不辩论则已，辩论必用逻辑……[在中国]亦少人有意识地将思想辩论之程序及方法之自身，提出研究。故知识论之第二部，逻辑，在中国亦不发达。[⑦]
>
> 中国哲学，又以特别注重人事之故，对于宇宙论之研究，亦甚简略。故上列哲学中之各部分，西洋哲学于每部皆有极发达之学说；而中国哲学，则未能每部皆然。[⑧]

---

① Rosemont, Henry. *The Chinese Mirror: Moral Reflections on Political Economy and Society*. La Salle, IL: Open Court, 1991, pp. 62 - 63。笔者译。

② Ames, Roger. *Confucian Role Ethics: A Vocabulary*. Hong Kong: The Chinese University Press, 2011, p. 13.

③ Ibid, p. 19。

④ 冯友兰《中国哲学史》(上册)，上海：华东师范大学出版社2006年版，第3页。

⑤ 同上，第7页。

⑥ 同上，第8页。

⑦ 同上。

⑧ 同上。

胡适之持有相近似的看法:“近代中国哲学[笔者按:指唐代以来],与科学的发展曾极大地受害于没有适当的逻辑方法。现在,中国已与世界的其他思想体系有了接触,那么,近代中国哲学中缺乏的方法论,似乎可以用西方自亚里士多德直至今天已经发展了的哲学的和科学的方法来填补。”①

总言之,在以西哲特征为水准的东、西比较研讨中,中国哲学肯定会显得处处不如西方哲学的高深和完备。

当时,像冯氏、胡氏他们的新视角确实很先进,很革命。可作为事后诸葛亮的我们,不难看出这类探讨本身也是一种方法论的弊病。还好,现近代汉学家们意识到了这个毛病,于是致力将中国哲学思想从西方学界中挽救出来,挖掘和建立中国哲学自有的特征,打奠一个更为客观的平台来进行比较和对话。简而言之,就是以儒还儒,以孔注孔。安乐哲的《儒家角色伦理》多次立定这个目标。安氏其他专著例如《通过孔子而思》、《汉哲学思维的文化探源》等,顾名思义,也都有这么一个明确的宗旨。

然而至今,物极必反,汉学和国学研究仿佛走到了另一极端。汉学家们为了给中国哲学或者儒家思想构建一个合乎中国国情与中国历史文化实际情况的解释框架,而致力抛弃一切西哲与西方文化因素。这种用意固然好,但容易出现一个大问题:在抛弃一切西方哲学与文化因素的时候,我们实际上抛弃的东西太多,我们无意中也在抛弃一部分中国哲学自有的东西。为什么呢?因为我们对东、西方两个文化加以两极化。这两个甚至多个文化与思想传统其实有不少并且重要的共同处。正是这些共同处,极容易被文化比较的工作者忽视了,甚至抹杀掉了。每当遇见双方共有的特征,便硬是把它归纳到其中一边去,使得它成为其中一方的独有特色。其自然又不幸的后果是,本文化具有某一个特征,对方的文化就不得有,只好把相左的、相反的特征嫁到对方文化身上去。

在《东方主义》这一部划时代的杰作里,爱德华·萨义德曾指出这个现象,说:

> 当人们使用东方人和西方人这样的范畴作为学术分析、研究和制定公共政策的出发点和最终目的时,……其结果通常是将这一区分极端化——东方变得更东方,西方变得更西方——并且限制了不同文化、传统和社会之间的相互接触。简而言之,从一开始直到现在,现代东方学作为一种处理异国的思维形式典型地表明了“东方”与“西方”的僵化区

① 胡适:《胡适全集·先秦名学史导论》(第五卷),合肥:安徽教育出版社2003年版,第10页。

分所产生的下面这一令人遗憾的趋势：将思维硬塞进一个西方的或东方的狭小的车厢内。①

作为这类态度的表现的实例，我们可以引用一位19、20世纪之际的英国军人和东方主义代表克罗默，他曾写到："能够注意到下面这一事实，我感到很满足：一般来说，东方人的行为方式、说话方式和思维方式与欧洲人完全相反。"②

他这样的表达正是一语破的。我们先不管他指的是中东的东方人，也不论他那种高高在上的语气。就是他这样的思维方式，一直到目前为止，在东、西方文化比较的圈子内仍然盛行。今天在场的一切与会者与观众们对于此类说法都耳熟能详：西方人的思想是理性的，东方人是感悟的；西方人分析，东方人综合；西方人讲究个体，东方人讲究集体；西方人征服自然，东方人放任自然；西方人从下往上考虑问题，东方人从上往下；西方人从里往外看，东方人从外往里。我们坚持运用这般思路作文化的比较，那么结论总是一样的：东、西双方文化不仅仅事事都存在差异，而更有甚者，在各个方面上还务必是相反的。

这种表述在梁漱溟的比较哲学工作中显著得很。他曾引用过李守常的说法，写道："东西文明有根本不同之点，即东洋文明主静，西洋文明主动是也。"③还接着列举了许多异点去补充说明：

> 一为自然的，一为人为的；一为安息的，一为战争的；一为消极的，一为积极的；一为依赖的，一为独立的；一为苟安的，一为突进的；一为因袭的，一为创造的；一为保守的，一为进步的；一为直觉的，一为理智的；一为空想的，一为体验的；一为艺术的，一为科学的；一为精神的，一为物质的；一为灵的，一为肉的；一为向天的，一为立地的；一为自然支配人间的，一为人间征服自然的。④

正是这种两极化的思路我本人十分不赞同。这态度不现实，很难反映实际生活。我们可以从《儒家角色伦理》这部书和这个整体学说中找到"两极化"的痕迹。

"原理"——"principle"，是个重要哲学概念。上文已述，作为一种固定不

---

① 爱德华·萨义德：《东方学》，王宇根译，北京：三联书店2009年版，第57页。

② Said, Edward. *Orientalism*. New York: Vintage Books，2003年，第39页。笔者译文参考了王宇根译的《东方学》。

③ 梁漱溟：《东西文化及其哲学》，北京：商务印书馆2012年版，第34页。

④ 同上，第34—35页。

变、放诸四海而皆准的抽象规则，西方哲学很重视一般原理，即 universal principles。但是，既然把原理已经认定为西方哲学的特征，这是不是也意味着原理是西方哲学独有的东西，而中国哲学不能有？中国哲学必须与此相反？肯定不是，可是《儒家角色伦理》恰好有这个意思。我们阅读原文便会发现，作者每当提及"principles"，都会刻意回避和否认它和中国哲学之间的直接关系。其原文如下：

> 儒家思想不求助一套客观原则，反而试图通过行仁而在家庭、社会中度过完整又道德的日子。①
>
> 儒家主义者还认为"原理"只不过是从成效行为归纳出来的文化的、主导性一般说法，而不属先于实际的规则，可以放诸四海而皆准。②
>
> 或有人以为《论语》5.12、12.2、15.24 的否定式"黄金法则"(golden rule)，即己所不欲，勿施于人，正是一般原理。可我们倾向于认为，这条更应该视为一个笼统的态度，指导我们在自己的关系中选择最适宜的行为和措施，并不是一个放诸四海而皆准的固定原理。③

显而易见，唯独西方哲学方能有固定不变的原理，儒家思想的真理都是相对的，因人因事制宜的，看具体情况而暂定的。这个结论让人难以接受。安乐哲先生等人毫无疑问都是善意地想要为儒家思想建立一个切实的、脚踏实地的人生哲学，比起过于抽象的西方哲学更能照顾到人类的实际情况。但如此"拯救"孔儒哲学，实际上有点矫枉过正，把儒家思想说成没有放诸四海而皆准的东西。

这般误区正由两极化的思想而来。我们既然认定一般原理是西方哲学的重要元素，于是就统统把这个观念从孔儒思想体系切除掉。剩下来的东西，也就是那套因人制宜的角色伦理，同西哲的元素迥然有异，正好符合我们的这种两极化思维模式。

以上这个例子属于比较抽象的哲学对照。我们还可以举个来自日常生活的道德问题作为实例。《儒家角色伦理》第四章有一节专门探讨《论语》中知名的伦理寓言，"父为子隐，子为父隐，直在其中。"这个故事讲的是儿子隐护其父，而安乐哲先生又举了一个相类似的例子并加以说明：

> 假如家长发现自己的孩子在商店里行窃，应当如何处理才好？一个

① Ames, *Confucian Role Ethics*, p.165。

② Ibid., p.180.

③ Ibid., p.297，第 10 注。

> 可能的行动步骤便是拨110，报警抓贼，然后媒体机构，告知以真相。如此作能维护自己的无辜，也让犯罪的孩子依法惩处。这样无疑对保护法令、惩一儆百最具效率。毕竟盗窃属于违法行为。但哪有家长居然会这样做呢？
>
> 或许可以采取更具想象力的解决方法，不直接用惩罚反而用耻感纠正孩子的行为。思想开通灵便的家长，也就是有“正见”的家长，会考虑到孩子平常表现很好，就这一次发生失误，于是领孩子回至犯罪现场，给店长还货并赔不是。家长、店长都会充分利用和刺激孩子的耻感，孩子就见以规劝与改良。从短期视之，问题也得到了断，因为店长收回失物。长期视之，家庭与社会都得到保障，因为既教育好了孩子，且巩固加强了各方的社会团结意识。[①]

安先生正确地指出，哪里也不会有家长投诉自家的孩子，但其解析说得好像这属于儒家思想的特有处理办法，只有儒家的“角色伦理”才考虑到实际的人际关系与感情，而西方哲学却是一套冷的、机械的客观真理，只懂依法惩处和抽象的是非。

这样的描述也是两极化思维的结果，这也是一种人为的对立，一个走极端的误区。

二

我们既然辨明了这个“两极化”的问题，下一步便是提出一个解决方法。就此，第一点是切换着眼点。作为学究也好，作为老百姓或者业余的观察者也好，每当说及跨文化的话题，不应当先问：“区别在哪？”“差异在哪？”反而应当先问：“相像的地方在哪？”“共同之处在哪？”咱们可不能忘记这一类研讨会、文明对话的总目标，例如尼山世界文明论坛，目的即是寻找所谓人类共同伦理、和谐社会与地球村、融洽的文明与文明之间的对话。但如果我们思维的切入点总是那些对立和相矛盾的地方，非得从无法调节的异处进行讨论，那岂不是南辕北辙，适得其反？

当代著名文化学者张隆溪曾经表达过这个意思，说道：

> 与过度重视区别和文化的独特性相异，……窃以为语言和文化皆具有基本的可翻译性。……只有先承认不同文化民族同样都有能力思考、

① Ames, *Confucian Role Ethics*, pp. 166 - 167.

表达、交流、创造自己的价值观,我们才能够解除一切民族中心论的偏见……[①]

第二,我们不得不承认深层共同点的存在。我们首先以共同点为起点,但后来肯定也要作个文化异同的比较,这是避免不了的,也是应该的,可是我们继续往下深入钻研的时候,需要做好心理准备的是,哲学的与文化的比较会揭露出一些重要的、深层的重叠和交叉。

我们原来以为属于自己文化、自己民族的特点,实则他文化、他民族也有,甚至他们这一方面的特色不一定亚于我们自己的。20世纪著名国内历史学家和文献学家陈垣写过一部小书叫《史讳举例》。其自序里直截了当地声明:"避讳为中国特有之风俗,其俗起于周,成于秦,盛于唐宋,其历史垂二千年。"[②]陈先生对于国内避讳历史与方法的考证工作是一流的,但对其国与国、文明与文明之间的比较,他显然没有研究过。实际上,不仅仅是中国以外的文明也出现过避讳的史例,而且人类历史上所有主要的文明都出现过避讳的现象。[③] 在不考查真相的情况下,陈先生理所当然地认为,凡是中国文化有的东西,也应该是中国独有的东西,因而就遽然下了一个错误的结论。这就是两极化思想的结果。

再譬如说,古代中国哲人也擅长分析和理性思维,古代西方哲人也重视感情与综合,现代西方人也很重视家庭和亲情,现代中国人对个人利益的追求也是现代中国文化与社会的显著特点。这一类说法违背以往的常识,不过都能代表现实的情况。不轻易接受两极化的思维模式,我们就会发现,东、西方文化之间的交叉点比我们原来想象的多得很。

我们把两个看上去是极端的东西之间的距离拉近一点,加以折中、调节、混合甚至颠倒,从心理上是个让人很难接受的事情了。毕竟我们比较的对象,不光是相对立的文明,相对立的生活方式与思维方式,而首先是相对立的词语:即"东方"文化与"西方"文化。光看一个东一个西,从本质上是相反的、相对立的概念。那么其所包含的一切内容想必也理应是相反的,相对立的。这貌似是合乎情理、可以不言而喻的结论。但正是这种理所当然的两极化思维,我们最需要防备,因为它往往引导我们得出错误的结论。萨义德从

① Zhang Longxi(张隆溪),"Translating Cultures China and the West". 收入 Karl-Heinz Pohl 主编的《Chinese Thought in a Global Context: A Dialogue Between Chinese and Western Philosophical Approaches》. Leiden, Netherlands: Brill。1999年,第46页。

② 陈垣:《史讳举例》,北京:中华书局2004年版,第1页。

③ 王建:《中国古代避讳史序》,贵阳:贵州人民出版社2002年版。

历史的角度阐明这个现象，说：

> “欧洲”与“亚洲”或“西方”与“东方”之间古老的区分将所有可能的人性类型聚集在一个非常宽泛的标签之下，并且在此过程中将其简化为一两个终极的、一般性的抽象形式。①

作为一种思维模式，两极化是很普遍的趋势。是职业的学者也罢，老百姓也罢；国内人也罢，外国人也罢，其心理都不知不觉地存在这种倾向。目前和将来的所谓“文明对话”若要有成效，笔者以为应当认真考虑切换角度，切换过去的思维方式与切入点。

安乐哲先生在《儒家角色伦理》第一章里写到：“哲学的诠释者有责任让学习中国哲学的学生明白中国哲学的独特性。正是这些哲学设想才会给中国哲学体系的词汇赋予意义。”②这段话说得完全没有错，但我们不必要也不应该把一切文化与文化之间的一般说法和描述对立起来。讨论和运用文化的一般说法并不是提倡文化两极化的好理由。

① 萨义德：《东方学》，第200页。

② Ames, *Confucian Role Ethics*, p. 23.

儒家伦理就是角色伦理吗?
——安乐哲"儒家角色伦理学"评议

◇刘　宏
(安徽师范大学哲学系)

【摘　　要】安乐哲的"儒家角色伦理学"作为对儒学阐释的新成果,打破了西方世界将儒学进行宗教化理解的模式。但该理论将儒家伦理概括为"角色伦理",面临着三重理论困境:降低了儒学的普适性、忽视了儒学的形上维度和遮蔽了中西哲学共同的观念平台。"角色伦理"的继续展开尤其需要关注人性问题,以为"角色"找寻根基。

【关 键 词】儒家;伦理;角色

近年来,美国哲学家安乐哲(Roger T. Ames)提出了"儒家角色伦理学"(Confucian Role Ethics)①,该理论已然在儒学界产生了巨大影响。然而笔者认为,该理论虽然在重新理解儒学的问题上取得了重大的突破,但至少存在着几个值得商榷的问题:降低了儒学的普适性、忽视了儒学的形上维度和遮蔽了中西哲学共同的观念平台。为此,本文拟结合时人对该理论的评论②,对"角色伦理学"加以评议。

一、角色伦理学的学术定位

中西文化大规模的交流,如果以鸦片战争为开端的话,也走过了近 200 年的历史。而由于特殊的历史背景,"西学东渐"成了长时期的主旋律。中国对于西方,无论是被动接受还是主动学习,都免不了落后的尴尬处境。西方对于中华文化的理解,顶多也只能算是一种客观的对象性学术研究。换言

① 安乐哲:《儒家角色伦理学》,英文版,香港:中国大学出版社 2011 年版。(Roger T. Ames: *Confucian Role Ethics: A Vocabulary*. Hong Kong: Chinese University Press, Chinese University of Hong Kong, 2011.)

② 山东大学儒学高等研究院于 2013 年于 12 月 14 日至 15 日举办了"儒学前沿问题高端论坛·儒家角色伦理"国际学术研讨会。本文引用的诸家观点,多出自该会议论文集。

之，中华文化并没有得到西方人的价值认同。从李约瑟对中国科技史的研究到韦伯对中国儒教、道教的研究，乃至于世界范围内的汉学研究等等，都“落实”了中华文化不能产生西方现代文明的价值判断。

随着西方现代世界诸多问题的显露，有远见的西方人再次将目光转向了中国，中西之间的平等交流和深层对话获得了可能。儒学作为中华文化的象征性代表，其与西方文化的新一轮碰撞能否改变儒学自身的处境？儒学的价值理念能否为全人类的共同发展提供资源？儒学在此新形势下又能否实现所期望的创造性转化？发生转化的儒学在何种意义上还保持着儒学的一贯性？对这些宏大问题，现在的学界远非能够给出定论。但这却并不妨碍对已然出现的儒学新理论加以研究，并赖于这种研究，开展下一步的探索。

近年来，安乐哲的“儒家角色伦理学”正是一种中西文化比较的新型儒学理论。该理论不仅为西方尤其是美国重新理解儒学提供了新的视角，也为中国重新审视自身的文化传统带来了新的参照。而我们所说的“新型儒学理论”，并不限于宽泛的文化学上的意义，或者说一种理论形态的挺立必须具备学术性的创构能力。无疑，安乐哲的学说已经成为当前儒学复兴运动中的当代儒学形态之一。

“儒家角色伦理学”之所以能够进入学界关注的视野，首先取决于该理论创立者所具备的独特身分：(1) 安乐哲的美国公民身分。作为美国公民的安乐哲能够以研究儒学而得到美国学界甚至更大范围内的认可，在一定程度上表明了作为价值理念的儒学已然越出了东亚文化圈。(2) 安乐哲的儒者身分。与以往对中华文化和儒学的对象化研究不同，安乐哲本人曾在多种场合坦承自己乃是儒学的信奉者和践行者。儒家理念对安乐哲所产生的影响决定了其取得的学术成果不仅是单纯的理论总结，而且证明了儒学能够获得其他文化体系下生命个体的认同。(3) 安乐哲的哲学家身分。安乐哲不仅是一个知识论层面的汉学家，其本人精通西方哲学和儒家哲学，为其深入儒学内在价值提供了可能。因而，由其创立的“儒家角色伦理学”有可能是最为接近儒家原义或说是符合儒家原义的。

那么，“儒家角色伦理学”在学界究竟得到了儒家学者何种程度的认可呢？田辰山将安乐哲定位为传播中华文化的比较哲学阐释者，并认为：

> “角色伦理”理论是向西方阐释中华文化的典范，安乐哲的儒家角色伦理通过比较中西哲学与文化体系的途径，把儒家思想向英语世界阐释和传播，比西方历来任何对中国思想的认识，都更接近原汁原味的效果。安乐哲的学术成果所起到的作用是将利玛窦以来将中国哲

学与文化纳入基督教的解释框架中鉴别出来，使得儒学能够用自己的话来叙述自己。①

该理论是一种比较哲学阐释成果，将其放在中西文化交往的历史视域中肯定其“儒家的”价值，这无疑有利于纠正西方人对儒学的误解。简单地说，安乐哲学说使西方对儒学的理解突破了以“上帝”为中心的人格神宗教模式。至于这样的“纠正”将会产生何样的后果，下文将有所提及。李慧子同样高度认可了安乐哲对儒家思想特征的把握，她认为：

“儒家角色伦理学”强调了儒家思想的动态性特征、人是关系性的存在，揭示了“道”、“仁”、“和”的动态化内涵，进而批判了西方自由主义、个人主义，将会构成对西方伦理学的重大挑战。角色伦理呼吁一种责任感的积极主体意识，这对解决当代社会中不同角色之间的冲突具有重大意义。②

安乐哲学说的问题意识来源于西方当下生活，其必然要针对西方传统中不适宜于西方现代生活的诸理论而加以批判。可以说，“儒家角色伦理学”作为引进儒学而产生的西方当代哲学新形态，不仅为儒学在世界范围内的传播起到了积极作用，更为重要的是其有可能为西方世界提供一种新的价值理念和生活方式。

二、角色伦理学的理论困境

（一）由差异性阐释导致的儒学普世价值的缺失

“角色伦理学”作为比较文化哲学阐释成果，在中西文化比较的大背景之下，首先面对的就是两者之间的同异问题。首先，“中西文化比较”的语境本身就预设了中华文化和西方文化的差异性存在。其次，在事实层面上，中西文化之间的差异也是不可否认的。于是，一旦进入双方之间的比较研究工作，就面临着以何种文化为基准的立场选择。无疑，“角色伦理学”的初衷是儒家伦理能够为西方现代生活提供资源。但由于一方面要强调“角色伦理学”的“儒家”特征，另一方面又要汲汲向西方现代世界介绍一种“新”的伦理学，比较哲学研究就不得不选择儒家伦理与西方传统伦理的差异性阐释策

① 田辰山：《“角色伦理”与向西方传播中华文化》，见《“儒家角色伦理”国际学术研讨会论文集》，未刊。

② 李慧子：《儒家伦理学对西方伦理学的挑战——评安乐哲“儒家角色伦理学”》，见《“儒家角色伦理”国际学术研讨会论文集》。

略。对于儒家伦理作特殊性阐释的直接危险,就是降低了儒家伦理的普适性价值。如郭齐勇和李兰兰就认为:

> “儒家角色伦理学”的创见摆脱了西方中心主义和道德虚无主义的窠臼,凸显了儒家伦理本身的思想特色。但不容忽视的是,这一提法强调了儒家伦理的特殊性和家庭本位性,否定了儒家伦理的普遍性、终极性和超越性。儒家伦理植根于人性之中,具有超越的天道根据,重视个体性的人格培养和塑造。儒家所强调的每个人与生俱来的自主自立的“心”、“性”,并非处于各种关系和角色之中,而是具有具体的普遍性。①

差异性阐释策略的最大功绩,或许就是纠正了西方对儒学的宗教性误解。但此种阐释策略本身则是值得反思的。对于差异性的强调无非会导致异种文化形态之间的两种结果:一种是产生对于新型文化的重新理解,进而接受其独特的价值;一种是激发对差异性文化的排外心理,进而对其采取拒斥态度。前者是“角色伦理学”力图达成的理想目标,后者是中西文化碰撞以来一直存在的现实状态。至于该理论能否达成其理想目标,自然还有待进一步的历史审察,而其在当前所面临的困难则是显而易见的。而以明代末年利玛窦以来的基督教传教路线作为历史之鉴,强调相同性更能保持文化交流的延续,强调差异性则往往会导致双方相互敌对。当然,以差异性比较阐释的支持者看来,差异性的忽视会导致儒学原汁原味的丧失。那么,此种阐释策略能否达成对儒学的原汁原味理解呢?何种儒学才是原汁原味的呢?儒学从诞生伊始,就处于不断地流变之中,回归某种特定的儒学形态的努力注定都是徒劳无功的。儒学从来都是在接续传统的基础上,面对当下情境而不断被重构的。而“角色伦理学”本身也是一种新型的儒学理论形态,而非原汁原味的。

(二)由关联性思维导致的儒学形上维度的缺失

暂且避开“角色伦理学”对儒学做出的特殊性阐释可能导致的逻辑后果,该理论本身作为一种于西方传统而言的新的思维方式,同样有可能造成对儒学的误解。从“角色伦理学”产生的西方哲学背景来看,该理论明显借用了怀特海的过程哲学、杜威的实用主义、桑德尔的社群主义等西方现代哲学。以上诸理论展现出来的形态虽然有异,但其共同特征在于“反传统形而上学”。形而上学在西方传统中泛指追寻现象世界背后的终极实体的观念,而反形而

① 郭齐勇、李兰兰:《略谈儒家角色伦理》,见《“儒家角色伦理”国际学术研讨会论文集》。

上学即是要求回到人的生活世界。但是，生活世界中展现出来的人与人之间的各种角色关系毕竟并非是人的存在本身，个人能够找寻到自身的角色定位并不能解决人的安身立命问题。《易传》有言："形而上者谓之道，形而下者谓之器。"[①]"角色"作为一种关系性的存在，属于形而下的层面。"道"则要求能够超越关系存在而上升到形而上层面。如果"角色伦理"停留于形而下层面的论述，而缺乏对儒学形而上维度的关注，则只能是一种社会学理论，而非一种哲学思维。因此，"角色伦理学"必须回应儒家之"道"的追问。蔡祥元认为：

> 安乐哲将中国古代哲学的基本特征概括为关联性思维，在中国传统文化的诸多方面都可以得到了证实，如中医、书画、建筑、园艺、烹饪、风水、典礼等等。并且这一思维方式在《易经》、《黄帝内经》等经典中得到了集中表达。但这种关联性思维的立足点乃是怀特海的过程哲学和实用主义的经验流变说，这种注重经验层面的变化之流并不足以完全概括以"变化之道"为根基的中国古代哲理。道虽不离变化，但不能简单等同于经验主义层面的变化。[②]

伦理学作为一种西方学术形态被引进中国，如何转化为"中国伦理学"或者说"儒家伦理学"，必然面对着儒家文化最高统摄之"道"的回应问题。"道"作为终极存在，既有"变道"，亦有"常道"，其落实在伦理学层面即有"伦理之常道"与"伦理之变道"。而"角色伦理学"所阐发的关联性思维，注重人际交往中的关系性存在和多重角色的互相转化，这在某种程度上承认了"伦理之变道"的存在，但对角色之间转化的所遵循之"常道"则是尚未触及的。建立在经验流变基础上的关系，无法在更高层次上校正角色转化之间的可能产生的错乱。

此外，儒学的思维方式是否即是关联性的呢？在孟子的思想中，有个经典的例子：

> 所以谓人皆有不忍人之心者：今人乍见孺子将入于井，皆有怵惕恻隐之心。非所以内交于孺子之父母也，非所以要誉于乡党朋友也，非恶其声而然也。由是观之，无恻隐之心，非人也；无羞恶之心，非人也；无辞让之心，非人也；无是非之心，非人也。恻隐之心，仁之端也；羞恶之心，

---

① 《周易》：《十三经注疏·周易正义》，北京：中华书局，1980年影印本。

② 蔡祥元：《角色的根源——安乐哲〈儒家角色伦理学〉评析》，见《"儒家角色伦理"国际学术研讨会论文集》。

义之端也；辞让之心，礼之端也；是非之心，智之端也。人之有是四端也，犹其有四体也。（《孟子·告子上》[①]）

人在一定情境下的行为方式乃是生而具有的“恻隐之心”的发动结果，而并非受制于“内交于”、“要誉于”其他关系存在。没有各种关系的存在，人的行为会自然而然地发生。反而，如果以各种角色关系为前提来约束个人行为方式，即使是正当行为，也只会是“免而无耻”的。这种要求超越关系存在来行为的儒家理论，更突出地表现在儒学“慎独”一说中。《大学》有言：“所谓‘诚其意’者，毋自欺也。如恶恶臭，如好好色，此之谓自谦。故君子必慎其独也。”[②]《中庸》中同样提到：“道也者，不可须臾离也，可离，非道也。是故君子戒慎乎其所不睹，恐惧乎其所不闻。莫见乎隐，莫显乎微。故君子慎其独也。”所谓“慎独”有两层含义：(1) 不存在与其他关系性角色共处的情境下，即一个人独处之时，能够保持戒慎恐惧的状态；(2) 即使与其他关系性角色共处的情境下，即大庭广众之中，对于人所不知、唯己所知的事情也要做到“不自欺”。如此看来，慎独说乃是一种自我与自我的反省对话，而非自我与他者之间的角色安排。此种理论恰恰是要求人能够超出各种角色关系的束缚，从而坚持本己的价值判断。

（三）中西哲学共同观念平台的缺失

以上两个困境来源于“角色伦理学”理论本身，既然该理论力图在儒学和西学之间寻求一种融通，就必然会受到双方所处文化中原有的和现存的观念的制约。显而易见，安乐哲学说的受众首先属于英语世界，该理论题为“儒家角色伦理学”意味着他本人向英语世界所要阐释的伦理学是“‘儒家’伦理学”，其理解的“儒家伦理学”又是“‘角色’伦理学”。简言之，“儒家伦理学”即是“角色伦理学”。因而，在中英文的语境中就不可避免地产生“角色”和“role”、“儒家伦理”与“角色伦理”的双重语义错位。我们用中文“角色”来翻译“role”时，是否存在着“role”在英文语境下的流失？为“角色伦理学”所阐释的“角色”是否即是中国人日常所理解的“角色”呢？温海明意识到“儒家角色伦理学”的核心词汇“角色”和“role”在中英语境中的不同含义，进而认为有必要对“角色”一词加以进一步的阐释：

为安乐哲所阐释的“角色”具有活生生的和不断生成的儒家特质，身为“儒家角色”并非随性自然，而应当按照“儒家之道”来行为处事。[③]

① 《孟子》：《十三经注疏·孟子注疏》，北京：中华书局，1980年影印本。

② 《礼记》：《十三经注疏·礼记正义》，北京：中华书局，1980年影印本。

③ 温海明：《中英语境中儒家角色伦理之我见》，见《“儒家角色伦理”国际学术研讨会论文集》。

很明显，这是一种对当前中文语境中的“角色”一词的再阐释，“角色”一词本身的凝固性特色得到了一种动态化的解释。这种“角色”语义的扩大化有利于丰富对“角色”新义的认识，从而也有助于深化儒家学者对“角色伦理学”的理解。但这样的阐释并不能消除“角色”一词之原义的合法地位，因而也就无法避免来自儒学传统中持有既定观念对“角色”一词的理解。黄玉顺认为“角色伦理学”所阐释的“角色”与《易传》中的“位”之间存在着某种程度上的观念对应。他分析说：

> 《易传》中的“正位”、“当位”指恪守既定的位置和角色，这是角色伦理学与生活儒学共同所确认的；“得位”指对原有位置与角色的超越，上述两种理论对此的理解有所不同；“设位”指对社会角色秩序本身的重置，这一制度正义问题则是角色伦理学尚未触及的，而生活儒学则通过中国正义论的重建来探索这一问题。①

引文中承认了“角色伦理学”与“生活儒学”及其伦理层级上的“中国正义论”之间颇有相通之处，但两种学说在所要解决的理论课题上却又分道扬镳。之所以会产生如此的结果，乃是因为“角色”的含义不足以概括“位”的丰富性，因而在外延上就相对狭小。这表明了观念之间的相对应并不等价于相等同。从观念之间的相通到共同价值的认同，还需要很长的道路要走。

而在目前的道路上，即在当代中国的儒学论域中，形成了传统儒学、西方哲学和现代汉语三个层面上的相互格义局面。何以形成新时代的全球哲学的共同观念平台，将是中西哲学会通的哲学方法论的先行工作。而一种新型的哲学方法论的完成，首先必须保持双方之间交流的继续，要求持有不同观念的学者之间的求同存异。过分推崇自身文化的优越性，无疑将会切断双方之间的平等交流。孟巍隆(Ben K. Hammer)批判了包括“儒家角色伦理学”在内的文化比较研究中的东、西方两极化对立的思维模式。他认为：

> 若以西哲特征为标准，中国哲学必然显得不如对方之高深和完备；相反，东方主义的取向又会把人类社会的一般原理从儒学思想体系中切除，这实是矫枉过正的做法。在比较文化工作中应当首先转换两极化的思维模式，承认深层共同点的存在。②

---

① 黄玉顺：《“角色”意识：〈易传〉之“定位”观念与正义问题——角色伦理学与生活儒学比较》，见《“儒家角色伦理”国际学术研讨会论文集》。

② 孟巍隆：《文化比较研究中的不良趋势：东、西方的两极化》，见《“儒家角色伦理”国际学术研讨会论文集》。

关于文化之间的同异问题,在未达成共同的观念平台之前,比较哲学阐释极容易陷入上文所提及的以何种文化为基准的选择困境。很明显,"角色伦理学"站在了儒家文化的立场上,认为中西之间在诸多深层观念上存在着分歧。但如果真的能够转化两极化的思维模式,采取一种求同存异的态度,是否就可消解同异之间的争议呢?无疑,态度的改变并不意味着我们就达成了观念上的共识。假使双方存在着深层的共同点,又何以最终出现不同的文化形态?从儒学自身的流衍传统来看,学术之间的同异并非仅产生于中西文化比较的特殊境遇下。在中华文化中长期存在着儒、释、道的高下相争,在儒学内部同样存在着孟荀、朱陆、汉宋等等的同异问题。之所以能形成更高层次的价值认同,并不在于相同、相异,也不在于求同存异,而恰恰就在各家对自身立场的持守和相互之间同异问题的争论之中。不管是主张相同、相异还是相通,最终都不碍于各自对中华文化和儒学的价值认同。少了任何一种学术形态,少了任何一种立场的持守,都无法达成更高层次上的"和而不同"。面对中西文化之同异问题,我们也当作如是观。而有关"角色伦理学"的种种评判对于该理论本身的进一步完善也具有借鉴意义。

三、儒家伦理学的人性根基

"角色伦理学"将儒家伦理界定为"角色伦理",这种定位本身是否即是恰当的呢?虽然作为个体之人的完成是在各种角色互动中生成的,但角色的互动何以能导致共同体的向善?如果角色的意义只是人之行为方式的外在规范而不能内化为人的内在品性,则共同体的生存只会是一盘散沙。

"角色伦理学"作为"伦理学",乃是西方哲学的一种形态。但就该理论力图在"角色伦理"的基础上来阐释"儒学"而言,伦理学这样一种学术是不足以概括儒学的。将儒学理解为伦理学,大大降低了儒学的广大包容性。正因为安乐哲将问题的视域集中在人与人之间的关系上,才概括出了"儒家角色—伦理学"这样一种学术理论。然而,儒学不仅关注人与人之间的伦理,还致力于解决每个个体的安身立命和整个共同体的制度建构等等问题。而儒学一切理论的展开,都离不开对人性问题的关注。就儒学在伦理学向度上的展开而言,儒家伦理也必须建构在人性的根基之上。沈顺福直接对儒家伦理是否是角色伦理提出了疑问:

> "德性"才是儒家伦理学的主题,这一主题与率性而为的人生哲学都深深烙上了德性的印记。因而,儒家伦理学是一种德性伦理学,而非角

色伦理学。此外，儒家所谓“德性”不同于流行的西方亚里士多德意义上的德性，而指的是人生而即有的本性。[1]

上述观点意识到儒家伦理学的主题乃是“人生而即有的本性”，这已经触及到了儒家伦理的人性根基。但至于人性是否是“生而即有的”或即是“德性”，则依然值得进一步的商榷。对儒学人性论的讨论不仅有利于深化对儒家伦理的认识，也可以为“角色伦理学”的建构提供参照。儒学人性论是个复杂的话题，但其探讨却不出以下几个层面：

1. 人性的价值：善、恶

孔子对于人性的看法是“性相近也，习相远也”（《论语·阳货》），后来衍化出性善说和性恶说两大派别。通常的观点认为，思孟讲性善，荀子讲性恶，两者处于完全对立的状态。其实“孟子道性善，言必称尧舜”（《孟子·滕文公上》）之“性”指人皆有“四端”之心，乃是对告子“义外”说的反驳，孟子本人同样承认“形色，天性也”（《孟子·尽心上》）；荀子说“人之性恶，其善者伪也”（《荀子·性恶》），但人通过后天的矫正照样“涂之人可以为禹”（《荀子·性恶》）。在此，性并非实体，性之善恶也非指某物的属性。脱离两者的文本语境，将性善与性恶完全对立来评价孟、荀，都是武断的做法。而在儒学的演变过程中，孟子在唐宋以后被尊崇为道统说的重要一环，性善说成为儒学人性论的主流，进而在现代新儒学中成了构建“道德形上学”的重要资源[2]。如果自觉地突破“道德形上学”背后的本体论思维模式，荀子之人性观同样能够在当代儒学的构建中发挥重要作用。

2. 人性的构成：德性、知性、情性

传统儒学所论之“性”具有极大的丰富性。据清代学者阮元考证，“‘性’字之造于周、召以前，从‘心’则包仁义礼智等在内，从‘生’则包味臭声色等在内。”（《节性斋主人小像跋》[3]）如此看来，人性之中应当包含着德性（仁义礼）、知性（智）、情性（味臭声色）。但在儒学的不同派别和发展阶段中，往往偏重其中某一方面。如孟子与宋明理学强调德性；荀子和多数清代学者注重知性；晚明以来情欲观念逐渐得到认可，发展到当代儒学，情性可谓得到了最强烈的表达[4]。可以说，人性乃是德性、知性和情性的混合体，若是过分强调其

① 沈顺福：《德性伦理还是角色伦理？——试论儒家伦理精神》，见《“儒家角色伦理”国际学术研讨会论文集》。

② 牟宗三：《现象与物自身》，台北：台湾学生书局，1984 年第 4 版。

③ 阮元：《揅经室再续集》，北京：商务印书馆，1937 年版。

④ 关于当代儒学对情感观念的重视，参见蒙培元：《人是情感的存在》，载《社会科学战线》2003 年第 2 期；黄玉顺：《爱与思——生活儒学的观念》，成都：四川大学出版社，2006 年版。

中的某一方面,都会导致“性”之内容的丢失。挖掘传统人性论的资源,将会为更好地构建当代儒学提供指引。

3. 人性的来源:先天、后天

对于人性的来源问题,儒学的主流认为是上承于天,生而本有的。如“生之谓性”(《孟子·上》),“凡性者,天之所就也”(《荀子·性恶》)。先秦儒学中对人性的价值存在着不同的论述,但“性乃天生”是其共同的观念平台。汉儒结合阴阳五行论性,依然将人性归于天之运行。宋儒虽作出了“天地之性”和“气质之性”的区分,但在“复性”的理论中只承认性之本原乃是天地之性,气质之性不过是天性为后天所败坏的习染。而随着对宋明理学的批判,明清之际的人性论发生了转折。王夫之哲学是其中最重要的代表,他论“性”说:“形日以养,气日以滋,理日以成。方生而受之,一日生而一日受之。受之者有所自授,岂非天哉?故天日命于人,而人日受于天。性者生也,日生而日成之也。”(《尚书引义·太甲二》[①])王夫之的人性论虽然遵循性乃天生的传统观念,但其特色在于人性受命于天并非初生就确定下来,而是一直延续到后天之中。这种不断生成的人性论倒是与“角色伦理学”强调人之德性乃是在关系性的存在中生成的思维模式有一致之处。但不可忘记一点,王夫之的人性生成论依然受到更高层次“气”的统摄。

总之,“角色伦理学”要作为有生命力的儒学理论继续展开,必须在中西哲学的大论域中回应儒学的普适性价值和形上性超越维度两个理论问题,尤其需要借助儒学人性论为“角色”寻找根基。

① 王夫之:《尚书引义》,北京:中华书局,1962年版,第55页。

孝道文化在中国的过去与未来

◇ 颜炳罡

（山东大学儒学高等研究院教授）

【摘　　要】孝作为中华文化的根源意识，在前孔子时代作为一种美德就已经存在。孔子在前人的基础上，以仁为本，将偏重于物质供养的孝升华为精神安抚的孝，提倡以“敬”为本质，以“无违”、“色难”为内容的孝道文化。曾子改造了孔子的孝道理论，将孔子的仁为孝本转化为孝为仁本，孝由伦理范畴转而为涵盖宇宙万有的本体论范畴，《孝经》的出现标志着中国孝学体系的完成。两汉以下，由于历代统治者的提倡和儒生们的弘扬与推广，孝作为一种美德深深地植入到华夏民族的灵魂深处，成为维系社会稳定的重要精神纽带。近代以降，孝受到激进知识分子的严厉批判，降至“文革”，“血缘亲情”的孝几乎为“阶级情”的忠所取代，甚至“消孝以归忠”。进入 20 世纪末，孝文化又恢复了生机与活力。相信在不久的未来，孝作为中华文化的重要内容一定会再度受到大众的重视，扮演着家庭和谐、社会和谐的重要精神支撑。

【关 键 词】孝；仁；血缘亲情；消孝归忠；和谐

孝，是中华文化的根源意识。早在尧、舜时代，孝就被视为美德而加以肯定与弘扬。尧、舜时代，君位传贤不传子，尧之所以将天子之位传给舜，是因为舜贤。舜之贤的重要表现就是“克谐以孝”，孝成为尧选拔接班人的重要标准，舜成为中国历史上第一位“孝星”，位列二十四孝之首。在《尚书》、《诗经》等书中，孝已成为流行词，对父母的怀念、感激与赞颂已十分常见。《诗·小雅·蓼莪》“父兮生我，母兮鞠我。拊我畜我，长我育我，顾我复我，出入腹我。欲报之德，昊天罔极！”既精炼地概括了父母对子女的生养、哺育、关怀、教育之恩，也充分抒发了子女怀念父母的炽热情感。“欲报之德，昊天罔极”是孝子出自内心深处的悲怆与无奈，足以震烁之千古！西周时期，孝进入了课堂，成为教育贵族子弟的重要内容。《周礼·地官·师氏》以“三德”、“三行”教国子，"三德"之一就是孝德，而"三行"之首是"孝行"，孝行即"以亲父母"。与西方民族相比，华夏民族是世界上最重视孝道的民族，中国历代古圣往贤对孝道从理论探讨到推广实践都做出了卓有成效的努力，很值得我们反省、借鉴。

一、孝道文化的创立与形成

前孔子时代，"孝"的思想与行为就已存在了。作为中国文化史上继往开来的一代文化伟人，他在继承、总结、反省前人思想的基础上，系统阐发自己的孝道思想。孝道进而借助孔子在中国文化中的神圣地位和巨大影响，成为中国文化的重要特征和儒家文化典型性标志。由于孔子及其后学的一再发挥、诠释和弘扬以及身体力行地实践，孝成为中国人普遍认可的美德。不过，在孔子时代，人们一般将孝理解为对父母的物质供养。孔子从仁本论出发，对传统孝道内涵进行的改造与重建，丰富了孝道的人文关怀与心理体贴。《论语》载：

> 子游问孝。子曰："今之孝者，是谓能养。至于犬马，皆能有养；不敬，何以别乎？"(《论语·为政》)

养主要是指物质供养。物质生活对人尤其是对丧失劳动能力的老人而言是生存的基础，失去了物质供养，生命况且不存，孝从何谈起？这是以养作为孝的重要根据。养固然重要，但如果将孝仅仅视为物质的供养，那么就会逻辑推出这样的结论：那些不乏物质供养的贵族、富商子孙可以说天然就是孝而不需要孝了，而对衣食困乏而不能供养父母的人来说可能永远也不能实现孝了，这样一来，孝对于人而言就不具有普遍意义和普遍价值。那么有没有超越富贵贫贱限制的对任何人都有意义的普遍的孝呢？孔子正是看到了以养为孝的这一理论不足，因而将孝提升为一种普遍的、人人可具有的美德。孔子对孝的本质规定由过去着眼于限制性的物质层面的"养"提升到具有普遍性的精神层面的"敬"。敬即对父母、对长辈的尊重，是孝的本质，是人异于犬马之处。

在孔子那里，如果说敬是孝的本质的话，那么"无违"就是孝的具体内容。什么是无违呢？孔子指出：无违就是"生，事之以礼；死，葬之以礼，祭之以礼。"(《论语·为政》)可见，"无违"并不是君要臣死，臣不得不死；父要子亡，子不得不亡。相反，孔子主张，父母"欲使之，未尝不在侧，索而杀之，未尝可得。""小棰则待过，大杖则逃走。"(《孔子家语·六本》)无违并不是无原则地顺从父母的意志，或者说并不是不分是非善恶地顺从父母，"无违"的实质是无违于礼。父母活着时，要依照礼的要求侍奉父母；父母去世后，也要依照礼的要求安葬父母、祭祀父母。

从客观角度说，对父母的敬是"无违"；从主观的角度讲，对父母的敬是"色难"。《论语》载：

> 子夏问孝。子曰："色难。有事，弟子服其劳；有酒食，先生馔，曾是以为孝乎？"（《论语・为政》）

劳累之事替父母或帮父母去做，有酒食也能首先想到父母，让父母先享用，孔子认为这两项固然重要，但这样就是孝了吗？能做到这样，在现代人看来应当不错了。孔子告诉人们，这仍然没有超越物质供养的范围，而真正的孝是精神性的，是"色难"。这里的"色"是指发自内心、显现于形体与脸色的对父母的眷恋、敬重和倾慕，在孔子看来，养为易，而色为难。所谓"色难"，是指从内心呈现出来的对父母敬重、关悯等情感状态，难能可贵。

"色难"还具体地体现在对父母的谏诤上。诚然，大多数人的父母不是圣人，即使是圣人，过失、差错也在所难免。如何面对父母的过失，作为子女是不分是非善恶地一味盲从？还是不顾身分地疾言厉色地进行激烈抗争？孔子认为二者皆不可取。如果父母有过错，子女不加劝谏，一味顺从，就是陷父母于不义，这不仅不是对父母的孝，相反是不孝，而不分身分进行激烈抗争同样不合乎礼。恰当的做法："事父母几谏，见志不从，又敬不违，劳而不怨。"（《论语・里仁》）所谓"几谏"，就是"下气怡色，柔声以谏"。（《礼记・内则》）孔子要求对父母可以进行劝谏，但劝谏要讲究方式、方法。由于父母与自己成长的环境不同、思维方式不同、衡量问题的标准不同，不能强迫父母屈己以从子。即使父母没有接受劝谏，也要保持对父母的敬意，不要心生怨恨。"几谏"的原则既不违背"敬"的原则，又不盲从父母，使孝道与社会正义有机地统一起来。

敬也好，无违、色难、几谏也罢，都体现了孔子的仁爱思想，是孔子引仁入孝的重要体现。引仁入孝，使孝具有更多的人性化色彩，这是孔子对西周传统孝道的最重要发展与贡献，也是从哲学层面对孝道观念的深化和拓展。我们认为，孔子的思想体系是仁礼合一，"仁"是孔子创辟，礼是孔子对前人思想的继承，孔子的意义在于以内在的人心之"仁"来充实作为外在行为规范的礼，为周礼的合理性奠定了人性论基础。[①] 在孔子那里，仁爱之心是人类所共

① 参见拙作：《生命的底色》，济南：山东友谊出版社 2005 年版，第 25 页。

有的，而礼乐的内在根源就是人心之仁，所以作为周礼内容之一的孝道，也不再仅仅属于贵族宗亲集团的行为规范，而成为人人都必备的道德规范。孝不再寄托在外在物质财货上，而是基于人心之安与不安。《论语·阳货》记载：

宰我问："三年之丧，期已久矣。君子三年不为礼，礼必坏；三年不为乐，乐必崩。旧谷既没，新谷既升，钻燧改火，期可以矣。"子曰："食夫稻，衣夫锦，于女安乎？"曰："安。""女安则为之。夫君子之居丧，食旨不甘，闻乐不乐，居处不安，故不为也。今女安则为之。"

孔子认为，人子之孝对于父母，全出于自己良心之安与不安，安与不安即仁与不仁，而不是来自于外在的制约。这样，孔子把孝道由维护家庭秩序和宗族制度的行为规范转化为每一个人内心的天性之爱，将内在的仁与外在的礼有机结合在一起。由此可知，孔子"仁"的提出，从哲学的高度为传统孝道确立了人性论的根基，将作为上下等级之礼的孝转化为人人内在平等的人性之仁的显发，从而冲淡了西周传统孝道观念的贵族色彩，使之更加平民化、普遍化，使孝由行于上层社会具有政治效用的孝转化为全民普遍自觉的行为伦理规范。孔子真正发现了孝的本质意义和普遍意义。

孔门弟子践履孝道者不乏其人，如仲由、闵子骞、曾参等，但对孔子的孝道观念进行系统诠释并加以改造者是曾参。曾参将孔子的孝道思想系统化、体系化和完善化，建立起以孝为中心的思想体系。从某种意义上说，曾参是中国孝学科的奠基者。《史记·仲尼弟子列传》记载：

曾参，南武城人，字子舆。少孔子四十六岁。孔子以为能通孝道，故授之业。作《孝经》。死于鲁。

这个记载虽然十分简短，却为后人留下了不少的历史信息。其一，说明了曾子与孔子的关系即有师生之谊；其二，指出曾子思想的基本特征，即"通孝道"；其三，曾参作《孝经》。《孝经》究竟是否为曾参所作，学术界还有争议。我们认为司马迁认为《孝经》为曾参所作的观点，是可信的，当然这不妨《孝经》有其后学乃至后世学者增益的内容。随着《孝经》在中国文化中的地位的不断抬升，曾参的政治地位与文化地位也就水涨船高了，被后世视为孔门嫡传，奉为"宗圣"。我们认为，曾参最大的贡献就是将孔子学说的仁本论转换为孝本论，将孝绝对化，孝由伦理规范转化为哲学范畴，以孝本论取代了孔子的仁本论。

首先，曾参的孝冲破家庭伦理范畴的限制，将其泛化为整个人文世界的普遍性范畴。在孔子，孝隶属于仁；而在曾子，仁、忠、信、义、勇等皆隶属于孝。他说："居处不庄，非孝也；事君不忠，非孝也；莅官不敬，非孝也；朋友不信，非孝也；战陈无勇，非孝也。"(《礼记・祭义》)"仁者，仁此者也；礼者，履此者也；义者，宜此者也；信者，信此者也；强者，强此者也。"(同上)显然孝在曾子思想中代替了仁在孔子思想中的地位，孝成为涵盖整个人文世界的普遍范畴，成为人的一切德行实践的动机、目标和理由，从而使仁作为孝悌之基的意义大大减杀，直接将孝成为诸德的本体、基础和起点，这种观点既不同于孔子将仁视为诸德之本的思想，也与孔子对孝悌的原始理解有所差异。可见，曾子思想的核心是孝，仁在他的思想中变成了一个从属于孝的道德范畴。

其次，曾子的孝不限于伦理范畴，而为一哲学本体范畴。他说："夫孝，置之而塞乎天地，溥之而横乎四海，施诸后世而无朝夕，推而放诸东海而准，推而放诸西海而准，推而放诸南海而准，推而放诸北海而准。《诗》云：'自西自东，自南自北，无思不服。'此之谓也。"(《礼记・祭义》)孝已不仅仅是诸种美德之一，它超越时空，成为自然界和人类社会的普遍而绝对的法则，适用于人类社会一切领域，是指导人类一切行为的普遍的、永恒的终极法则。曾子将孝置于至尊的地位，把本来外延很窄、作为伦理范畴的孝解释成为无所不在、无所不能、蕴含一切的世界之本体，赋予孝以无限深邃、广大之意义，这在先秦时代孔子后学中是相当突出和特别的。孝道理论发展到了曾子，就其包容的范围来说，已经达到了无以复加的地步。孝是曾子思想的核心内涵，他的哲学思想可称为"孝本论"的哲学。

曾参不仅是孝道理论的继承者、发挥者，而且他还是孝道观念的实践者、推行者，是一位善于养志的孝子，是孝子的典范。《孟子・离娄上》记载：

> 曾子养曾皙，必有酒肉；将彻，不请所与；问有余，必曰有。曾皙死，曾元养曾子，必有酒肉；将彻，不请所与；问有余，曰亡矣。将以复进也。此所谓养口体者也。若曾子，则可谓养志也。事亲若曾子者，可也。

曾子"养志"就是"心养"或"养心"，养心就是心里时时处处想着父母，设身处地为父母着想。在孟子看来，"养志"是孝的最高境界。供给父母酒肉的口体之养是孝的基本条件，不是孝的最高境界。"养志"是孝子内心真实情感的自然流露，可以延展为对父母的无尽思念。曾子在父亲去世后，对父亲的思念一直有增无减：

> 曾皙嗜羊枣，而曾子不忍食羊枣。公孙丑问曰："脍炙与羊枣孰美？"孟子曰："脍炙哉！""然则曾子何为食脍炙而不食羊枣？"曰："脍炙所同也，羊枣所独也。讳名不讳姓，姓所同也，名所独也。"(《孟子・尽心下》)

曾子的父亲喜欢吃羊枣，这是父亲生前的独特爱好。曾子每每吃羊枣，就必然想起父亲的爱好，就不忍心吃下去，从而不再吃羊枣。在孝道方面，曾参既有理论贡献，又是实践孝道的典范，因此他被列入二十四孝之一受到后人称颂。

曾参继承、发挥、诠释了孔子的孝道思想，将孔子的仁本论转化为孝本论，将孝提升到宇宙论的高度。从这个意义上说，《孝经》的出现标志着中国的孝学理论体系已经完成或走向成熟，无论是汉儒，还是宋明儒，剩下的工作只有两条：一是在《孝经》的基础上对孝道加以诠释与宣传，二是对民众进行孝的教育、普及。经过两千多年的历史发展和历代统治者以及儒生的推广、传播，“百善孝为先”已经成为中国传统社会普遍的民族共识，甚至可以说在中华民族中形成了以孝为寄托的类宗教信仰。

二、孝道的诠释、弘扬及推行

《孝经》出现标志着“孝学”科的成熟。孝道问题主要不是理论问题，而是实践的问题，它不是个别人或少数人的实践问题，而是大众或者说全社会每一个人的实践问题。经过历代统治者、儒生以及民间善士对孝的诠释、弘扬与推广，孝道已经深入人心，成为中国人衡量人之行为当与不当以及人性之善与恶、心灵之美与丑的标准，“百善孝为先”成为中华民族广为认同的信仰，成为中华文化的重要特色。

孝道在中国文化中之所以有如此崇高之地位，首先，与历代统治者的推崇是分不开的。聪明的统治者懂得，国家乃至天下是由一个个家庭、宗族所构成的，家庭是社会有机体的细胞。而国家乃至天下要想长治久安，必须从作为社会有机体的细胞即家庭的和睦、安定开始。一方面统治集团自身的家庭要和睦、要讲孝道，这样就可以避免宫廷内乱乃至父子、兄弟之间为争夺权力相互篡夺、相互残杀，另一方面天下百姓讲孝道，就会形成相互礼让、家庭和睦的社会风气，从而让民众安居乐业，使其政权根基更加牢固。自西汉以来，历代统治者无不推行孝道，推崇《孝经》。自有汉以来，孝就受到重视。汉文帝设《孝经》博士，《孝经》自此成为许多士人进身的阶梯。汉宣帝时，《孝经》成为小学教材。东汉光武帝诏令宫廷卫士必须读《孝经》，唐玄宗诏令天下，家家收藏《孝经》，元世祖诏定国子学制，规定凡读书人必先读《孝经》，明太祖指出，《孝经》是帝王治天下之大经大法，清雍正十二年，儒童考试依《孝经》出题。不少皇帝要求皇子学习《孝经》，唐太宗见皇太子读《孝经》，大加赞赏。有些帝王对《孝经》还深有研究，或亲注《孝经》，或亲授《孝经》。梁武帝有《孝经义疏》，唐玄宗、清顺治等有自己的《孝经》注，宋武帝、宋文帝亲讲《孝经》。历代统治者倡导孝道，推崇《孝经》，不少学者认为，旨在愚弄百姓，培养顺民。这种说法固然有理，但不全面。因为不少帝王以孝道教育子女，自身就是孝道的践行者，他总不可能愚弄他的皇子或自己吧，如汉文帝是二十四孝中的人物。正是由于统治者的极力推崇，大力倡导，使孝在华夏民族中蔚然成风。我们认为，统治者推行孝道既有利于统治集团自身，也有利于民众家庭的稳定、安定与和睦，孝是统治者和被统治者利益的交叉点、会合点，故而孝不是为哪个特定的阶级服务的，而是为全民服务的。

其次，孝道之所以在中国文化中取得如此重要之地位，与历代儒生在蒙学教育中对孝道的强化、宣传、推广是分不开的。两汉以下，官学时废时兴，而私家授书、传经之传统则一直未断，由此各种家训、家规、家书、庭训、治家格言、世范、家范等等出现了。这些针对门内之治的家训、家书、治家格言等等无不将孝道放在重要地位。如颜之推《颜氏家训》将“教子”摆在首位，“教子”就是要教育出孝敬而又有良好性情的儿子。司马光的《温公家范》反复引证《孝经》、《礼记》、《论语》、《孟子》阐明孝的意义以及告诉后世子孙如何做才能称得上孝。他说：“夫为人子，而事亲或亏，虽然有他善累百，不能掩也。”① 魏晋以来，各种启蒙教材纷纷出现，《千字文》、《三字经》、《弟子规》、《增广贤文》、《教儿经》、《小儿语》等等，无不涉及孝道教育。中国古人非常明白孝道教育应从娃娃抓起。“少年若天性，习惯如自然。”从家庭教育到幼儿教育，孝道教育无处不在，无时不在，这种长期的浸润及陶冶，对中华民族重孝心理习惯的形成和价值观的塑造产生了普遍而深远的影响。

再次，孝道在中国民众中影响之所以如此深入、普遍，还与社会各阶层中形成的强大的舆论氛围有关。长期以来，各种社会舆论向民众一再灌输孝是天经地义，是人与动物区别，孝心可以感动天地。大量《劝孝歌》、《二十四孝图》、《劝孝文》等通俗读物出现并广为流传对孝道的普及和推广发挥了不可替代的作用。这些通俗读物易学易记，朗朗上口，有的则图文并茂，生动有趣。有些地方还将“二十四孝”的故事搬上舞台，尤其是地方戏舞台，进行表演与传唱，如广为流传的反映闵子骞孝行《鞭打芦花》和反映董永卖身葬父的《天仙配》等就是例证。由于孝道宣传采取了老百姓喜闻乐见的形式，因而从某种意义上说，这些以宣传孝道文化为宗旨的、通俗易懂的作品往往比大学者、大思想家洒洒洋洋的大著更深入人心、更能打动人，更容易流传。

如《劝孝歌》：“人不孝其亲，不如禽和畜。慈乌尚反哺，羔羊犹跪足；人不

① 骆承烈编：《中国古代孝道资料选编》，济南：山东大学出版社2003年版，第68页。

孝其亲，不如草和木。孝竹体寒暑，慈枝顾本末。”“勿以不孝首，枉戴人间屋。勿以不孝身，枉着人间服。勿以不孝口，枉食人间谷。天地虽广大，难容忤逆族。及早悔前非，莫待天诛戮。万善孝为先，信奉添福禄。”《劝报亲恩歌》“天地重孝孝当先，一个孝子全家安。为人须当孝父母，下辈孝儿照样还。自古忠臣多孝子，君选贤臣举孝廉。”“真为心善是真孝，万善都在孝里边。孝子行孝吉神佑，为人不孝祸无边。”“念得十遍千个孝，消灾免难百孝篇。”这些宣传孝道的作品不悖儒家大旨，且形象、生动，就事言理，寓理事中。当然，儒学在知识分子是学问，而在广大民众那里是信仰，是宗教或者是一种类宗教。敬天法祖，恰恰是通过孝道来表现。在民间《劝孝歌》之类的作品与其说是道德伦理说教，不如说是类于宗教的宣传品。它告诉人们：孝可以感天动地，真心行孝可以消灾免难，这已经超越学理的范围，而进入理性所无法理解的信仰层面了。

经过数千年政治、教育、法律、人才选拔、经济等等种种制度性设计，孝已经深深地植入到华夏民族的灵魂深处，讲孝、说孝、行孝，批判不孝已经成为民族性习惯。忠与孝成为维系社会稳定两条重要的精神纽带。孝是对家而言，忠是对国而言；一是伦理的，一是政治的；一是自然亲情的，一是社会制度的。在中国，家是缩小了的国，国是扩大了的家，家国一体，忠孝相依。歌颂忠臣孝子，鞭笞奸臣逆子成为中国人的价值取向。

三、孝道在当代中国的遭遇与未来展望

晚清以来，随着欧风美雨的侵袭，先进的中国人开始了反省中国文化，拥抱西方文化的旅程。自谭嗣同开始，他就猛烈攻击传统的纲常名教，对所谓天经地义的孝道展开激烈的批判。谭氏认为，孝是泥于体魄之说，不见灵魂也。在肉体的意义上，父与子有生与被生的关系，然而从灵魂方面说，父与子都是天之子，是平等的，不存在谁为谁之纲的关系。康有为在《大同书》中，认为有家庭就有私有财产，有私有财产就会有遗产继承，有遗产继承就是会出现种种不平等，因而在他设计的大同世界里，一项重要的任务就是“破家界”，即取消家庭。在他看来，取消家庭，才能实现人与人之间的真正平等。在康氏的大同世界里，孝不是被取消了，而是没有任何存在的必要了。当然，对孝批判最为猛烈者，莫过五四时期所谓“只手打倒孔家店的老英雄”川人吴虞，他著有《家族制度为专制主义根据论》一文，全面攻击儒家的忠孝观念。他说：“儒家以孝弟二字为二千年来专制政治与家族制度联结之根干。”儒家以孝悌教人就是“把中国弄成一个制造顺民的大工厂。”他强烈批判儒家的孝悌

思想，将其视之为洪水猛兽。在他看来，只有彻底打倒孝才能破除中国家族制度，只有家族制度破除才能根除专制制度。“夫孝之不立，则忠无所附，家族之专制既解，君主之压力亦散；如造穹窿，去其主石，则主体堕地。”[①]在吴虞那里，孝成为中国专制主义最后的根据，成为全部伦理纲常的核心之核心，打倒了孝才能彻底解决中国社会的专制制度问题，才能使中国真正走向政治现代化。吴虞不仅严厉地批判孝道理论，同时他的个人生活实践也树立不孝的典型。1911 年，他与父亲公然对簿公堂，成为忤逆不孝的代表，被川籍名流联名发表宣言，逐出四川教育界。这个爆炸式新闻，一时轰动朝野。

吴虞在四川受到排斥，然而在激进的知识分子那里却受到热烈欢迎，他的文章在思想界产生了巨大影响。在中国，由此开始所谓家庭革命或曰破坏旧家庭运动。20 世纪 60 年代，在“破四旧”、“立四新”口号煽动下，在那激情燃烧的岁月里，“父子有亲”变成了“亲不亲，阶级分”，体现血缘亲情的“孝”被革命热情“忠”取代了，表面上看，似乎孝被作为封建主义的余毒而被扫入了历史的“垃圾箱”，实质上是“消孝以归忠”，可谓有忠而无孝。

“野火烧不尽，春风吹又生”。近代以来，中国激进的知识分子虽然对孝道进行了百余年的反复剿杀和持续批判，然而，作为基于人性、植于人情的孝道久已深入人心，这些不合乎人心之需要的批判并没有将孝意识从中国人的意识里连根拔除，相反，却显示了孝文化在中华大地上的顽强的生命力。改革开放以来，尤其是进入 20 世纪末期以来，随着中国经济的快速发展和中国社会“老龄化”逼近，说孝、行孝、以各种形式宣传孝，为社会各阶层所关注。“孝”为什么能“野火烧不尽”呢？原因在于它是有根的，而且它的根系还很深很广，它深深根植于中华五千年的伟大文化传统之中，植根于人们心灵之上，植根于人性、人情之中，一旦时机成熟，自然“春风吹又生”了。近二十年来，中国兴起一股强劲的国学热、儒学热，读经热等等，《三字经》、《弟子规》、《劝孝歌》等等再度引起人们的高度关注和重新温习。从南到北，从东到西，从少年儿童到七、八十岁的老人，全国各地都有从事经典诵读活动，都有人在宣传、推广着儒家的孝道。

进入 21 世纪，在政府以及民间善士大力倡导与努力下，“孝”作为褒义词重回进入人们的视线，频频出现在电视、网络、平面媒体之中，赞扬孝行，贬斥忤逆正在成为社会的主流价值。从北京、山东、河南、安徽、甘肃、云南、四川等等许多地方纷纷举办了“十大孝星”评选活动，有的地方政府已经举办过多次。从各地评选出的“孝星”看，既有老人，也有孩子；既有男人，也有妇女；既

① 吴虞：《家族制度为专制主义之根据论》，《新青年》第 2 卷第 5 号。

有事业成功的企业家，也有平平常常的老百姓，他们是新时代孝的标杆，他们的孝行感动了中国，也一定会感化中国，为和谐家庭、和谐社会的建设发挥应有的作用。这些孝星的孝行都非常感人，如湖南省 2010 年“十大孝星”之一付凤娇，是位在校大学生。她 3 岁丧父，母亲自幼失明，靠乞讨为生。6 岁起，她就挑起家庭重担，靠捡废品挣钱养家。作为一名学生，她带着母亲求学，照顾母亲已持续 13 年。她立志：自己在哪里，妈妈就在哪里，自己永远做妈妈的眼睛。有些地方还将“十大孝星”、“十大敬老模范”、“十大长寿模范老人之星”、“十大老有所为先进个人”等联系起来，使孝文化层层向外推展，构成了一个推广孝道的完整体系。如果说孝星是“老吾老”典型；“敬老模范”主要是指对老年工作的从业人员，这可谓“以及人之老”；“长寿之星”、“老有所为先进个人”旨在鼓励老年人自强自立以及对社会有所建树，三者之间相互配合、相得益彰，从而为全社会营造尊老敬老的社会风尚服务。

当代中国孝道的推行充分利用现代传播手段，如十大孝星、十大敬老模范的评比，采取网上投票、电话投票、短信投票、媒体宣传、电视播出等等一系列现代手段，这样一方面扩大了公众参与意识，另一方面孝星评比过程本身就是对孝文化的宣传、推广的过程，也是让更多的人从中受到感动、教育乃至感化的过程。不少文化保守主义者只见现代化对传统观念、思想的冲击，一味指责现代化对传统的破坏，往往忽视现代化对传统观念、思想传承的积极作用，当代中国人利用现代手段推广孝道文化的事实说明：现代化同样是促进传统文化走向新生的重要保证。

令人兴奋的是，有的地方政府规定，不孝敬父母、不善待配偶者不能当领导干部，在职的不能提拔重用。2006 年山西运城河津市新出台的《局级领导干部选拔任用工作的暂行办法》中规定：拟提任的干部必须孝敬父母，善待配偶，诚实忠信。不孝敬父母、不善待配偶者不能当领导干部，在职的不能提拔重用。2007 年，河南长垣县规定干部不孝不能提拔。在这些地方的领导看来，要做官，先做人，中华民族诸如忠诚、感恩、诚信等美德是做人最起码的要求。而要学会感恩，首先必须做到有孝心。对自己的父母不孝敬的干部，根本不可能对群众有感情，对工作有热情，对社会尽责任。这些尝试性的规定虽然在社会上一时引起各种议论，赞成者有之，反对者亦有之，但不可否认，它对推动孝道文化的普及是积极的，是有贡献的。放眼东亚，与中国同属于儒教文化圈的韩国在孝道的坚守、推广、研究方面取得了卓越的成绩，韩国圣山孝道大学校具有全世界唯一的孝学科，而该校创校校长崔圣奎教授一直致力于孝道的推广、研究与普及。正是在崔校长的主导与积极努力下，在韩国孝道研究会全体同仁的共同推动下，2007 年《孝行法》最终在韩国国会获得通过。这是全球第一部以法律的形式出现的孝道文件，有着非同寻常的意义。

经过百余年对孝道文化的批判、清除，进入21世纪，中国的孝道终于迎来一阳来复的历史机遇，孝道文化推广事业目前在中华大地呈现出勃勃生机。展望未来，虽然东方与西方、传统与现代之间，还会存有冲突、张力，孝道文化在中国乃至东亚、全球的真正复活依然充满着挑战与危机，依然任重而道远，但我们相信：经过数千年的历史流衍、积淀，早已植入中华民族精神血液的孝道文化，在不久的将来一定能再现辉煌，成为和谐家庭、和谐社区、和谐国家、和谐世界建设的重要精神支撑。

（特约编辑：李琳）

天经地义：儒家孝道正当性的三次论证

◇ 曾振宇
（山东大学儒学高等研究院教授）

【摘　要】在儒家思想史上，以孔子儒家为代表的原始儒家在伦理学意义上探讨了“孝应如何行”，却未进一步论证“孝存在何以可能”这一关键性问题，也就是“孝”存在之正当性问题。《孝经》与《春秋繁露》的作者先后从天人关系的层面上，将“孝”论证为“天之道”的自我展现与自我运动。朱熹继而从“理”形而上高度为孝存在之正当性辩护。“人理”出于天理，通人理也就是通天理。天理浑然不可分，天理与仁、义、礼、智、信、孝的关系不是本原与派生物之间的关系，而是本原与属性之间的关系。仁义礼智孝并非由理“旋次生出”，理是人伦道德的“总名”，仁义礼智信孝则是天理之“件数”。经过儒学史上的三次论证，儒家孝论存在之正当性得以确立，思辨性不断增强。儒家孝论不仅实现了“形式上的系统”，也实现了“实质上的系统”。①

【关 键 词】孝；《孝经》；天；理；正当性

一、“天之经，地之义”：《孝经》作者的初步论证

《孝经》祖本可能在春秋晚期已经形成，后来又经过了几代儒家人物的增删、润色与整理。《孝经》非一人一时之作，其时间跨度从春秋晚期到战国晚

---

① 研究儒家孝道的论著不胜枚举，相关研究成果主要有：朱贻庭等著：《中国传统伦理思想史》，华东师范大学出版社，1989 年版；宁也高等著：《中华孝文化漫谈》，中央民族大学出版社 1985 年版；谢宝耿著：《中国孝道精华》，上海社科院出版社 2000 年版；肖群忠著：《孝与中国文化》，人民出版社 2001 年版；臧知非著：《〈孝经〉与中国文化》，河南大学出版社 2005 年版；刘修明：《汉代孝治天下发微》，《历史研究》1980 年第 3 期；孙筱：《汉代“孝”观念的变化》，《孔子研究》1988 年第 3 期；侯欣一：《孝与汉代法律》，《法学研究》1998 年第 4 期；季乃礼：《论汉初的“孝治”》，《学术月刊》2000 年第 9 期；李文玲：《汉代孝伦理的法律化》，《江淮论坛》2003 年第 6 期；刘厚琴、田芸：《不孝入律研究》，《齐鲁学刊》2009 年第 4 期。这些论著无一从形而上学高度，揭示与论证在儒学史上实际上存在着证明“孝之正当性何以可能”的思想史进程。

期，至少有三百年之久。[①] 孝作为伦理范畴是否可能？何以可能？令人欣慰的是，《孝经》作者开始涉及这一问题，并且作了初步的哲学论证。《孝经·三才章》说："曾子曰：'甚哉，孝之大也！'子曰：'夫孝，天之经也，地之义也，民之行也。天地之经，而民是则之。则天之明，因地之利，以顺天下。是以其教不肃而成，其政不严而治。"'"夫孝，天之经也，地之义也"是一结论性表述，中间的论证过程却付诸阙如。可喜的是，关于孝何以是"民之行"，《孝经·圣治章》作了初步论证："曾子曰：'敢问圣人之德，无以加于孝乎？'子曰：'天地之性，人为贵。人之行，莫大于孝。孝莫大于严父，严父莫大于配天，则周公其人也。昔者，周公郊祀后稷以配天，宗祀文王于明堂，以配上帝。是以四海之内，各以其职来祭。夫圣人之德，又何以加于孝乎？故亲生之膝下，以养父母日严。圣人因严以教敬，因亲以教爱。圣人之教，不肃而成，其政不严而治，其所因者本也。父子之道，天性也，君臣之义也。父母生之，续莫大焉。君亲临之，厚莫重焉。故不爱其亲而爱他人者，谓之悖德；不敬其亲而敬他人者，谓之悖礼。以顺则逆，民无则焉。不在于善，而皆在于凶德，虽得之，君子不贵也。君子则不然，言思可道，行思可乐，德义可尊，作事可法，容止可观，进退可度，以临其民。是以其民畏而爱之，则而象之。故能成其德教，而行其政令。'"这段话有两点值得注意：其一，孝已取代仁范畴上升为哲学最高范畴和伦理学意义上总德目。在孔子儒家哲学逻辑性结构中，仁是哲学第一概念，孝是仁论思想体系中的内涵之一，是仁这一总德目下的小德目。《圣治章》显然已不代表孔子思想，可能是战国时代儒家的作品；其二，孝是人之本性，以孝治天下是循人之天性而行的社会化体现。先秦时代的大多哲学家都把自己的思想体系"大厦"建立在人性论基石之上。譬如，孟子的"不忍人之政"建基于"不忍人之心"之上，"性善说"是"仁政"的哲学根据。在思维方式上，《孝经》作者显然也沿袭了这一做法。在"孝是人之本性"命题前提下，进而可以推导出两点：一是孝为价值理性，价值理性是"某一价值体系之内各种行动信条的合理状态，以及行动者依从某一价值体系的所作所为的合理状态"[②]。二是以孝治天下获得了形而上的证明。"昔者明王之以孝治天下也，不敢遗小国之臣，而况于公、侯、伯、子、男乎？故得万国之欢心以事其先王。治国者不敢侮于鳏寡，而况于士民乎？故得百姓之欢心以事其先君。治家者

① 1973年，河北定州市八角廊40号西汉中山怀王刘修墓出土了一批竹简。其中《儒家者言》有一部分简文与《孝经》有关系，刘修死于汉宣帝五凤三年（前55），因此，这极有可能是一种未经刘向整理校订过的古本《孝经》。

② 参见张德胜等：《论中庸理性：工具理性、价值理性和沟通理性之外》，《社会学研究》2001年第2期。

不敢失于臣妾，而况于妻子乎？故得人之欢心以事其亲。夫然，故生则亲安之，祭则鬼享之，是以天下和平，灾害不生，祸乱不作。故明王之以孝治天下也如此。"[①]孝既然是宇宙间根本大法，自然也就是人类社会的根本法则。遵循了这一价值理性，就可导致"天下和平，灾害不生，祸乱不作。"在这种论证过程中，已经显露出了一丝天人感应的端倪。

如果说"人之行"是从人性论角度论证孝道存在的正当性，那么，《孝经·五行章》则是从社会法律制度层面论证其正当性："子曰：'五刑之属三千，而罪莫大于不孝。要君者无上，非圣者无法，非孝者无亲。此大乱之道也。'""五刑之属三千"源出于《尚书·吕刑》："墨罚之属千，劓罚之属千，剕罚之属五百，宫罚之属三百，大辟之罚二百，五刑之属三千。"在应当处以五种刑法的三千条罪行中，最严重的罪行是不孝。在现代人看来仅仅涉及刑法与民法的不孝罪，在古代中国却被视为"大乱之道"。既然如此，其存在之合法性与正当性也就成立了。

二、以"天"论孝：儒家"孝"哲学论证的深化

《孝经》虽然已经开始对儒家孝论存在的正当性进行论证，但这种哲学论证还是初步性的，作进一步哲学论证的是汉代大儒董仲舒。董仲舒认为，人与物相比较，具有两大特点：一是偶天地，二是具有道德观念。在他看来，伦理道德观念的产生并非是人类社会发展到一定阶段的精神产物，伦理道德观念源出于天："何谓本？曰：天地人，万物之本也。天生之，地养之，人成之。天生之以孝悌，地养之以衣食，人成之以礼乐，三者相为手足，合以成体，不可一无也。无孝悌则亡其所以生，无衣食则亡其所以养，无礼乐，则亡其所以成也。"[②]孝等伦理观念是人之所以为人的根本所在，孝是"天生之"，是莱布尼茨哲学意义上的"预定和谐"。董仲舒在《立元神》一文中从正反两方面论述"崇本"的重要性："举显孝悌，表异孝行，所以奉天本也。秉耒躬耕，采桑亲蚕，垦草殖谷，开辟以足衣食，所以奉地本也。立辟雍庠序，修孝悌敬让，明以教化，感以礼乐，所以奉人本也。"天本之孝与人本之孝似乎有重复雷同之处，其实不然。天本之孝旨在彰显孝的形而上根据，人本之孝在于说明人类社会应该将这种先在性的孝发扬光大。不仅如此，人的喜怒哀乐性情也是源于天："为

① 胡平生译注：《孝经译注·孝治章》，中华书局1996年版，第16页。

② 苏舆撰、钟哲点校：《春秋繁露义证·立元神》，中华书局1992年版，第168页，以下引此书只标注书名、篇名与页码。

生不能为人,为人者天也。人之人本于天,天亦人之曾祖父也。此人之所以乃上类天也。人之形体,化天数而成;人之血气,化天志而仁;人之德行,化天理而义;人之好恶,化天之暖清;人之喜怒,化天之寒暑;人之受命,化天之四时。人生有喜怒哀乐之答,春秋冬夏之类也。喜,春之答也;怒,秋之答也;乐,夏之答也;哀,冬之答也。天之副在于人。人之情性有由天者矣。"①如果说"人之德行"源自"天理",由此而来衍生的一个问题是:孝由"天生"如何可能?董仲舒从阴阳与五行理论两个方面进行了论证:

其一,阴阳理论。阴,《说文解字》云:"暗也,水之南山之北也。"徐锴《说文解字系传》云:"山北水南,日所不及。"阳,《说文解字》云:"高明也",刘熙《释名·释山》:"山东曰朝阳,山西曰夕阳,随日所照而名之也。"由此可知,阴与阳本意是指日之向背,并无任何哲学意蕴。梁启超先生撰有《阴阳五行说之来历》一文,考证了《诗》、《书》、《仪礼》、《易》四经中有阴、阳二字的文字及其含义。他发现《仪礼》中未出现"阴"、"阳"二字;《诗》中言"阴"者八处,言"阳"者十四处,言"阴阳"者一处;《书》中言"阴"、言"阳"者各三处;而《易》中仅"中孚"卦九二爻辞中有一"阴"字。他认为这些典籍中"所谓阴阳者,不过自然界中一种粗浅微末之现象,绝不含有何等深邃之意义②"。迨至西周,阴阳开始作为对偶概念出现于典籍中。周太史伯阳父论地震"阳伏而不能出,阴迫而不能蒸",此处之阴阳已非"自然界中一种粗浅微末之现象",而是一解释自然和社会现象的哲学范畴。人们把宇宙间一切对立的现象,如天地、昼夜、炎凉、男女、上下、胜负等等抽绎为阴与阳,它是从个别的、具体的物体中抽象出来的一般性质,是理性认识的对象。除此之外,《国语》、《左传》中还有不少与"阴阳"观念有关的记载。譬如:

于是乎气无滞阴,亦无散阳。阴阳序次,风雨时至;嘉生繁祉,人民和利;物备乐成,上下不罢,故曰"乐正"。③

故天无伏阴,地无散阳,水无沈气,火无灾燀;神无闲行,民无淫心;时无逆数,物无害生。④

天道皇皇,日月以为常。明者以为法,微者则是行。阳至而阴,阴至

① 《春秋繁露义证·为人者天》,第318—319页。

② 梁启超:《阴阳五行说之来历》,《饮冰室合集》之三十六,第四册,中华书局1989年版,第51页。

③ 薛安勤、王连生注译:《国语·周语下》,吉林文史出版社1991年版,第131页。以下引此书只标注书名、篇名与页码。

④ 《国语·周语下》,第110页。

而阳；日困而还，月盈而匡。[1]

因阴阳之恒，顺天地之常。[2]

古之善用兵者，因天地之常，与之俱行。后则用阴，先则用阳。[3]

《国语》、《左传》中出现的"阴阳"，已是比较成熟的阴阳思想。我们借此可以推断，带有哲学含义的阴阳观念至迟在西周末年已经萌生。在阴阳理论的逻辑演变过程中，《易传》起着一个比较特殊的作用。《易传》以阴阳气论解读《周易》，探讨宇宙生成及其运动变化的内在规律，进而提出"一阴一阳之谓道"的命题，援阴阳入易学，《周易》由此在体系上圆通而具理性。《庄子·天下》篇在论述六家要旨时说："《易》以道阴阳。"司马迁在《史记》中又说："《易》以道论"。《易传》则说："生生之谓易"，"观变于阴阳而立卦"。几位先哲都强调《周易》是以阴阳之道解释宇宙世界的规律和本质。董仲舒进而用阴阳学说来阐释伦理道德观念的正当性与合法性。"王道之三纲，可求于天。"[4]"三纲"概念由来已久，有的学者认为"三纲"思想可上溯至《韩非子》，《韩非子·忠孝》云："臣之所闻曰：'臣事君，子事父，妻事夫，三者顺则天下治，三者逆则天下乱，此天下之常道也。'"这一观点可能是一误读，董仲舒的"三纲"思想的源头应当是孔子所言"君君、臣臣、父父、子子"，君臣、父子皆应循"道"，此处之道也就是天道。《白虎通·纲纪》篇从阴阳学说角度对董仲舒的"三纲"作了解释，这一诠释与孔子和董仲舒思想在逻辑上是贯通无碍的，"君臣、父子、夫妇，六人也，所以称三纲何？一阴一阳谓之道，阳得阴而成，阴得阳而序，刚柔相配，故六人为三纲。"董仲舒认为，阴阳之道包含两个方面的内涵：其一，阴阳相合，"凡物必有合。合，必有上，必有下，必有左，必有右，必有前，必有后，必有表，必有里。有美必有恶，有顺必有逆，有喜必有怒，有寒必有暑，有昼必有夜，此皆其合也。阴者阳之合，妻者夫之合，子者父之合，臣者君之合，物莫无合，而合各有阴阳。"[5]"合"即对偶，《春秋繁露·楚庄王》云："百物必有合偶。"父子之合源自阴阳之合，"合"意味着亘古不移和互为前提，父子关系由此获得了存在神圣性；其二，阴阳相兼。"阳兼于阴，阴兼于阳，夫兼于妻，妻兼于夫，父兼于子，子兼于父，君兼于臣，臣兼于君。君臣、父子、夫妇之义，皆取诸阴阳之道。"[6]阴阳之气无所不在，阴阳之道无所不摄。父子之义出自

① 《国语·越语下》，第 819 页。
② 《国语·越语下》，第 806 页。
③ 《国语·越语下》，第 819 页。
④ 《春秋繁露·基义》，第 351 页。
⑤ 《春秋繁露·基义》，第 350 页。
⑥ 《春秋繁露·基义》，第 350 页。

阴阳之道，阴阳不可易，父子之义也不可易。既然如此，以表征父子伦理关系为代表的孝等伦理道德体系，从而也就获得了形而上的证明。

其二，五行理论。五行生克理论可能早在春秋时代就已经出现。值得注意的是，董仲舒思想体系中的五行学说与众不同。首先，五行的排列次序不同。《尚书·洪范》篇为一水、二火、三木、四金、五土，《素问》、《淮南子》五行排序与《尚书》雷同。但是，董仲舒将五行排列为：一木、二火、三土、四金、五水；其次，董仲舒别出心裁地构建了“五行相生”和“五行相受”理论。五行相生为：“木，五行之始也；水，五行之终也；土，五行之中也。此其天次之序也。木生火，火生土，土生金，金生水，水生木，此其父子也。”①五行相受为：“木居左，金居右，火居前，水居后，土居中央，此其父子之序，相受而布。是故木受水，而火受木，土受火，金受土，水受金也。诸授之者，皆其父也；受之者，皆其子也。常因其父以使其子，天之道也。”②五行并不单纯地指谓宇宙生成论意义上的五种质料，实际上它还蕴涵更多的人文象征。五行就是五种德行，而且这种德行是先在性的。“故五行者，乃孝子忠臣之行也。五行之为言也，犹五行与？”③具体就父子关系而言，孝存在的合法性何在呢？《孝经》曾经说“夫孝，天之经，地之义”，但是《孝经》作者并未具体论证孝何以是“天之经，地之义”？汉代董仲舒对这一问题作了形而上阐述，这是儒家孝论逻辑进程上的一大跃进：“河间献王问温城董君曰：‘《孝经》曰：“夫孝，天之经，地之义”，何谓也？’对曰：‘天有五行，木火土金水是也。木生火，火生土，土生金，金生水。水为冬，金为秋，土为季夏，火为夏，木为春。春主生，夏主长，季夏主养，秋主收，冬主藏。藏，冬之所成也。是故父之所生，其子长之；父之所长，其子养之；父之所养，其子成之。诸父所为，其子皆奉承而续行之，不敢不致如父之意，尽为人之道也。故五行者，五行也。由此观之，父授之，子受之，乃天之道也。故曰：夫孝者，天之经也。此之谓也。’”④董仲舒从阴阳五行、天人感应哲学出发，认为五行理论中蕴涵父子之道。换言之，父子之道出自五行相生理论。所以五行又可称之为“五行”，“五行”即五种德行。何谓“地之义”？董仲舒解释说：“地出云为雨，起气为风。风雨者，地之所为。地不敢有其功名，必上之于天。命若从天气者，故曰天风天雨也，莫曰地风地雨也。勤劳在地，名一归于天。非至有义，其孰能行此？故下事上，如地事天也，可谓大忠矣。

① 《春秋繁露·五行之义》，第 321 页。

② 《春秋繁露·五行之义》，第 321 页。

③ 《春秋繁露·五行之义》，第 321 页。

④ 《春秋繁露·五行对》，第 314—315 页。

土者，火之子也。五行莫贵于土。土之于四时无所命者，不与火分功名。……忠臣之义，孝子之行，取之土。……此谓孝者地之义也。”[①]土是火之子，土生万物而不争功，将功名归之于天。土有忠孝之德，所以“孝子之行”源自土德。从这些论述中，我们不难看出董仲舒的证明多少有点倒果为因、循环论证，但是，力图从形而上高度论证孝存在之正当性，却是董仲舒非常明确的奋斗目标。而且因循董仲舒这一思维模式，父子之间的诸多伦理规范可以得到圆融无碍的诠释：

子女为何要孝敬父母？“法夏养长木，此火养母也。”[②]

父子之间为何要相隐？法“木之藏火也”[③]。

子女为何应谏亲？“子之谏父，法火揉直木也。”[④]

子为何应顺于父？“法地顺天也。”[⑤]

主幼臣摄政，“何法？法土用事于季、孟之间也。”[⑥]

汉以孝治天下，何法？“臣闻之于师曰：‘汉为火德，火生于木，木盛于火，故其德为孝，其象在《周易》之《离》’。夫在地为火，在天为日。在天者用其精，在地者用其形。夏则火王，其精在天，温暖之气，养生百木，是其孝也。冬时则废，其形在地，酷热之气，焚烧山林，是其不孝也。故汉制使天下诵《孝经》，选吏举孝廉。”[⑦]

既然以孝为代表的伦理道德观念起源于天，是“天之道”在人类社会的外现，那么如何协调天人之道，人之道如何遵循天之道而行，就成为人类自身必须正确认识与处理的现实问题。董仲舒在《治水五行》与《五行变救》中探索了这一问题，他认为，在“土用事”的72天中，人事应该循土德而行，“土用事，则养长老，存幼孤，矜寡独，赐孝弟，施恩泽，无兴土功。”[⑧]实际上，在伦理道德层面“法天而行”，已不再是一个“是否可能”的哲学认识论问题，而是一个形而下的、势在必行的社会现实问题。按照董仲舒天人感应的宇宙模式理论，地震、水雹之灾、日月之食从来就不是一个单纯的自然现象，而是赋予了众多的人文意义。譬如，假若狂风暴雨不止，五谷不收，其原因在于“不信仁贤，不

① 《春秋繁露·五行对》，第316页。

② ［清］陈立撰、吴则虞点校：《白虎通疏证》卷四《五行》，中华书局1994年版，第197页。以下引此书只标注书名、篇名与页码。

③ 《白虎通疏证》卷四《五行》，第196页。

④ 《白虎通疏证》卷四《五行》，第195页。

⑤ 《白虎通疏证》卷四《五行》，第194页。

⑥ 《白虎通疏证》卷四《五行》，第194页。

⑦ ［宋］范晔撰、［唐］李贤等注：《后汉书·荀爽传》，中华书局1965年版，第2051页。

⑧ 《春秋繁露·治水五行》，第382页。

敬父兄，淫泆无度，宫室荣。”[1]诸如此类的自然灾害是天之“谴告”，是“天”以他独具一格的形式警告人类。因此，如何改弦更张，使人之道完整无损地循天之道而行，成为人们自我救赎的唯一出路：“救之者，省宫室，去雕文，举孝悌，恤黎元。”[2]

三、以“理”论孝：朱熹孝论的哲学意义

以张载为代表的气本论哲学和以二程、朱熹为代表的理本论哲学，二者营垒分明，观点多有抵牾。张载哲学经常受到朱熹的批评，“《正蒙》之言，恐不能无偏。”[3]但是，观点的对立并不等同于思维路向的迥异。张载从哲学本体的高度论证伦理道德之起源，为人伦道德的合法性寻求终极性哲学说明；二程和朱熹的理本论哲学也是将人伦道德与哲学本体相“挂搭”，为人伦道德寻觅哲学依据。二者虽然哲学立场不同，但都否认人伦道德是历史发展到一定阶段而产生的社会意识形态，而是将其看成是哲学本体先验性内在属性的澄明与凸现。

二程认为，“人伦者，天理也。”[4]人伦道德源于天理，是天理的社会化外现。何谓“人伦”？孟子曾经有一界定：“人之有道也，饱食暖衣，逸居而无教，则近于禽兽。圣人有忧之，使契为司徒，教以人伦：父子有亲，君臣有义，夫妇有别，长幼有序，朋友有信。”[5]“人伦明于上，小民亲于下。”[6]仁义礼智是天理内在的属性，外显于社会关系准则上则具体体现而为人伦道德观念。在理学发展史上，正是由于二程将伦理范畴、伦理观念与哲学本原理论相统一，才标志着宋代理学的最终确立。基于此，二程详尽论述了儒家伦理与天理的内在关系：“视听言动，非理不为，即是礼，礼即是理也。不是天理，便是私欲。人虽有意于为善，亦是非礼。无人欲即皆天理。”[7]人的视听言动，离不开礼之规范，这个礼就是天理。仁义礼智是礼之具体规定，合礼之言行就是天理之流行，凡“非礼”即是“私欲”。“父子君臣，天下之定理，无所逃于天地之间。”[8]父慈子孝，兄友弟悌，君尊臣卑，既然都是“天下之定理”，自然有其当而不可

① 《春秋繁露·五行变救》，第 385 页。
② 《春秋繁露·五行变救》，第 386 页。
③ 朱熹：《答潘子善》，《朱熹集》卷六十，四川教育出版社 1996 年版，第 3126 页。
④ 《河南程氏外书》卷七，《二程集》，中华书局 1981 年版，第 394 页。
⑤ 《孟子·滕文公上》。
⑥ 《孟子·滕文公上》。
⑦ 《河南程氏遗书》卷十五，《二程集》，第 144 页。
⑧ 《河南程氏遗书》卷五，《二程集》，第 77 页。

易之理，依循“天下之定理”而行，也就成了人类顺应天理之表现。“礼者，理也，文也。理者，实也，本也。文者，华也，末也。”[①]礼是文，理是本；礼是理之社会化表达。基于此，程颐进而提出应注重后天道德化践履，不断自我超越，实现理想人格境界——圣人。“圣人，人伦之至。伦，理也。既通人理之极，更不可以有加。”[②]“人理”出于天理，通人理也就是通天理。圣人是儒家设计出来的理想人格境界，要臻于这一生命境界，就必须循“仁”而行：“仁，理也。人，物也。以仁合在人身言之，乃是人之道也。”[③]仁是天理之体现，以仁合人，就是将天理与人道相结合，这正是二程倡导“人伦者，天理也”思想之目的。从形而上学高度为人伦道德的存在正当性进行论证，二程哲学的这一思维方式和观点，无疑深刻地影响了朱熹思想的发展走向。朱熹同样认为，宇宙本根先验性地呈现出某种道德特性，人类社会伦理道德观念及其价值体系存在之合法性可从哲学高度得到论证。换言之，在朱熹思想体系中，理既是宇宙起源之实然，又是人伦道德应然之本源。细而论之，在朱熹思想体系中，作为人伦道德应然之本源的理，可从两方面解读：

1.“理便是仁、义、礼、智”

朱熹认为，天理是一“谷种”，是一百无欠缺的自在之物，人伦道德自然也是这一宇宙大“种子”的内在属性之一。“所论‘仁’字，殊未亲切，而语意丛杂，尤觉有病。须知所谓心之德者，即程先生谷种之说。所谓爱之理者，则正所谓仁是未发之爱，爱是已发之仁耳。只以此意推之，更不须外边添入道理，反混杂得无分晓处。若于此处认得仁字，即不妨与天地万物同体。若不会得，而便将天地万物同体为仁，却转见无交涉矣。仁、义、礼、智，便是性之大目，皆是形而上者，不可分为两事。”[④]“理者物之体，仁者事之体。事事物物，皆具天理，皆是仁做得出来。仁者，事之体。体物，犹言干事，事之干也。”[⑤]理是本体，仁是理在人伦关系中的具体落实；天下万物都完美无缺地凸现天理之本质，天下万事都以仁为准则。从这一逻辑思路出发，理成为人伦道德之终极根据，而仁义礼智信“五常”则是天理之分名。“天理既浑然，然既谓之理，则便是个有条理底名字。故其中所谓仁、义、礼、智四者，合下便各有一个道理不相混杂。以其未发，莫见端绪，不可以一理名，是以谓之浑然。非是浑

---

① 《河南程氏粹言》卷一，《二程集》，第1177页。

② 《河南程氏遗书》卷十八，《二程集》，第182页。

③ 《河南程氏外书》卷六，《二程集》，第391页。

④ 朱熹：《答周舜弼》，《朱熹集》卷五十，第2464页。

⑤ 黎靖德编：《朱子语类》卷九十八，中华书局1986年版，第2510页。以下引此书只标注书名与页码。

然里面都无分别，而仁、义、礼、智却是后来旋次生出四件有形有状之物也。须知天理只是仁、义、礼、智之总名，仁、义、礼、智便是天理之件数。”[①]天理浑然不可分，天理与仁义礼智信“五常”的关系不是本原与派生物之间的关系，而是本原与属性之间的关系。仁义礼智并非由理“旋次生出”，理是人伦道德的“总名”，仁义礼智信则是天理之“件数”。二程曾指明“人伦者，天理也”，这已从哲学高度将人伦定性为天理内在之属性，朱熹只是在二程思考基础上继续深入论证。“问：‘既是一理，又谓五常，何也？’曰：‘谓之一理亦可，五理亦可。以一包之则一，分之则五。’问分为五之序，曰：‘浑然不可分。’”[②]“一理”是人伦道德之总名，“全无欠阙”[③]，故可“包之”；“五常”是天理之澄现，“理，只是一个理。……且如言着仁，则都在仁上；言着诚，则都在诚上；言着忠恕，则都在忠恕上；言着忠信，则都在忠信上。”[④]仁义礼智是天理落实在每一人伦关系上的“一个道理”，如果豁然贯通，“便都是一理。”[⑤]“五常”作为天理内在属性，本身无形无象，须借助于事亲、从兄等具体道德行为才能表露出来：“理便是仁义礼智，曷常有形象来？凡无形者谓之理，若气，则谓之生也。”[⑥]“仁义只是理，事亲从兄乃其事之实也。”[⑦]理是体，事亲从兄是用，仁义道德通过具体的道德化行为表现出来。“洒扫应对是事，所以洒扫应对是理。”[⑧]二程尝言洒扫应对是“形而上”，朱熹进一步解释说：洒扫应对蕴涵着“所以洒扫应对”之理，因此理具有客观实在性。仁义礼智信之体是实，其发见为用也是实。他把道德原则归结为实有，而以此来规范人们的思想言行，这是其天理自然思想在人伦道德领域里的贯彻。“理一也，以其实有，故谓之诚；以其体言，则有仁、义、礼、智之实；以其用言，则有恻隐、羞恶、恭敬、是非之实。故曰五常百行非诚，非也。盖无其实矣，又安得有是名乎？”[⑨]朱熹以“诚”训“理”，意在说明理是一“实有”。有其实，故有其名。朱熹把以仁义礼智信为内涵的理实有化，目的在于为儒家伦理的合法性寻求哲学依据。

二程尝言：“天子之理，原其所自，未有不善。”[⑩]既然理先验性地彰显出

① 朱熹：《答何叔京》，《朱熹集》卷四十，第 1885 页。
② 《朱子语类》卷六，第 100 页。
③ 《朱子语类》卷六，第 100 页。
④ 《朱子语类》卷六，第 100 页。
⑤ 《朱子语类》卷九十八，第 2519 页。
⑥ 《朱子语类》卷八十三，第 2168 页。
⑦ 朱熹：《答石子重》，《朱熹集》卷四十二，第 1992 页。
⑧ 朱熹：《答石子重》，《朱熹集》卷四十二，第 1989 页。
⑨ 朱熹：《答郑子上》，《朱熹集》卷五十六，第 2876 页。
⑩ 《朱子语类》卷八十三，第 2159 页。

"善"这一道德特性,社会伦理道德规范中的仁义礼智信价值观念又是天理内在属性之证明。那么,沿着这一思路推导下去,有生命的和无生命的宇宙万物都应先在性地禀受道德属性。"天地以生物为心者也。而人物之生,又各得夫天地之心以为心者也。故语心之德,虽其总摄贯通,无所不备,然一言以蔽之,则曰仁而已矣。请试详之,盖天地之心,其德有四,曰元、亨、利、贞,而元无不统。其运行焉,则为春、夏、秋、冬之序。而春生之气,无所不通。故人之为心,其德亦有四,曰仁、义、礼、智,而仁无不包。其发用焉,则为爱恭宜别之情,而恻隐之心,无所不贯。故论天地之心者,则曰乾元、坤元,则四德之体用,不待悉数而足。论人心之妙者,则曰仁,人心也。则四德之体用,亦不待遍举而该。盖仁之为道,乃天地生物之心,即物而在。情之未发,而此体已具;情之既发,而其用不穷。诚能体而存之,则众善之源、百行之本,莫不在是。"[①]张载之气与朱熹之理,究其本质,其实两者在哲学性质上有相通之处。理与气都是活泼泼的、充满"生气"的世界本原,理与气都是"天地之心"存在之哲学依据。正因为理具有此哲学"基因",才能证明"天地之心"的客观实有性,有了"天地之心",便有了天地之德"元亨利贞"。与此相对应,人伦之德显现为仁义礼智。人伦之德是天地之心在人心中的外现,因此人在本质上都完好无损地先在性禀受了仁义礼智四德。"且以仁言之:只天地生这物时便有个仁,它只知生而已。从他原头下来,自然有个春夏秋冬,金木水火土。故赋于人物,便有仁义礼智之性。"[②]朱熹将五行、四时和五常相配搭,揭示这三者只不过是天理在不同界域的存在证明。"缘他本原处有个仁爱温和之理如此,所以发之于用,自然慈祥恻隐。"[③]春华秋实、父慈子孝,其间道理都一样,皆蕴涵一"仁爱温和之理"。杨时曾就孟子思想与人论辩,杨时问对方:见到孩童跌落井中,心中为何会滋生恻隐之情?对方答:"自然如此。"杨时不满意对方这一答复,他认为应当一直追问下去。譬如,人有恻隐之心是否可能?何以可能?穷根究底到尽头,就会发现源头活水乃是天理。"盖自本原而已然,非旋安排教如此也。"[④]既然"天下无性外之物"[⑤],既然天地万物都先在性禀具仁义礼智信"五常"之德,至少在逻辑上承认禽兽也禀受了"五常"成为无法回避之问题。对于这一问题,朱熹作了如下回答:"问:'性具仁义礼智?'曰:'此犹是说"成之者性。"上面更有"一阴一阳","继之者善"。只一阴一阳

---

① 朱熹:《仁说》,《朱熹集》卷六十七,第3542页。

② 《朱子语类》卷十七,第383页。

③ 《朱子语类》卷十七,第383页。

④ 《朱子语类》卷十七,第383页。

⑤ 《朱子语类》卷四,第56页。

之道，未知做人做物，已具是四者。虽寻常昆虫之类皆有之，只偏而不全，浊气间隔。'"[①]既然"人物之性一源"，当然禽兽也具"五常"之德。人兽之别仅仅在于：人能禀受"五常"之全体，禽兽由于气禀有别，只能得"五常"之偏："气相近，如知寒暖，识饥饱，好生恶死，趋利避害，人与物都一般。理不同，如蜂蚁之君臣，只是他义上有一点子明。虎狼之父子，只是仁上有一点子明，其他更推不去。恰似镜子，其他处都暗了，中间只有一两点子光。"[②]朱熹将"性"比喻为日光，人性得"性"之全和形气之"正"，受日光大；物性得"性"之偏，受日光小，因而只"有一点子明"。"性如日光，人物所受之不同，如隙窍之受光有大小也。"[③]虎狼有"仁"，蜂蚁有"义"，尽管只"有一点子明"，但毕竟"有一两点子光"。在逻辑学意义上，有什么样的大前提，就将推导出什么样的结论。"理无不善"[④]，既然设定天理先在性地彰显出道德特性，就必然会得出人类和动物同样皆具有道德属性的结论来。而假定要否定这一结论，首当其冲的是，你必须否定导致这一结论的逻辑前提。

2. "性即理"

"性"字最迟在《尚书·召诰》篇已出现："王先服殷御事，比介于我有周御事，节性，惟日其迈。王敬作所，不可不敬德。"性即性情，[⑤]孔子尝言："天生德于予"。孟子继而提出"尽心——知性——知天"逻辑结构，《中庸》开宗明义，提出"天命之谓性"，即性为天之所命或天所赋予。"天"既含有主宰之意，也蕴涵伦理道德意义。思孟学派与孔子思想不同之处就在于：思孟学派有意识地增强儒家思想的哲学思辨色彩。孔子当年只是在道德实践范围内探讨人性问题，《中庸》作者则将其提升到哲学本体高度。他们所说的"性"不单纯指人性，也指物性，是一个外延比较大的哲学范畴。朱熹释"天命之为性，率性之为道，修道之为教"："性，即理也。天以阴阳五行化生万物，气以成形，而理亦赋焉，犹命令也。于是人物之生，因各得其所赋之理，以为健顺五常之德，所谓性也。"[⑥]在理与性关系上，朱熹认为性源于理，"性者，浑然天理而已。"[⑦]在朱熹哲学逻辑结构中，无极是指理的本然状态，无极即理，因而理被

① 《朱子语类》卷四，第 56 页。

② 《朱子语类》卷四，第 57 页。

③ 《朱子语类》卷四，第 58 页。

④ 《朱子语类》卷四，第 68 页。

⑤ "节性"一说在郭店竹简《性自命出》中也有记载："凡性，或动之，或逆之，或节之，或厉之，或出之，或养之，或长之。凡动性者，物也；逆性者，悦也；节性者，故也；厉性者，义也；出性者，势也；养性者，习也；长性者，道也。"

⑥ 朱熹：《四书章句集注·中庸章句》，中华书局 1983 年版，第 17 页。

⑦ 《朱子语类》卷九十五，第 2427 页。

解释为性之源泉。在朱子哲学中，有“理之性”和“气质之性”之分，“理之性”先验蕴涵“健顺五常之德”，这一观点显然是对思孟学派思想之深化。“五常”一词虽然在《中庸》始终没有出现，但为人伦之德寻求形而上学支持却是自思孟学派以来儒家一以贯之之传统。“性即理”命题并不是朱熹的发明，第一次提出这一命题的人是程颐。“性即理也，所谓理，性是也。天下之理，原其所自，未有不善。”①“伊川先生言，性即理也。此一句自古无人敢如此道。心则知觉之在人而具此理者也。横渠先生又言，由太虚有天之名，由气化有道之名，合虚与气有性之名，合性与知觉有心之名，其名义亦甚密，皆不易之至论也。”②朱熹对二程的这一哲学命题给予了高度评价：“伊川‘性即理也’四字，颠扑不破，实自己上见得出来。”③“伊川‘性即理也’，自孔孟后，无人见得到此。”④在另一哲学层面上，二程“性即理也”命题实际上也是对《中庸》“天命之谓性”思想的继承与发挥。思孟学派“天命”的内涵为“诚”，二程只不过是将“诚”偷换成了“理”而已。朱熹对“性”的来源问题非常重视，“‘论性不论气，不备；论气不论性，不明。’盖本然之性，只是至善。然不以气质而论之，则莫知其有昏明开塞，刚柔强弱，故有所不备。徒论气质之性，而不自本原言之，则虽知有昏明开塞、刚柔强弱之不同，而不知至善之源未尝有异，故其论有所不明。须是合性与气观之，然后尽。盖性即气，气即性也。若孟子专于性善，则有些是‘论性不论气’；韩愈三品之说，则是‘论气不论性’。”⑤如果不了解“性”源于何处，当然也不可能了解理之源头；不了解性之来源，也就无法参悟性之本质。因此，孟子、荀子和韩愈对性的理解都有偏差，“今乃以其习熟见闻者为余事，而不复精察其理之所自来，顾欲置心草木器用之间，以伺其忽然而一悟，此其所以始终本末判为两途而不自知其非也。”⑥朱熹认为，只有程颐“性即理”命题真正说透了性之本质。

朱熹认为，性先验蕴涵仁、义、礼、智、信“五常”。“穷理，如性中有个仁义礼智，其发则为恻隐、羞恶、辞逊、是非。”⑦“然尝闻之，人之有是生也，天固与之以仁、义、礼、智之性……。”⑧“臣又尝窃谓自天之生此民，而莫不赋之以仁、义、礼、智之性，叙之以君臣、父子、兄弟、夫妇、朋友之伦，则天下之理，固已无

① 《河南程氏遗书》卷二十二上，《二程集》，第292页。
② 朱熹：《答徐子融》，《朱熹集》卷五十八，第2962页。
③ 《朱子语类》卷五十九，第1387页。
④ 《朱子语类》卷五十九，第1387页。
⑤ 《朱子语类》卷五十九，第1387—1388页。
⑥ 朱熹：《杂学辨·吕氏大学解》，《朱熹集》卷七十二，第3792页。
⑦ 《朱子语类》卷九，第155页。
⑧ 朱熹：《甲寅行宫便殿奏劄二》，《朱熹集》卷十四，第546页。

不具于一人之身矣。”[①]从“天固与之”、“莫不赋之”等表述可以看出，仁、义、礼、智之性是一种确定不移的客观实在，这一客观实在不是通过哲学或逻辑论证获得其存在合理性，而是通过人人具有的“良心”、“良能”获得心理上的印证。此外，朱熹对性范畴所作的界定，过于注重其伦理性而忽略其中的自然性。因此，从性与“五常”逻辑关系分析，性应是属概念，仁、义、礼、智、信是种概念。“性是实理，仁义礼智皆具。”[②]“性是理之总名，仁、义、礼、智皆性中一理之名。恻隐、羞恶、辞逊、是非是情之所发之名，此情之出于性而善者也。”[③]既然性范畴之内涵是仁、义、礼、智，那么将朱熹之人性论，归纳为“性善说”并不为过：“性无不善。”[④]“性不可言。所以言性善者，只看他恻隐、辞逊四端之善则可以见其性之善，如见水流之清，则知源头必清矣。四端，情也，性则理也。发者，情也，其本则性也，如见影知形之意。”[⑤]“人之性皆善。然而有生下来善底，有生下来便恶底，此是气禀不同。”[⑥]性出自天理，是天理在人心之彰显。因此从天理层面评价，性纯粹是善。性恶源自气禀，是气之偏。气禀之恶恰恰从反面证明性即理、性在本质上是善。

通而论之，朱熹思想体系中的“性”，其哲学特点可归纳为三点：

其一，性形而上、无形、不可见、不可言说。“性不是卓然一物可见者。”[⑦]理是形而上的哲学最高概念，作为天理之流行的性同样也具有形而上之特征。“性者，人之所得于天之理也；生者，人之所得于天之气也。性，形而上者也；气，形而下者也。人物之生，莫不有是性，亦莫不有是气。”[⑧]性源于理，性与理一样具有先在性和永恒性特点。生命个体消亡，性仍然永恒存在。“道即性，性即道，固只是一物。”[⑨]“性犹太极也，心犹阴阳也。太极只在阴阳之中，非能离阴阳也。然至论太极，自是太极；阴阳自是阴阳。惟性与心亦然。所谓一而二，二而一也。韩子以仁义礼智信言性，以喜怒哀乐言情，盖逾于诸子之言性。然至分三品，却只说得气，不曾说得性。”[⑩]“性是形而上者，气是形而下者。形而上者全是天理，形而下者只是那查（渣）滓。至于形，又是查

① 朱熹：《经筵讲义》，《朱熹集》卷十五，第572页。
② 《朱子语类》卷五，第83页。
③ 《朱子语类》卷五，第92页。
④ 《朱子语类》卷五，第92页。
⑤ 《朱子语类》卷五，第89页。
⑥ 《朱子语类》卷四，第69页。
⑦ 《朱子语类》卷五，第83页。
⑧ 朱熹：《孟子集注》卷十一，《四书章句集注》，第326页。
⑨ 《朱子语类》卷五，第82页。
⑩ 《朱子语类》卷五，第87—88页。

(渣)滓至浊者也。”[①]道与太极皆是天理之别名，以道、太极比喻性，旨在说明性也具有形而上特性。此外，朱熹一再申明：性是天理，气是渣滓，形是渣滓中之渣滓。基于此，实际上又可以推导出：理不可见、无形迹、不可直观把握。性同样也是无形迹、不可直观体领：“只是穷理、格物，性自在其中，不须求故圣人罕言性。”[②]“论性，要须先识得性是个甚么样物事。程子‘性即理也，’此说最好。今且以理言之，毕竟却无形影，只是这一个道理。在人，仁义礼智，性也。然四者有何形状，亦只是有如此道理。”[③]性无形影，也不可言说。“性不可说，情却可说。所以告子问性，孟子却答他情。盖谓情可为善，则性无有不善。”[④]性是未发，情是已发。性不是一具有空间特性的存在，所以“性不可说”。性只存在于仁义礼智四德中，只能通过后天社会化道德践履，才能感悟“性”的形而上特质。性与理一样，是“无”，但不是绝对的虚无。

其二，性是普遍性的、无所不在。性是理在人心之彰显，理是先验性的，超越时空，性也具备这一哲学特点：“因看《语录》‘心小性大，心不弘于性，滞于知思’说，及上蔡云‘心有止’说，遂云：‘心有何穷尽？只得此本然之体，推而应事接物，皆是。故于此知性之无所不有，知天亦以此’。”[⑤]在朱熹理本论哲学中，理是先验性的宇宙本原，气是质料。性因为属于理之内在“基因”，因而也获得了与理同样的先验性特质。性先于气而存在，气有消亡之时，性却永恒固存。“须知未有此气，已有此性。气有不存，性却常在。虽其方在气中，然气自气，性自性，亦自不相夹杂。至论其遍体于物，无处不在，则又不论气之精粗而莫不有是理焉。”[⑥]不可“指气为性”，气是有方所的实存，“指气为性”将导致性“下坠”为一具体的存在。在朱熹看来，性与理一样，是普遍性的，无处不在。不论有生命的人类、动物，还是无生命的山川河流，都有“性”。“天下无性外之物，而性无不在。”[⑦]二气五行，因气禀之不同，天下万物性质殊异，人所禀气较明，动物所禀气较暗。“人物性本同，只气禀异。”[⑧]但是，“性”作为一圆满之“全体”，先在性地存在于万物之中是不言自明之事实。因此，天下“无性外之物。”“天下无无性之物。盖有此物，则有此性；无此物，

① 《朱子语类》卷五，第97页。
② 《朱子语类》卷五，第83页。
③ 《朱子语类》卷四，第63—64页。
④ 《朱子语类》卷五十九，第1380页。
⑤ 《朱子语类》卷九十九，第2540页。
⑥ 《答刘叔文》，《朱熹集》卷四十六，第2243—2244页。
⑦ 朱熹：《太极图说解》，《周子全书》卷一，中华书局1990年版，第5页。
⑧ 《朱子语类》卷四，第58页。

则无此性。”[①]由此可以看出，朱熹哲学中的“性”，既指人之性，也指物之性。性分而为人性、物性，合则为一。人性、物性相同点在于：性缘起于理，理同而性同。“人物之生，同得天地之理以为性，同得天地之气以为形；其不同者，独人于其间得形气之正，而能有以全其性，为少异耳。虽曰少异，然人物之所以分，实在于此。”[②]“性者，人物所得以生之理也。故者，其已然之迹，若所谓天下之故者也。”[③]“问：‘枯槁之物亦有性，是如何？’曰：‘是他合下有此理，故云天下无性外之物。”[④]天下人与物之所以“性本同”，是因为人与物皆是天理之派生物。理、性是普遍性的，无所不在，所以枯槁之物也有性，性是天下万物共同本性。

其三，性是未发、未动。从“性即理”命题出发，包涵仁义礼智四德的性实质上又是绝对的伦理范畴，它不依赖于时空条件而先在性地存在。“理者，天之体；命者，理之用。性是人之所受，情是性之用。”[⑤]“情之未发者，性也，是乃所谓中也，天下之大本也。性之已发者，情也，其皆中节，则所谓和也，天下之达道也。皆天理之自然也。”[⑥]性与命同，皆是指天理“流行而赋于物者言之”[⑦]，性是人与物之所以存在之根据，性具有“虚”、“静”、“中”之特点。尽管朱熹说性如同“一个根苗”，能生出君臣之义、父子之仁，但性是“虚”。[⑧] 因此，性是未发、未动，情是已发、已动，情之发皆合礼则为和。“性对情言，心对性情言。合如此是性，动处是情。”[⑨]性是体，情是用；性深微不发，通过现象的意识活动来彰显。情则是一意识现象的范畴，情是性的外现，性是情的终极性根源。“心如水，性犹水之静，情则水之流，欲则水之波澜，但波澜有好底，有不好底[⑩]。”朱熹仿效程颐以水喻性，性如同“水之静”，情如同“水之流”，人欲则如同“水之波澜”，就其“寂然不动”而言，性是先验性的、超越时空的，但其内涵又是具体的：“孟子说：‘恻隐之心，仁之端也’一段，极分晓。恻隐、羞恶、是非、辞逊是情之发，仁义礼智是性之体。性中只有仁义礼智，发之为恻隐、

① 《朱子语类》卷四，第 56 页。实际上，二程和张载都主张“天下无性外之物”，但哲学立场有所不同。

② 朱熹：《孟子集注》卷八，《四书章句集注》，第 293—294 页。

③ 朱熹：《孟子集注》卷八，《四书章句集注》，第 297 页。

④ 朱熹：《孟子集注》卷八，《四书章句集注》，第 326 页。

⑤ 《朱子语类》卷五，第 82 页。

⑥ 朱熹：《太极说》，《朱熹集》卷六十七，第 3536 页。

⑦ 《朱子语类》卷五，第 82 页。

⑧ 《朱子语类》卷五，第 88 页。

⑨ 《朱子语类》卷五，第 89 页。

⑩ 《朱子语类》卷五，第 93—94 页。

辞逊、是非,乃性之情也。”[①]又说:“以人之生言之,固是先得这道理。然才生这许多道理,却都具在心里。且如仁义自是性,孟子则曰‘仁义之心’;恻隐、羞恶自是情,孟子则曰‘恻隐之心,羞恶之心’。盖性即心之理,情即性之用。今先说一个心,便教人识得个情性底总脑,教人知得个道理存着处。若先说性,却似性中别有一个心。横渠‘心统性情’语极好。”[②]仁义礼智之性作为一绝对的伦理观念,不可言述、在天地之先而永恒长存,它通过人之情得以外显。现实生活中的生命个体因气禀不同,禀受之理之性不一,或全或偏,因而外现之情自然也有所不同。理作为一自本自根的宇宙本原,无处“安顿”与“挂搭”,只能借气而“安顿”。与此同时,作为形而上的性也具有与理同样的性质,也必须借气而“安顿”:“盖天下无性外之物,本皆善而流于恶耳。如此,则恶专是气禀,不干性事,如何说恶亦不可不谓之性?曰:‘既是气禀恶,便也牵引得那性不好。盖性只是搭附在气禀上,既是气禀不好,便和那性坏了’。”[③]“‘才说性时,便已不是性’者,言才谓之性,便是人生以后,此理已堕在形气之中,不全是性之本体矣,故曰‘便已不是性也’,此所谓‘在人曰性’也。大抵人有此形气,则是此理始具于形气之中,而谓之性。才是说性,便已涉乎有生而兼乎气质,不得为性之本体也。然性之本体,亦未尝杂。要人就此上面见得其本体元未尝离,亦未尝杂耳。‘凡人说性,只是说继之者善也’者,言性不可形容,而善言性者,不过即其发见之端而言之,而性之理固可默识矣,如孟子言‘性善’与‘四端’是也。”[④]气是理之质料,人、物因气而生,性也是通过气而寻求“安顿”与“搭附”。但是,这一表述并不意味着性不离气,也不可等同于佛教所说的“别有一件物事在那里”。[⑤] 实际上,在朱熹哲学体系中,“性只是此理”[⑥]并非等同于“性是理”,而是意味着性源于理,性是理在人心之展现。因为性与理这一逻辑关系,因此性与理一样,无形、抽象、静止,性是没有方所的绝对存在。

四、结　　语

通过反反复复的“找”(冯友兰语),我们终于发现了深藏于儒家孝论背后

① 《朱子语类》卷五,第 92 页。

② 《朱子语类》卷五,第 92 页。

③ 《朱子语类》卷九十五,第 2429 页。

④ 《朱子语类》卷九十五,第 2430 页。

⑤ 《朱子语类》卷五,第 92 页。

⑥ 《朱子语类》卷五,第 83 页。

的线索，也就是冯友兰所说的“恢复一条龙出来”[①]：以孔子儒家为代表的原始儒家探究了“孝应如何行”，却未回答“孝存在何以可能”这一更加关键性问题，也就是孝论存在正当性问题。《孝经》与《春秋繁露》的作者先后从天人关系的层面上，将“孝”论证为“天之道”的自我展现与自我运动，是“天”这一宇宙绝对法则在人类社会的外现。朱熹起而踵之，在“理”形而上高度为孝存在之正当性辩护。“理便是性”，仁、义、礼、智、孝等伦理道德观念先验性地包容于理本体之中，并因为理之先验存在而获得形而上证明。历经前后三次哲学论证，儒家孝论的思辨性增强了，逻辑性提高了，孝由一普通的伦理范畴上升为哲学范畴，儒家孝论不仅实现了“形式上的系统”，也实现了“实质上的系统”。

（特约编辑：李琳）

① 参见冯友兰：《中国哲学史新编》第一册“全书绪论”，人民出版社1982年版，第38页。

儒林

经学思维方式与中国古代学术品格及方法论特点

◇ 边家珍

【摘　　要】古人把经视为圣人的传道之言，通过阐释性话语形态来表达对世界的认识及思想观念。在经学思维方式中，经、道、圣、王紧密联系并共同发生作用，构成封建社会意识形态的核心内容。经学思维方式直接影响着汉代以降中国学术的基本品格，魏晋玄学、宋明理学，无不具有浓厚的经学色彩，同时也随之形成了与之密切相关的学术方法论，对古代科学的发展亦产生了显著的影响。

【关 键 词】经学；思维方式；古代学术

【作者简介】边家珍（1965—），男，河南杞县人，文学博士，山东大学文学与新闻传播学院教授，主要从事中国古代文学与文化的教学与研究工作。

思维方式是指人们用以处理信息和感知周围世界的一种思维习惯，是一个民族或区域在长期的历史发展中形成的一种较为固定的元认知模式，反映了处在不同文化中的个体和群体在看待和处理问题时的认知特性。在经学思维方式中，经、道、圣、王紧密联系并共同发生作用，构成封建社会意识形态的核心内容。经学思维方式直接影响着汉代以降中国学术的基本品格，魏晋玄学、宋明理学，无不具有浓厚的经学色彩，同时也随之形成了与之密切相关的学术方法论，对古代科学的发展亦产生了显著的影响。兹论析如下，以就正于方家。

一、经、道、圣、王之关联

在经学思维方式中，经、道、圣、王是密切相关的，它们紧密联系并共同发生作用，构成封建社会意识形态的核心内容。

"经"，常也，凡道义法制之不可改易者，皆称之为经。"道"，最初指人行的道路，引申为天和人所必须遵循的轨道或规律，通称为道。日月星辰所遵循的轨道称为天道，人类生活所遵循的轨道称为人道。在古人看来，"经"中包含着“道”，是由“圣人”制作的。“圣”本来指聪明智慧，而圣人本来指比普通人具有更多聪明智慧的人，并不像秦汉之后人们所说的那般神圣莫测，崇高无比。所以，古代如果有人自视甚高，也不妨自称为圣人。《诗·小雅·正月》：“召彼故老，讯之占梦。具曰予圣，谁知乌之雌雄？”当时的元老大臣和占梦的人都自称圣人，但是他们究竟孰圣孰愚，仿佛乌之雌雄一样难以分辨。还有，倘若认为某人聪慧过人，也可称其为圣人，后来随着儒家“圣人”意识的强化，圣人就成了传统思想权威的象征，被升华、抽象为一种理想、规范、准则、榜样。

第一个明确将道、圣、宗经意识地联系在一起的是荀子，他说：“圣人也者，道之管也。天下之道管是矣，百王之道一是矣……天下之道毕是矣。”（《荀子·儒效》）在荀子看来，要成功地把小人们转变成合宜的社会角色，需要圣人充分地发挥其主动性，为社会立法，为社会共同体建设一整套规范体系，然后硬性地规定每个人都要切实遵守，这种为一般小人预备的社会规范体系主要就是礼义或者礼法规范。汉代，在经学意识的笼罩之下，士人的宗经意识通过仕途、教育等方式得到全面的强化。在这当中，扬雄是表达宗经意识最直接、最明确的一个。他说：“舍舟航而济乎渎者，末矣；舍五经而济乎道者，末矣。”又说，“万物纷错则悬诸天，众言淆乱则折诸圣。”（《法言·吾子》）到了南朝刘勰作《文心雕龙》，更以尊圣、宗经、明道为主旨，此从其书首《原道》、《征圣》、《宗经》三篇，显而易见其主旨。刘勰指出：“道沿圣以垂文，圣因文以明道。”（《文心雕龙·原道》）概括了“道”、“圣”、“经”的基本关系。圣人所垂之“文”就是“经”，这不仅因为“五经含文”，且“圣贤书辞，总称文章”（《文心雕龙·情采》）。圣人之道，须借助经典而得传，道因圣人之传而更加彰明。可以说，圣人的权威就是经典的权威，经典的权威也就是圣人的权威。

随着宗经意识的不断增强，经典不断地被神圣化，凡是在经典著作中找不到根据的东西都是非经典的或反经典的，因而都是错误的，任何理论和实践是非，都可以在唯一的参照系中得到判明——这个参照系来自经典的语言词句。在汉代以降长期的封建社会中，经就是圣人之道的体现，超出经的道被视为“左道”，“左道”是邪道，“执左道以乱政，杀”（《礼记·王制》），以至于“离经叛道”就成为中国语言中一个无须深省的成语，一个不容置疑的必然命题。在封建社会士人头脑中，经就是他们思维的起始点与终点，是标准或准绳。梁启超在《清代学术概论》中指出：“自汉武帝表章六艺，罢黜百家以来，国人之对于六经，只许征引，只许解释，不许批评研究。韩愈所谓‘曾经圣人手，议论安敢到？’若对于经文一字一句稍涉疑议，便自觉陷于‘非圣无法’，蹙然不自安于其良心，非特畏法网、惮清议而已。凡事物之含有宗教性者，例不许作为学问上研究之问题。一作为问题，其神圣之地位固已摇动矣！”[①]在古人那里，离经不仅被视为站不住脚，而且在他们自己的心理上也会受到责备，感情上不能容忍。

在经学家的眼中，圣与王常是密不可分的，乃至有了被广泛接受的“圣王”的称谓。“圣王”一词最早见于《左传》桓公六年：“夫民，神之主也，是以圣王先成民而后致力于神。”在诸子著作中，《墨子》一书中“圣王”一词屡见，圣人与圣王几乎没有什么区别。同一个内容，有时用圣人，有时便用圣王。所谓圣王，从历史上看，也就是唐尧、虞舜、夏禹、商汤、周文王、周武王、周公等先王。一方面，统治者要对民众实行教化，使他们听从“圣人”的教导，必须寻求一种权威力量作为依托；另一方面，君主这个最高权威也非要圣人充当不可。正如荀子所言：“天下者，至重也，非至强莫之能任；至大也，非至辨莫之能分；至众也，非至明莫之能和。此三至者，非圣人莫之能尽，故非圣人莫之能王。”(《荀子・正论》)君主凭借一种强制性力量造成天下人驯服听命，但是要治理天下，有所作为，还必须具备其他的条件，其中最为重要的就是成为圣人，圣人与君主合一就成了“圣王”。

由于“圣王”把道德权威、规范权威、政治权威集于一身而变成了至高无上的统治者，因而具有道德权威与政治权威，成了毋庸置疑、绝对正确的社会主宰，具有至高无上的地位。对此《尚书・洪范》说得很清楚：“无偏无陂，遵王之义；无有作好，遵王之道；无有作恶，遵王之路。无偏无党，王道荡荡；无党无偏，王道平平；无反无侧，王道正直。”认识、权力本身是隶属于两个领域的范畴，但在这里能完整地结合起来了，由此出现的历史文化现象是——圣王就等于真理，也就等于正确的思维与思想，他可以对一切事务进行干预，没有任何一个个人甚至机构可以与他相抗的。在圣王的下面，广大的“小民”只能被动接受圣王的教化与统治，由圣王运用道德的、社会规范的乃至强制的手段来为他们化性起伪，也从而被置于一种不能独立自主、离不开他律的道德权威与政治权威，也永远不具有任何政治权利的境地。

综上所述，我们不难得出如下结论：在经学思维方式中，经、道、圣、王是密切相关的，其最后归结之点就在于维护王权、张大王权。在封建社会，政教合一确实更易于导致专制主义——任何与“合法”的经学相离、相悖的思想都不再必要，“国异政，家殊俗”(《毛诗大序》)的现象必须避免。

① 梁启超：《清代学术概论》，东方出版社 1996 年版，第 14 页。

二、"述而不作"与述中有作

中国古代学术文化，从普遍的著述方式上看，与西方有显著的差别，其中比较突出的一点是前者重视对前代经典的"述"，而后者更重视著作者本人的"作"。孔子说他自己"述而不作，信而好古"(《论语·述而》)，朱熹《论语集注》释曰："述，传旧而已；作，则创始也。故作非圣人不能，而述则贤者可及。……然当是时，作者略备，夫子盖集群圣之大成而折衷之。其事虽述，而功则倍于作矣。"又，《汉书·礼乐志》："知礼乐之情者能作，识礼乐之文者能述。作者之谓圣，述者之谓明。明圣者，述作之谓也。"颜师古注曰："作，谓有所兴造也；述，谓明辨其义而循行也。"据此，"作"与"述"的本质区别，则"作"为原创、独造，"述"为因循、承袭。在中国经典诠释传统中，后起的学者为了谋求自身思想观念的合法性，而采取以述为作的方式，以充分凸显其思想系统与前此相关思想系统的继承性。

对于中国古代学术中的述作问题，我们需要进一步分析，因为以述为作、述中有作的特点，在古人那里是相当普遍而突出的。孔子本人"述而不作"吗？非也。修《春秋》实际上就是"作《春秋》"。《春秋》本为鲁史，孔子因之以表达其政治伦理思想。孟子说："世衰道微，邪说暴行有作，臣弑其君者有之，子弑其父者有之。孔子惧，作《春秋》。《春秋》，天子之事也。是故孔子曰：'知我者，其惟《春秋》乎！罪我者，亦其惟《春秋》乎！'"(《孟子·滕文公下》)又说："晋之《乘》，楚之《梼杌》，鲁之《春秋》，一也。其事则齐桓、晋文，其文则史。孔子曰：'其义则丘窃取之矣。'"(《孟子·离娄下》)《史记·孔子世家》："……至于为《春秋》，笔则笔，削则削，子夏之徒不能赞一辞。"又《史记·太史公自序》记孔子论其作《春秋》之意云："我欲载之空言，不如见之于行事之深切著明也。"可见，孔子修《春秋》，本质上就是作《春秋》。孔子"述中有作"的做法，直接开启了经学阐释在注疏中表达作者思想的传统。

中国古代也有不少作者，模拟圣人作经的形式来进行著述。两汉之际的扬雄，好古而乐道，《汉书·扬雄传》说他"以为经莫大于《易》，故作《太玄》；传莫大于《论语》，故作《法言》。"扬雄曾谈到他著述的性质："或问：述而不作，《玄》何以作？曰：其事则述，其书则作。"(《法言·问神》)张衡说："吾观《太玄》，方知子云妙极道教，乃与五经相拟，非徒传记之属……所以作者之数，必显一世，常然之符也。汉四百岁，《玄》其兴矣！"(《后汉书·张衡传》)当时"诸儒或讥以为雄非圣人而作经，犹春秋吴楚之君僭号称王，盖诛绝之罪也。"(《汉书·扬雄传》)其后，隋代王通聚徒讲学，亦拟《论语》而作《中说》，《四库全书总目提要》谓："摹拟圣人之语言，自扬雄始，犹未敢冒其名。摹拟圣人之事迹，则自通始，乃并其名而僭之。后来聚徒讲学，酿为朋党，以至祸延宗社者，通实为之先驱。"实际上，扬雄等人的教训在某种意义上成了后人的"反面教材"，更使得后世绝大多数学者在述作问题上谨慎戒惧，不敢以作者自居。然而，不敢以作者自居，并不影响后代的学者效法孔子的榜样，寓作于述，在述中作，其学术形态是通过阐释经典传达自己的思想。

"述而不作"观念的被普遍接受，当与古人崇尚经典的心理有直接的关系。荀子把六经视为集圣人之道德与"天下之道"的经典，在《劝学》中说："《礼》之敬文也，《乐》之中和也，《诗》、《书》之博也，《春秋》之微也，在天地之间者毕矣。"有汉一代，类似的论述不绝于史。汉代以后，人们通常将圣人、圣王与经典的创制联系起来，似乎只有圣人才有"作"的权力，而常人只具备"述"的资格，如王充所谓"圣人作经，贤者传记，匡济薄俗，驱民使之归实诚也"(《论衡・对作》)。于是，"作"与"述"之间的关系也染上了浓郁的尊卑色彩："作"为圣，为尊，为贵，为上，是历代圣贤的文化专利；"述"为卑，为谦，为下，为贱，是后学晚辈、凡人应有的低姿态。以至于形成这样的习惯——对上一级的圣贤、权威，要称之为"作"，对自己要称"述"，这里体现的不仅仅是谦虚的态度，还是一种尊卑的序列、上下的等级关系。在此观念的影响下，常人只能述而不敢言"作"了，于是乎"述作意识"也影响到著作者对著述的定位及写作心理。著述者大都不敢"明目张胆"地僭圣作经，立言的准则都是以圣人之是非为是非。著述者即使真有与先圣前贤不尽相同的"己意"，为了取得其存在的合法性，也往往自觉不自觉地将之归结为与先圣前贤的明确论断或微言大义一致，从而事实上是给"作"披上了"述"的外衣。例如，司马迁有强烈的著述责任感，他立志续接祖上的荣耀，完成自孔子"获麟"以来的伟大修史工作，谓"先人有言：'自周公卒五百岁而有孔子。孔子卒后至于今五百岁，有能绍明世，正《易传》，继《春秋》，本《诗》、《书》、《礼》、《乐》之际。'意在斯乎！意在斯乎！小子何敢让焉。"他曾反复申明，自己著《史记》的目的就是"究天人之际，通古今之变，成一家之言"。同时，他又不敢称自己的著作为"作"，只称为"述"。司马迁修《史记》，上大夫壶遂将其比为孔子修《春秋》，司马迁答曰："余所谓述故事，整齐其世传，非所谓作也，而君比之于《春秋》，谬矣。"又说："……于是卒述陶唐以来，至于麟止，自黄帝始。""余述历黄帝以来至太初而讫，百三十篇。"(《史记・太史公自序》)

中国学术文化史上一直存在述而不作的传统，很多人都通过儒经注释来发挥他们的思想。一般地说，他们大都遵循的是一种尊重权威的传统，由此使人们普遍丧失了批判性思维，并剥夺自由认知的权利和"异端"存在的权利。总体上看，述而不作的遗风使中国出现了卷帙浩繁的讲章式著作，而表达新思想、新创见的著作却屈指可数。

三、"师法"、"家法"观念与章句之学

在古代，书本知识的传授方式以口授为主，这样，获得书本知识的关键在于师传。汉代经师所传经籍均为古籍，而非传经者自己的著作，要证明其所据经文的真实性和经说的权威性也必须以师承关系为基本依据，"师法"①的观念就是在这样的情况下产生的。经学在秦代又遭焚书禁学的浩劫，书缺简脱，学者离散，愈使经籍的本来面目难以辨明。汉武帝从诸子百家学说中选定儒学作为官方意识形态，本意在于统一思想。但其时儒家经学尚处于劫后余生、分枝萌发的阶段，各传经者不仅经说不同，连经文也常有较大的差异。这种形势下要"表章六经"，只能先树立足有影响的经师家学作为官方正宗，而师法家法正是维护这些正宗的博士官学统治地位的得力工具。汉武帝初立五经博士，选择的都是师承关系最严密、学术影响最大的学派和经师，即《易》杨、《尚书》欧阳、《礼》后、《春秋》公羊，再加上早已立为《诗》博士的齐、鲁、韩三家。这些博士均为当时各经的权威，有严格的师承关系，一般经师是无法与之相比的。无论是经文还是经说，都必须有师承依据。以宗师为源，以弟子的递代相传为流，便形成了汉代经学各派内部固有的传授体系。

在经学研究、传授过程中，一些有造诣的经师创立了自己的一家之说，并在一定程度上取得了当时或后代学术界的承认，便开成某一家之"家法"。如《易》有施、孟、梁丘、京氏，《书》有大、小夏侯，《礼》有大、小戴，《公羊春秋》有颜、严，加上早已成家的欧阳《尚书》和齐、鲁、韩三家《诗》，构成东汉所立的十四家博士学。这些学派各自都有专门的经籍内容和固定的说经方式及风格，例如施氏《易》较为平实，京氏《易》专说灾异，大夏侯《尚书》重在阐明大义，而小夏侯《尚书》则着力于广征博引、具文饰说，自成一家之法。《汉书·艺文志》记载"《易》经十二篇，施、孟、梁丘三家"；《书》经二十九卷，班固自注"大、小夏侯二家"；《春秋》经十一卷，班固自注"公羊、穀梁二家"，均明文称"家"。学有所师承，谓之有"师法"；而能自立新说而受到认可，成一家之说，谓之"家法"。师法家法虽有区别，毕竟都是以老师传下来的经文、经说作为学习的楷模，从宗师的角度来说，二者性质上是相同的。

① "师法"一词，源于《荀子·儒效》："有师法者，人之大宝也；无师法者，人之大殃也。""师法"，即师承效法之义。

师法家法的制约使经师的学术被视为弟子学术的渊源，弟子的学术被视为经师学术的延伸。扬雄说："呱呱之子，各识其亲；譊譊之学，各习其师"（《法言·问明》），京房说："使弟子不若试师"（《汉书·眭两夏侯京翼李传》），均反映了师生之间的这种学术依从关系。① 师生之间不仅有学术上的依从关系，而且有政治上的依存关系。博士职务按师法家法继承就是典型事例，如叔孙通、桓荣、贾逵等经师得志后，其弟子均受擢拔。鲁恭为司徒，"而门下耆生，或不蒙荐举，至有怨望者"（《后汉书·卓鲁魏刘列传》），也说明弟子门生靠师进身已成风气。从另一方面说，弟子的才学受到赏识，其师也常常得到重用。例如，王式的弟子唐长宾、褚少孙"应博士弟子选，诣博士，抠衣登堂，颂礼甚严。试诵说，有法，疑者丘盖不言。诸博士惊问：'何师？'对曰：'事式。'皆素闻其贤，共荐式"（《汉书·儒林传》）。何汤为虎贲中郎将，以《尚书》授太子。"世祖从容问汤本师为谁，汤对曰：'事沛国桓荣'。帝即召荣，令说《尚书》，甚善之。拜为议郎"（《后汉书·桓荣丁鸿列传》）。例如钟兴从丁恭受《严氏春秋》，丁恭为少府，荐钟兴学行高明，光武帝召见后很为欣赏，拜郎中。后欲封钟兴为关内侯，钟兴推辞说"臣师丁恭"（《后汉书·儒林传》），于是光武帝封丁恭爵。

师法家法有其产生的历史条件与作用，但是它的局限性又是显而易见的。在注重师法家法的风气之下，"说经者传先师之言，非从己出，不得相让"（《后汉书·卓鲁魏刘列传》）。继承和捍卫师说在当时被视为学者的神圣职责，其结果是使学者难以接受不同意见，也不允许他们对不同观点作出让步，从而造成了汉代经学严格的门户之分。学者各执师说，互不相让，甚至根本就不互相来往和通融，阻碍了学术的交流。更重要的是，先师的经说不可能尽善尽美，在传授的过程中还可能产生讹误和曲解，因此，要求弟子恪守师法家法的结果必然是束缚思想和才智，不利于经学的发展。早在师法兴起之初，司马谈就表示过"愍学者之不达其意而师悖"的忧虑。（《史记·太史公自序》）张守节《正义》谓："悖，惑也。各习师书，惑于所见也。"王充在《论衡》中列举大量事实，批评当时儒生好信师而是古，不知难问，甚至以讹传讹。他感叹说："凡学问之法，不为无才，难于距师，核道实义，证定是非也。"（《论衡·问孔》）

师法、家法是导致章句繁琐的重要原因。随着五经博士的设置，经学日

① 师法家法上的学生对老师的依从关系，颇类似于宗法系统的父子关系。实际上，荀子是最早将天、地、君、亲、师相提并论的人。他说："天地者，生之本也；先祖者，类之本也；君师者，治之本也。"（《荀子·礼论》）这种学生对君师的依附、顺从关系，在有汉一代表现得相当突出。

益成为利禄之途，一方面，博士、经师孜孜于章句撰述；另一方面，越来越多的经生以某一“博士弟子”的身份研习章句。在一代代承袭、申说师法家法的经生那里，经说滚雪球般越来越繁琐。《汉书·眭两夏侯京翼李传》载：“（夏侯）胜从父子建，字长卿，自师事胜及欧阳高，左右采获。又从五经诸儒问与《尚书》相出入者，牵引以次章句，具文饰说。胜非之曰：‘建所谓章句小儒，破碎大道。’建亦非胜为学疏略，难以应敌。”经师为使自己说经严密以资应敌，不得不辗转牵引，具文饰说，由此造成章句之学日趋繁琐臃肿，枝蔓旁衍，而经文本旨反日益湮没。

经学章句之学在长期的流传、发展过程中，固化为一种重要的著述方式与思维方式，对后世学术产生了很大的负面影响。唐代，唐太宗命颜师古统一文字而成《五经定本》，命孔颖达统一章句义疏而成《五经正义》之后，经典解释也“大一统”起来，人们再也不敢越雷池一步。马端临《文献通考·选举考三》曾有这样的记载，真宗景德二年（1005 年）“亲试举人，得进士李迪等二百四十余人……先是，迪与贾边皆有声场屋，及礼部奏名，而两人皆不与。考官取其文观之，迪赋落韵，边论‘当仁不让于师’，以‘师’为‘众’，与注疏异。特奏令就御试。参知政事王旦议：‘落韵者，失于不详审耳；舍注疏而立异，不可辄许，恐士子从今放荡，无所准的。’遂取迪而黜边。”贾边训“师”为“众”，不循章句之义，被视为标新立异，不予录用。宋代朱熹最重章句之学，他说：“某释经，每下一字，直是称等轻重，方敢写书。”（《朱子全书·论自著书》）他不仅将《大学》、《中庸》从《小戴礼记》中辑出，与《论语》、《孟子》合为“四书”刊行，而且著《大学章句》、《中庸章句》，对经义详加阐发。清初学者推崇汉代章句之学，认为要真正了解经书，必须确切弄通其文字，提倡句读、训诂、音韵等方面的研究。顾炎武、王夫之、黄宗羲均有经学章句式的著述。至乾嘉时期，章句之学更得到极大的发展，尤其是吴派，在寻求文本本义方面成就斐然。然而，统观学术史上的章句著述，除了少数著述如戴震《孟子字义疏证》之类外，绝大部分此类著述在义理上都受到极大的限制，囿于既定的“圣人之言”的思想框架，在具体章节字句解释上许能有所创获，而在思想层面上少有大的突破。当然这与章句之学本身的特性有很大的关系，因为过于脱离文本，便不符合章句之学的要求了。

四、经学思维方式与魏晋玄学、宋明理学

经学思维方式直接影响了魏晋玄学、宋代理学的学术形态乃至于其中的某些思想特质。

魏晋玄学是在汉代儒学衰落的基础上,为了弥补儒学不足而产生的。由董仲舒到《白虎通义》所神化了的儒家思想是汉代占统治地位的官方哲学,随着东汉末年阶级矛盾的激化而衰落下来,魏晋玄学具有简约精致的思辨形式,一方面它在政治上继承了汉儒尊崇孔子的思想,另一方面在哲学上抛弃了汉代的天人感应的神学目的论说教,而用改造了的老庄哲学对儒家名教作新的理论上的论证,从而调和了儒道两者的思想,弥补了汉代儒学的不足。余英时先生云:"儒学之简化既早已蔚成运动,与玄学之尚虚玄至少在发展之趋向上,并行不悖,则二者之间似不应为正与反之关系。……故就一部分意义言,玄学正是儒学简化之更进一步之发展,所谓'千里来龙,至此结穴'者是也。"[①]魏晋玄学与儒家经学有密切的内在联系,它直接继承了汉代经学的"解经"形式,在思想上既有发展又有联系,既有差异又表现有内在的相通之处:

魏晋玄学家大多数出身于经学世家,熟习儒家经籍,不少人通过注解包括儒家经典在内的著作以表达思想。何晏是东汉将军何进的孙子,《世说新语·文学》注引《魏氏春秋》说,何晏"少有异才,善谈《易》《老》"。其著作,诸史志著录的有十多种,但大部分已佚失,现存的有《论语集解》、《无为论》、《无名论》、《周易解》(辑本)等。汉魏以来注《论语》者有二十余家,其中著名的有孔安国、包咸、周氏、马融、郑玄、陈群、王肃等人。何晏采这八家之说,还参照了孙邕、郑冲、曹羲、荀凯等人的注,"集诸家之善,记其姓名,有不安者,颇为改易,名曰《论语集解》"(《论语注疏序》)。何晏通过注解《论语》表达玄理,在玄学家中颇具开创性与代表性。例如,他强调圣人要控制情感,要以情从理,"不为物累",在注释《论语》"不迁怒,不贰过"时说:"凡人任情,喜怒违理;颜回任道,怒不过分。迁者,移也。怒当其理,不移易也。"(《论语集解·雍也》)他认为,即使像颜回那样的贤人,也是有喜有怒的,只是"怒当其理"罢了。王弼的叔祖是著名的"建安七子"之一王粲,家中藏书丰富,王弼自幼读家传之书。王弼的著作,《隋书·经籍志》著录有《周易注》十卷、《周易略例》一卷、《论语释疑》三卷、《老子注》二卷、《王弼集》五卷。《论语释疑》一书已佚,部分散见于皇侃的《论语义疏》和邢昺的《论语正义》中。《论语释疑》对文字训诂不十分重视,而是偏重于对其中所蕴含的义理进行阐释,王弼实际上是通过释《论语》,来阐发其"以无为本"的思想的。《周易略例》则比较集中地反映了王弼的《易》学观点和解《易》方法论。其他如阮籍、嵇康皆出身于儒学世家。《世说新语·任诞》刘孝标注引《竹林七贤论》云:"诸阮前世皆儒学"。《三国

① 余英时:《汉晋之际士之新自觉与新思潮》,见《士与中国文化》,上海人民出版社2003年版,第321页。

志·魏志·嵇康传》注引嵇绍曰:“嵇康家世儒学。”阮籍的早期论著《通易论》与《乐论》基本上是儒家著作,主张用儒家的政治伦理思想来治理好社会。《通易论》发挥《易传》中的儒家学说,讲“先王‘作乐’,‘荐上帝’,昭明其道”,“立仁义以定性”,“建天下之位,定尊卑之制”。阮籍《乐论》直接宣扬正统儒家的礼乐思想,阐述了儒家的礼乐制度的作用:“刑教一体,礼乐外内也。刑弛则教不独行,礼废则乐无所立”,认为治理天下,礼与乐是相须而行,缺一不可的。据丁国钧《补晋书·艺文志》与《世说新语·雅量》载,嵇康曾著《春秋左氏传音》和《周易不尽意论》;《隋书·经籍志》还著录《论语体略》二卷、《论语隐》一卷。

从思想认识上看,魏晋玄学家的名教与自然之论,最终也没有从根本上否定礼教为特征的专制制度及其意识形态,这与儒家经学的基本观念并无本质上的区别。何晏说:“女知父子相养不可废,反可废君臣之义耶?”(《论语集解·微子》)王弼亦说:“正位者,明尊卑之序也”,“贤愚有别,尊卑有定,然后乃亨。”(《周易注·鼎卦》)王弼的“名教”出于“自然”说,肯定了三纲五常之“名教”的内容,不过是否定了“以名为教”的外在形式。向秀、郭象认为,社会的等级差别是由于人的内在的性分有所不同造成的,但尽管人之所禀有异,只要任人之“真性”,仍能使每个人都实现仁义。在他们看来,真正的仁义是“自足”、“自得”的,所以不要“矜名好高”、“畏敬慕善”,“若夫揭仁义以趋道德之乡,其犹击鼓而求者,无由得也。”(《庄子注·天运》)因为人性的差等表现为贤愚贵贱的不同,所以,“自足”、“自得”的内容就是当臣的安于臣,当妾的安于妾,在下位者安于下位,各守其本分。可见,玄学家们并不反对儒家伦理的本质内容及其所维护的宗法等级制度,甚至有助于等级制度的巩固。从这个意义上讲,魏晋玄学与汉代经学在思想上是一脉相承的。

宋明理学的出现与发展,与经学自身的发展逻辑有内在的关系。传统经学是儒学的重要形态,它以章句注疏的形式解释儒家经典。自汉迄唐,学者治经,守章句训诂之学不移,各学派都固守师说,只在前人划定的规矩中思考,不敢越雷池一步。中唐以后啖助等人治《春秋》,开始怀疑并摆脱三传旧说的拘束,专凭己意推断《春秋》的“微言大义”。如果说,由啖助等人开创的疑传思潮,在唐中叶后还只是涓涓细流的话,那么,到了北宋庆历年间,则逐渐汇为巨流,并由疑传发展到疑经,并逐步形成了一种新的治经方法,即自由解经的方法。所谓自由解经,就是摆脱章句训诂的束缚,其目的在于通过解经阐发义理。在儒家经典中,理学家阐释最多的为《周易》、《春秋》、三礼、《论语》、《孟子》等。《易》中的“太极”这一概念及生化图式,也正好为理学家们的“天人合一”观念提供了很好的阐发形式与框架。朱熹讲《春秋》,则于义理上发挥，对《左传》大加贬斥，与今文经学家观念甚多相通处。朱熹常用理学的"天理"论来对待《春秋》三传，主张学史主要在于"正心诚意"、"格物致知"，以达"性""理"之本意。李觏、王安石等不少经学家都重视《周礼》，希望用《周礼》中所说的宗法制、井田制等来改革社会，富国强兵。宋明时"心学"的确立也同样是以儒家典籍为依据以增加其权威性的，陆九渊出身于世代尊儒的书香门第，从小便熟读五经、《论》、《孟》，及长，亦常与人谈经论道，多次在太学讲解经书。王守仁在龙场悟道之后，首先想到的是以儒家典籍验证自己思想的正确性，他说："……其后谪官龙场，居夷处困，动心忍性之余，恍若有悟。体验探求，再更寒暑，证诸六经、四子，[①]沛然若决江河而放诸海也，然后叹圣人之道坦如大路。"(《阳明全书》卷七)

宋明理学家们的经学思维方式对理学发展的负面作用也是不容忽视的。首先，经注体不是适应理学思想的需要产生的，而是事先存在的；理学必须使自身适合于这种固定形式，而不能像其他哲学那样随意选择多种多样的语言形式。经书的章句顺序，并非按理学思想体系的需要编排，一部经书亦非句句可用以发挥思想，不少章句仅言人言事，与理论无涉，但理学家却不能避而不谈。其次，理学绝大部分范畴来源于经书，其内涵是在经学语境中很大程度上被规定了的，留下足以拓展的余地不多。换言之，原有经义的束缚，造成理学范畴多义性和不确定性。还有，尽管理学家可以借经典的概念、范畴和命题立论，顺着经书原有学说的思路作延伸性思维，但总是有一个限度，即不能过分背离经义。如果超过了这个限度，就会为经学模式本身所不容。上述情形使他们容易养成对传统经籍很强的依赖心理，只知道顺从通过注经解义而发挥自己思想的思维方式，使思想理论内部自我调节及发展的能力减弱。

五、"六经注我"的解经方法论

"六经注我"的解经方法论作为一种自觉的思想和一个明确的命题应出于陆九渊，《象山语录上》云："学苟知本，六经皆我注脚。"此"六经皆我注脚"即"六经注我"的原始表述，它所体现的是陆九渊重视"发明本心"而忽略文字符号的学术倾向。但实际上在解经的实践过程中，这一方法早已被长期运用。例如，孔子解《诗》就带有某种"六经注我"的特点，以经来说明自己的思想认识。以现在的理论视野来看，"六经注我"具有重要的解释学意义，它不是要求人们忠实于解释客体，而是强调了解释主体的中心地位，

① 四子："四子书"的简称，一般称为"四书"。

展示了与人的类本质息息相关的解释主体对解释客体的主动性和再创造性。

汉代董仲舒提出的解释经典的理论是"《诗》无达诂":"所闻《诗》无达诂,《易》无达占,《春秋》无达辞。从变从义,而一以奉天。"(《春秋繁露·精华》)董仲舒以经典为介质加以阐释发挥,依此来建构政治理论。宋人的解经方法,大体上与董仲舒相同,也是借注经表达自己的思想认识,形成自己的思想体系,正如皮锡瑞指出的:"宋人不信注疏,驯至疑经;疑经不已,遂改经、删经、移易经文以就己说,此不可为训者也";"宋以后,非独科举文字蹈空而已。说经之书,亦多空衍义理,横发议论,与汉唐注疏全异。"[①]应当说,皮锡瑞指出了整个宋代的学术风气以及宋儒经典注释的特点,所作的概括是恰当的。陆九渊注重在阅读古注理解文义后直接以自家心体会,抓住文义背后更根本的东西,因而在对经典解释的过程中,往往有独到之处。如对《诗经·国风·关雎》,孔子评价说:"《关雎》乐而不淫,哀而不伤。"(《论语·八佾》)后世经学家们据此发挥,连篇累牍。陆九渊将此诗概括得非常简洁:"三百篇之诗,《周南》为首。《周南》之诗,《关雎》为首。《关雎》之诗,好善而已。兴于诗,人之为学,贵于有所兴起。"(《陆九渊集》卷三十四《语录上》)陆九渊"六经注我"的经典解释,凸显了诠释者的主体性。陆九渊反对因循前人见解,因为学问的目的是明了天理,天理又是与人心一体的,所以只有自己领悟才是真的得到天理,他说:"为学不必追寻旧见,此心此理昭然宇宙之间,诚能得其端绪,所谓一日克己复礼,天下归仁焉,又非畴昔意见所可比拟。此真吾所固有,非由外铄,正不必以旧见为固有也。"(《陆九渊集》卷十三)尽管陆氏的这种经典解释观念,也很容易导致空疏之弊及脱离经典"自说自话",但是它在理论创新上的功绩应当得到尊重。

"六经注我"作为解释方法,无疑具有存在的客观现实性,因为经学的权威性能够被很方便地加以利用,借古人之口传达自己的思想就是目的。再说,百分之百地忠实"文本"既是不可能的,从学以致用的角度说未必是完全必要的——事实上,解释本身也是一种再创造。然而,我们也应该看到,"六经注我"作为解释方法,是中国古代思想家进行理论创造的一种不得已的策略手段,包含深刻的奴性内蕴、懦弱心理,解释过程的随意性也会使学术本身缺乏可信度。它对理论创新幅度的限制是显而易见的,类似古代妇女缠足式的行走,虽然也能前行,但跨度极小。

① 皮锡瑞:《经学历史》,周予同注释,中华书局1959年版,第274页。

六、经学思维方式与古代科学

经学思维方式对中国古代科学的发展有着重要的影响，是我们在回答“中国为什么没有发展出近代科学”这一问题时须认真思考的。

古代经典、经学中有一些与科学相关的内容。孔子编修的《春秋》载有我国最早的关于彗星的可靠记录：“鲁文公十八年秋七月，有星孛入于北斗。”这也是世界上最早的一次哈雷彗星记录。同时《春秋》书中记有春夏秋冬的四季概念。这些说明孔子的“知天命”确有研究天文知识的科学成分。孟子对于天文也是有研究的，他说：“天之高也，星辰之远也，苟求其故，千岁之日至，可坐而致也。”（《孟子・离娄下》）董仲舒从“观天道”出发，认为依据天命而来的王朝替代表现为黑统、白统、赤统的“三统”循环。董仲舒的这种说法，不仅包含着宇宙天体和人类社会是个有机整体的合理因素，更重要的是把“观天道”和历法连在一起，促进了历法研究。两汉之际，刘歆把“三统”说引进历法，制定了《三统历》，“为后世历法树立了范例”①。

宋代经学中的怀疑风气，对于科学的发展有着积极的影响。例如，沈括在科学上的怀疑精神，就是与宋代经学中普遍的怀疑精神分不开的，对前人的看法，他不盲目地信从，而是用亲身的观察、实验予以验证；对于错误的看法则提出质疑与批评。竺可桢谓：“（沈）括对古人之说，虽加以相当之尊重，但并不视为金科玉律。其论历法一条，抛弃一切前人之说，主张以节气定月，完全为阳历，而较现时世界重行之阳历，尤为正确合理。其言曰：‘事固有古人所未至而俟后世者，如岁差之类，方出于近世，此固无古今之嫌也。……予先验天百刻有余、有不足，人已疑其说。又谓十二次斗建，当随岁差迁徙，人愈骇之。今此历论，尤当取怪怨攻骂，然异时必有用予之说者。’括去今已八百余年，冬夏时刻有余有不足，斗建之随岁差迁徙，与夫阳历之优于阴历，虽早已成定论，而在括当时能独违众议，毅然倡立新说，置怪怨攻骂于不顾，其笃信真理之精神，虽较之于伽利略，亦不多让也。”②

乾嘉汉学重视考据，无疑推动了学者们对于相关自然科学知识的探究。戴震在天文学和数学方面著有《原象》一卷、《迎日推策记》三卷、《策算》一卷、《勾股割圆记》三卷、《历问》一卷、《续天文略》（又名《古历考》）二卷、校勘《周

① 杜石然等：《中国科学技术史稿》上册，科学出版社1982年版，第174页。

② 竺可桢：《北宋沈括对于地学之贡献与纪述》，见杭州大学宋史研究室编《沈括研究》，浙江人民出版社1985年版，第2页。

髀算经》二卷、纂校《九章算术》九卷等等；由数学而及工程技术著有《考工记图》三卷；在地理学方面著有《水地记》一卷，校订《水经注》四十卷，撰《直隶河渠书》一百十一卷；在生物学方面则对《诗经》中提到的各种植物和动物做了详细考释。由此可知他对自然科学有着极其广泛而又精深的研究。惠士奇早年读《天文志》、《律历志》，弄不明白。后来学习西方天文学及数学，不仅懂得了许多天文知识，而且弄清了许多历史情况，并著有《交食举隅》二卷。沈彤不同意欧阳修怀疑周代官多田少、俸禄不足，于是详细考察了周代的田制，并有精密的计算。钱大昕既通中国数学，又通西方数学，连当时兼管钦天监的礼部尚书也自叹不如。

需要指出的是，清代汉学家们研究科学的最终目的，还是为了治经。就是说，经书中论道的任何方面，诸如天文、地理、科技、动物、植物等等，都必须研究，然而目的却是为了通经明道，并非要做分学科的研究。有个别学者是专门家，仅专精如语言文字学、数学等某种学问，他们也自认为是在研究经，如清代著名文字学家段玉裁认为自己的学问仅是读经的入门功夫罢了，为此晚年很后悔。近代数学家李善兰也认为数学是属于经学的："鲁《论》记孔子之言曰：'参乎，吾道一以贯之。'此圣人传道之要旨，自曾子、子贡而外莫得闻焉。顾圣学始于志道，终于游艺，故不独道有一贯，艺亦有焉。"[①]造成这种情况的主要原因，应当是古代以经取士的选官制度，它使士子们将经书视作进身之本，各种知识都从属于经，也都围绕着经学而展开。

中国古代不少科技著作往往以"经"命之，如医药学的《黄帝内经》、《难经》、《本草经》，数学的《算经十书》，还有天文经、星经、茶经、水经等等，在编写方式上也往往模拟儒家经学的注解方式。一方面，传统科技著作类似儒学注经式的编写体例，以通变的传统，把批判、继承和创新等环节贯通一气。很多注经式的科技著作，对前人获得的成就，在进行分析批判和综合解释后予以保存，而同时又推陈出新，把新的实践经验和理论成就增添进去。这样不断地踵事增华，积累了知识，推进了科技的发展。然而，这种"拟经化"也制约了科学上创新与突破。例如，《内经》一书在中医学中的地位与四书、五经在经学中的地位相似。对《内经》理论进行专题发挥者，在两汉时有张仲景和华佗，晋时有皇甫谧，其后各代的医学家对《内经》一书则多以校订注疏、分类整理为主，如齐梁间的全元起，隋代的杨上善，唐朝的王冰，北宋的林亿，明清时期的马莳、张景岳、张志聪、李中梓、汪昂等，这恰与经学学者对待儒家经典"述而不作"的情形相似。

① 闵尔昌：《碑传集补·李善兰传》。

科学得以发展的一个重要条件是，它必须受到现存政治社会体制的尊重和鼓励，亦即现存的政治社会体制必须能够把大量的聪明才智吸引到科学事业上面来。文艺复兴以来西欧各种学会和学院的建立和发展蔚然成风，极大地促进了近代科学事业的发展。一般来讲，中国经学传统所趋向的，往往并不是一座求知之门，而是一座入德之门。知识本身的价值主要在于能够为封建政治服务——早在汉代独尊儒术之后不久，班固就曾感叹儒家经学已经成为一条禄利之途；隋唐科举制进一步满足了等级专制制度要使"天下英雄入吾彀中"的特权利益；后来的八股文只要求按照官方的标准模式，代圣贤立言。在漫长的封建历史上，中国的整个精神文化形态主要是受经学规范和制约，由于这样一种学术文化体系非常适应于巩固和稳定封建社会结构的需要，因而一直难于被思想和历史的发展所冲破。在历史上，不少读书人借助于通经术则可得到功名利禄，而离经叛道、思想稍微有乖于圣学经义者则会遭受轻则及身、重则灭族的严惩。如此一来，经生们大多自觉不自觉地选择从事一种在本质上无益于认识自然、改造自然的经学。吴敬梓在《儒林外史》十三回中借马纯上之口说，就是孔夫子在而今也要念文章、做举业，要不然的话，"哪个给你官做?"这句绝妙的诘问，真是一语道破了封建王朝对于学术的实用态度，即只重视有利于巩固统治的伦理道德及与之相关的注疏阐释，其他都是无关紧要的。

结　语

评价经学思维方式对中国古代学术品格及其方法论的影响，应当说是一个比较复杂的问题。经学思维方式在中国古代学术文化发展史上的作用，既有其积极的一面，又有其消极的一面。

经学思维方式中包含着崇古与创新的统一。如何理解和对待传统，是世界上任何一个国家或民族所面临的重要文化课题之一，因为任何一个国家或民族的生存与发展都难以割断历史、割断现实与传统的关系。重视传统、尊重传统是一种世界范围内的普遍性的文化现象，任何一个国家或民族都会不同程度地表现出对古代文化的某种眷恋。但是，从总体上看，中西思想家对于传统和历史，在本质上似乎显露为全然不同的态度和采取了不同的解决方式，从而在思维方式上表现出某种差异。晚清著名学者严复在对中西思维方式加以对比后说："中之人好古而忽今，西之人力今以胜古。"[①]严复在这里所

① 严复：《论世变之亟》，见《严复诗文选》，人民出版社 1959 年版，第 1 页。

说的“古”与“今”的关系，实际上就含有传统与创新的关系。西方人把传统仅仅当做是创新的历史借鉴和参考，或者说当做新思想、新文化发展和建设的新起点，而不是把古人之说和传统之见视作不可超越的金科玉律与不可违背的绝对权威。

经学思维方式使中国学术文化具有实用性、附会性。在近代大学者梁启超看来，“夫进化之与竞争相缘者也，竞争绝则进化亦将与之俱绝。中国政治之所以不进化，曰惟共主一统故；中国学术所以不进化，曰惟宗师一统故。而其运皆起于秦汉之交。秦汉之交实中国数千年一大关键也。……故儒学统一者，非中国学界之幸，而实中国学界之大不幸也”[①]。汉代以来的学术，不管是汉学、宋学还是新汉学都不出“我注六经，六经注我”的思维习惯，这种思维方法表现为一种经我互注的双向取证。“我注六经”的实质，主要是要给经典赋予现时代的意义，为了在“经”与“我”之间取得互证，中国的经学家往往把本来是自己的东西硬要扯到孔子的头上，把本来是吸收他家而来的新思想、新文化硬说成是六经、《论语》、《孟子》的内容，目的在于借助于孔子和经典树立新的权威。正因为这种经我互注的思想方法具有实用性、附会性，中国经学著作也就主要表现为一种经典、圣人与著者之间的经验印证，而缺少一种概念、公理的逻辑证明。

经学思维方式主要是采取一种“离经叛道”、“非圣无法”的禁忌的方式或否定性的规范机制来实施对人的意识和行为的控制，以便维护圣人与经典的神圣和权威性。这必然导致对人的自主行动能力和自由认知权利的压制、剥夺和戕害，从而造成道德的虚伪、思想的矫饰、主体人格的萎缩、创新思维的贫乏和批判反思能力及社会批判的多元价值支点的丧失。梁启超也指责传统经学思维方式对人的心思才能的束缚说：“中国于教学之界则守一先生之言，不敢稍有异想；于政治之界则服一王之制，不敢稍有异言，此实为滋愚滋弱之最大病源。此病不去，百药无效。”[②]经学思维方式在一定历史条件下，确实容易造成人们思维的僵化，这是我们认识经学与古代学术文化时需要充分注意到的。

① 梁启超撰，夏晓虹导读：《论中国学术思想变迁之大势》，上海古籍出版社 2001 年版，第 51—52 页。

② 丁文江、赵丰田编：《梁启超年谱长编》第二册，上海人民出版社 1983 年版，第 237 页。

“五伦”与“六方”：《论语》与《阿含经》的伦理思想比较

◇李　琳
（山东大学儒学高等研究院）

【摘　　要】基于两种不同的文化背景与理论出发点，孔子提出了初步的“五伦”思想，佛陀则提出了“六方”伦理，它们都是二者对伦理关系的认知与把握。本文研究目的，就是探讨佛教经典《阿含经》与儒家经典《论语》中内蕴的孔子与佛陀之伦理观，进而比较二者伦理观的异同。

【关 键 词】《论语》；《阿含经》；五伦；六方

孔子与佛陀在当时都处于一个社会大变革期。为了维护日渐崩溃的礼乐文化，建构正常的社会秩序，孔子初步提出了人际关系的五个向度——“五伦”。而佛陀为了解构婆罗门教的等级制度，稳定和谐社会关系，也提出了人际关系的六个向度——“六方”。它们尽管基于两种不同的文化背景与理论出发点，但都是孔子与佛陀对人际间伦理关系准则的认知与把握。本文研究目的，就是通过对《论语》与《阿含经》的解读，比较孔子与佛陀之伦理观的异同，突显其各自的特质。

一、《论语》的五个伦理向度

儒家对于“伦”的定义：一是指称“类别”，二是指称“关系”。也就是对人的类别以及人据此类别而产生的关系所作出的规定，是关于静态与动态、结构与功能、生物性与社会性的多元化表达。尽管孔子对诸多伦理关系的论述大都散落于《论语》的各个篇章之中，但经过我们仔细归纳与梳理，还是能够窥见孔子阐述人际关系五种向度的端倪：即父子、兄弟、夫妇、君臣、朋友。

1. 父子关系

我们知道，西周时期的孝道观为了维护宗法等级制度，协调大小宗族之间的关系，主要具有三个特征：一是孝的对象为已故的祖先，而不是健在之人；二是行孝具有明显的等级特征，如天子、诸侯、大夫、士等各自孝顺的对象都有严格区分，并伴随对应的礼制仪式；三是表现为宗教祭祀的方式。[①] 而到了春秋时期，随着宗法制与分封制的不断瓦解，小农个体家庭的不断崛起，西周时期的传统孝道观遭受了巨大颠覆。而孔子则在损益西周孝道观的基础上，首次将家庭中子女对父母的情感突显出来，并将“孝”提升到一种文化的高度来加以考察，使之成为具有普遍伦理意义的个人道德修养，从而为“孝”增加了新的内涵与理解方式。纵观整部《论语》，孔子主要从言语行为上的“无违”(《论语·为政》)、日常生活上的关怀“有酒食，先生馔”(《论语·为政》)、父母离世后的言行惯性“父在，观其志，父没，观其行；三年无改于父之道，可谓孝矣”(《论语·学而》)这三个层面来阐明子女应如何行孝的。与传统的孝道观相较而言，孔子将孝的对象由对远祖的“孝死”转向对在世父母的“孝生”，将孝的性质由“宗族道德”转变为“个人道德”，这不能不说是一个巨大创新。

2. 兄弟关系

这也是从血缘关系出发来谈的。兄弟、姐妹关系是个体除了父子、母女关系以外最近的关系。由于来自同一个父母，由于从小在一起共同生活，这种联系必然是紧密的，也不可避免地会产生许多矛盾。为了解决这些矛盾，孔子提出了“悌”的概念。《论语·学而》篇中，孔子就教导学生：“入则孝，出则悌，谨而信，泛爱众，而亲仁，行有余力，则以学文。”我们知道，作为相互关系的产物，当弟弟敬爱自己的兄长时，作兄长的也当以爱护来回赠弟弟。如此，一种和谐亲密的兄弟姐妹关系便会建立起来。正是基于这种关系而形成的血亲之爱，才让孔子将“孝悌”作为一个社会个体形成各种人际关系的根本与出发点，也同时成为种族延续和宗法制度发展的前提与基础。故而孔子说：“君子务本，本立而道生，孝悌也者，其为人之本与？”(《论语·学而》)

3. 夫妻关系

应该说，夫妻关系是这五种关系中最基本的关系，也是人伦关系的开始。有了夫妻，才有子女，才有父子、兄弟、君臣等关系的产生，正如宇宙世界中阴阳的结合才生出万物的繁杂一样。《论语》中较少涉及夫妇之间的关系问题，只有子夏曰：“贤贤易色，事父母能竭其力，事君能致其身，与朋友交，言而有信，虽曰未学，吾必谓之学矣。”(《论语·学而》)“贤贤易色”，一般的解释是，一个人选择配偶，重视她贤慧和品德，不重视她的外表。尽管孔子所说的“唯女子与小人为难养也”成为千百年来人们所指摘的对象，但是联系孔子在《中

① 巴新生：《西周伦理形态研究》，天津古籍出版社1997年版，第46页。

庸》里的说法，可以发现这样的解读是不准确的。“《诗》曰：‘妻子好合，如鼓琴瑟，兄弟既翕，和乐且耽，宜尔室家，乐尔妻孥。’子曰：‘父母其顺矣乎？’”在这里，我们体察到的是孔子对家庭和谐图景的期盼，对夫妻关系和睦的赞许，而非对女人或是妻子的贬低。至于孔子为何不太关注夫妇关系的问题，则可能因为父权与多妻制发展以后，使夫妻关系变得复杂而难言了。①

4. 君臣关系

中国古代社会特质为“家国一体”，如果将以血缘关系为基点的“孝”层层外推，就成为臣子对君王的关系映像。孔子对于君臣两方的道德责任与约定义务都有所涉及。他认为臣对君要“忠”，“能致其身”。如《论语·为政》中提到，“定公问孔子：‘君使臣，臣事君，如何？’孔子对曰：‘君使臣以礼，臣事君以忠。’”而君对臣要“礼”。子曰：“上好礼，则民莫敢不敬；上好义，则民莫敢不服；上好信，则民莫敢不用情。”（《论语·子路》）对于孔子而言，他的政治理想是试图恢复礼乐文化与社会秩序，因此“君君臣臣”之间的定位就显得十分重要。当然，臣对君的尊重，是对礼治秩序的尊重，这两种角色是因为“义”，即对礼治秩序的认同而结合在一起的，并通过对各自角色完美演绎来保证政治秩序的顺畅。但臣子对君主却并非只能一味服从，“如不善而莫之违也，不几乎一言而丧邦乎”（《论语·子路》）；“不仕无义，长幼之节不可废也！君臣之义如之何其废之？欲法其身而乱大伦。君子其仕也，行其义也，道之不行，已知之矣”（《论语·微子》）；“邦有道，则仕；邦无道，则可卷而怀之”（《论语·卫灵公》）；“用之则行，舍之则藏”（《论语·述而》）……

5. 朋友关系

《论语·学而》开篇，就交代了孔子对朋友关系的重视，“有朋自远方来，不亦乐乎？”但朋友关系既不像亲属血缘关系那样先天注定，也非同君臣关系那样由共同秩序所决定，而是一种松散的、动态的、不稳定的社会关系，因而需要“信”作为朋友之间规避风险、约束双方的稳固剂。较之五伦中其他关系而言，朋友间的关系具有更大的平等性、交互性和对称性。《论语》中处处都是对“信”的阐扬与肯定，认为“与朋友交，言而有信”（《论语·学而》）；认为君子需要不断地反思自己，“与朋友交而不信乎？”（《论语·学而》）；使“信”逐渐成为个体在社会上获得认同的德性标准，成为人际交往的道德底线，如“宽则得众，信则人任焉”（《论语·阳货》），“上好信，则民莫敢不用情”（《论语·子路》），“君子信而后劳其民”（《论语·子张》），“君子义以为质，礼以行之，孙以出之，信以成之。君子哉！”（《论语·卫灵公》）等等。

① 潘光旦：《儒家的社会思想》，北京大学出版社2010年版，第275页。

二、《阿含经》中的"六方"关系阐述

佛陀对人际伦理关系的论述，主要集中在《长阿含经·善生经》。[①] "善生"一词，可以作为一种伦理概念理解。"佛告善生：若长者、长者子知四结业，不于四处而作恶行，又复能知六损财业，是谓善生"。此经中包含着对在家人的伦理规范与指导原则，可以归纳为"六方"[②]。

该经说，佛陀在罗阅祇耆阇崛山中，看到一位名为"善生"的在家人，在清晨沐浴后，"向诸方礼，东、西、南、北、上、下诸方，皆悉周遍"。佛陀就问他，为何要如此郑重地礼拜各方？善生回答说，这是秉承父亲的遗命。佛陀告诉他，在"贤圣法"中，并不通过礼拜这六个方向以示尊敬，并告知其"六方"分别是："云何为六方？父母为东方，师长为南方，妻妇为西方，亲党为北方，僮仆为下方。沙门、婆罗门、诸高行者为上方。"并且佛陀指出，如果能够礼敬这六方，就能获得善报，往生天界善处。除此之外，关于"礼方六法"的思想，在《杂阿含经》第 93 经中也有所体现，该经记载长身婆罗门办祭祀大会，杀牲畜来布施供养外道。佛陀告诫婆罗门，说这样的做法是有罪的，不如供养父母、妻子、宗亲、仆使、婆罗门、沙门来施与安乐，这可看作是"六方"说的雏形。

由此可见，在佛陀这里，"六方"已经不再是纯粹的空间方位的指向，而是个体在社会中所面对的各种关系的象征性集合，是对父母、师长、妻妇、亲党、僮仆、婆罗门这六种社会人际关系的论说与处理。

1. 父母与子女的关系

佛陀认为，子对父的关系，应该包括奉养所需、恭敬顺从、益其心志、继承家业等原则。即"夫为人子，当以五事敬顺父母。云何为五？一者供奉能使

① 关于《善生经》的传译，有很多版本。汉译的版本主要为后秦佛陀耶舍口诵、竺佛念传译的《长阿含经·善生经》，此经在《大正藏·阿含部》中另有三种内容略有出入的译本：一是后汉安世高传译的《佛说尸迦罗越六方礼经》一卷，一是西晋支法度传译的《佛说善生子经》，一是东晋僧伽提婆传译的《中阿含经·善生经》。巴利文的版本，主要为《长部》的 Sivgalovada Suttanta，此经最近已有《汉译南传大藏经》的译本，《教授尸伽罗越经》。而英译版本主要为 T. W. Rhys Davids 和他夫人 C. A. F. Rhys Davids 共同翻译并于 1921 年出版的《善生经》。在大正藏中，《长阿含经·善生经》约有三千四百字，安世高译的《佛说尸迦罗越六方礼经》约两千字，支法度译的《佛说善生子经》约三千二百字，《中阿含经·善生经》约为四千七百字。

② 本文以现存的《长阿含经·善生经》为主，参照后汉安世高译的《佛说尸迦罗越六方礼经》，西晋支法度译的《佛说善生子经》，东晋瞿昙僧伽提婆译的《中阿含经·善生经》，后秦佛陀耶舍与竺佛念共译的《善生经》（以上五种译本都可见于《大正藏》第一卷），《汉译南传大藏经》之《长部·教授尸伽罗越经》，以及几种英译版本来阐述《善生经》的"六方"思想。

无乏，二者凡有所为先白父母，三者父母所为恭顺不逆，四者父母正令不敢违背，五者不断父母所为正业。善生，夫为人子，当以此五事敬顺父母”。在巴利经典《教授师迦罗越经》中，则还有一条“对诸祖灵，应时呈奉供物”，这与儒家的“慎终追远”相近，应是佛教进入中土后，受到儒家思想的影响后而添加的内容。

同时，佛陀指出，父母对子女也要有相应的义务和责任，主要包括教导成人、爱护供养、为子谋婚娶。即“父母复以五事敬亲其子。云何为五？一者制子不听为恶，二者指授示其善处，三者慈爱入骨彻髓，四者为子求善婚娶，五者随时供给所须。善生，子于父母敬顺恭奉，则彼方安隐，无有忧畏”。这里佛陀使用了“敬亲其子”来表述父母对子女的关系，而安译“视子”，支译“爱哀其子”，晋译“善念其子”，英译“show their love for him”。

由此可见，佛陀并不单单强调子女对父母的一味顺从，也不仅仅关注不可逆的单向关系，而是注重父子间相互渗透的、平等关系的建构。父母和孩子各有其不同和相应的权利与义务，需各自按照其义务和责任来互相参照，以最终实现家庭内部的和谐关系。

2. 弟子与师长的关系

佛陀将师生关系放在第二位论述，可见他对教育的重视。佛陀认为，弟子对待师长应做到：“一者给侍所须，二者礼敬供养，三者尊重戴仰，四者师有教敕，敬顺无违，五者从师闻法，善持不忘。”纵观这五条，其中既有物质或生活方面的供给侍奉，但更主要的，是对师长态度上的尊重。而师长对待弟子应做到：“一者顺法调御，二者诲其未闻，三者随其所问，令善解义，四者示其善友，五者尽以所知，诲授不吝。”也就是说，老师既要传道、授业、解惑，还要顺应每个学生的天赋和资质来进行教育引导，使其获得人格与学识上的进一步提升。在《论语》中，有很多关于师生相处情境的描述，却没有在儒家中自成一伦，其原因是在儒家师生的关系背景中，内蕴并关涉着父子、兄弟、朋友等多重关系的集汇，是多重角色的聚合。孔子师生之间在严肃时如君臣，如父子；在松适时如朋友，如兄弟，因而没有单列出来。

3. 夫妻之间的关系

佛陀认为，妻子是西方，丈夫应该礼敬妻子，使其安稳无忧：“夫之敬妻亦有五事，云何为五？一者相待以礼，二者威严不媟，三者衣食随时，四者庄严以时，五者委付家内。善生，夫以此五事敬待于妻。妻复以五事恭敬于夫，云何为五？一者先起，二者后坐，三者和言，四者敬顺，五者先意承旨。善生，是为夫之于敬待，如是则彼方安隐，无有忧畏。”从中我们可以看出，在印度社会中，男人在家庭中的地位与中国古代社会一样，都是起主导性的，都有着“委付家内”的砥柱作用。而女人则是“敬顺”的，受支配性的。该经又说，妻子对待丈夫则应“以五事恭敬于夫。云何为五？一者先起，二者后坐，三者和言，四者敬顺，五者先意承旨。”认为妻子应该在态度上、言辞上、行为上、感情上做到忠敬于丈夫。

通过几个译本的比较，我们发现，在支译中，列举了妻子对丈夫所应尽的义务达 14 项之多，晋译本中也列举了 13 项，而在北传的《长阿含经·善生经》以及安译、南传译本中，只有五项相夫之礼的规定。由此可以推断，支译、晋译多出的义务是为后来汉译译者所添加的，是佛教传入中国后顺应传统思想、特别是以男性为主导的文化语境的结果。

4. 亲族之间的关系

佛陀认为：“夫为人者，当以五事亲敬亲族。云何为五？一者给施，二者善言，三者利益，四者同利，五者不欺。……如是敬视亲族，则彼方安隐，无有忧畏。”这里的亲族，既包括亲戚，也包括朋友，安译本就将“亲族”翻译为“亲属朋友”，支译本翻译为“朋类”，晋译本翻译为“亲友臣”，南传译本为“朋友”，英译本为“his friends and familiars”。其实，这“五事”的前四种与佛教中所说的“四摄事”是完全相同的，即布施、爱语、利行、同利。至于亲族对我，也须遵守五项规定：“一者护放逸，二者护放逸失财，三者护恐怖，四者屏相教诫，五者常相称叹。”

5. 主人与仆人间的关系

该经指出，仆人处于下方，主人应该对仆人行礼敬，使其安稳无忧：“一者随能使役”，就是按僮仆的能力来差遣、使用他；二者“饮食随时”；三者“赐劳随时”；四者“病与医药”；五者“纵其休假”，体现了主人对僮仆的关心和爱护，反映了佛家所提倡的“众生平等”的精神和人道主义关怀。当然，僮仆对主人也该尽心尽责，以五事来奉事其主人，比如要“早起”、“为事周密”、“不与不取”、“作务以次”、“称扬主名”，更好地为主人服务。在这项主仆关系中，支译、晋译所列的仆人项目多达 9—10 项，可能也是后来受到中国尊卑秩序观念的影响而添加的。

6. 施主与僧人的关系

僧人主要是指沙门、婆罗门，施主是指在家人。僧人处于上方，施主应对其行礼敬。“一者身行慈，二者口行慈，三者意行慈，四者以时施，五者不制止。”而僧人对施主则要：“防护不令为恶”、“指授善处”、“教怀善心”、“使未闻者闻”、“已闻能使善解”、“开示天路”。

三、"五伦"与"六方"的异同

尽管佛教在传入中国后，十分热衷于以佛教伦理来比附儒家伦理，宣扬其二者的共性，以实现在中国的存续性发展，诸如"五戒"与"五常"、"佛道"与"仁道"、"五戒"与"五行"等等。然而当我们仔细考量儒家与佛家的思想源头经典，即《论语》与《阿含经》中的伦理观念之时，却能更多地发现二者之间的差异之处。通过此种本源性的回溯，一方面可以比较考察在中国与印度两个不同社会背景下的伦理特质，一方面也可以探究中国佛教较印度原始佛教在伦理观方面做出的调适与修改。除此之外，也可以摈弃以往认为佛教忽视家庭与社会伦理的偏见。纵观孔子与佛陀对伦理关系的论述，可以用一个图表来直观地显示出二者的相同与差异。

六方		五伦
东方之父母：敬事/敬顺	子女	父子关系：孝
南方之师长：敬视/敬奉	弟子	兄弟关系：悌
西方之妻妇：恭敬/敬待	丈夫	夫妇关系：合
北方之亲族：亲敬/利益	个体	朋友关系：信
下方之童仆：教授/奉事	主人	君臣关系：礼与忠
上方沙门婆罗门：供奉/教授	施主	

如图所示，从形式上看，《阿含经》与《论语》中对伦理关系的阐释都包含着：家庭伦理(父子、兄弟、夫妇/父子、亲族、夫妇)与社会伦理(君臣、朋友/僧俗、师生、主仆)两个层次，且论述的顺序都是先家庭伦理后社会伦理。[①] 但《阿含经》的"六方"关系中多出主仆关系、僧俗关系、师生关系，而《论语》的"五伦"中则以兄弟关系、君臣关系、朋友关系补之。我们知道，孔子对君臣关系的重视，体现出儒家对政治伦理的重视以及家国一体的特点；而佛陀对僧俗关系的关注，则体现了佛家对宗教伦理的重视。从内容上看，二者之间的伦理关系又有其差异性。

1. 对"家庭"与"孝"的重视程度不同

孔子与佛陀都重视"孝"，都是从父子间的家庭情感出发来建构自身的伦

① 台湾学者熊琬在《从〈六方礼经〉看佛教的伦理思想》一文中，将佛教"六方"关系分为三类：1. 人子对父母，弟子对师长，施主对沙门，是下先对上，而后上对下，当又"尊崇礼敬"之意；2. 亲属朋友之间，是己先施人，而后人施我，合乎儒家"所求乎朋友先施之"的原则；3. 夫对妻，主对仆，是上先对下，而后下对上，乃强势对弱势先加施与，有"爱护照顾"之美意。

理规范，但重视程度却有所不同。

当代社会学家安布罗斯·金（Ambrose King）分析道，在中国人的世界里，所有的关系都是家族性质的：

> 在五大关系中，有三个属于亲族领域。其余两个虽然不是家庭关系，也是以家庭关系方式构想成的。统治者与被统治者的关系被构想成父与子的关系，朋友与朋友的关系被说成是"吾兄"与"吾弟"。①

可以说，孔子伦理观的成功之处，是为人伦关系的建立寻找到了坚实的基础——家庭道德情感。他认为此种情感是由父母与子女之间深厚的感情出发而展开的，是纯真、不做作的自然情感流露，是自发的、自然的、有效的行动体现。这一点，从"子生三年，然后免于父母之怀"（《论语·阳货》）、"人未有自致也，必也亲丧乎"（《论语·子张》）等论述中可以得到证实，因为在孔子看来，子女对父母情感的回馈，有其深刻的心理基础，即源于父母对子女多年的养育与呵护。孔子特别重视这种自然生发的、对个体具有普遍效力的真情。于是，他以血缘关系为基础，以家族成员为中心，以家庭情感为本位，阐述了子女在养亲、事亲、尊亲、孝亲等不同层面上的伦理行为，将"孝"提高到了"仁之本"的地位，使其成为构建儒家其他道德要素的本源因子，成为儒家道德实践的发轫点。即孔子所谓的"君子务本，本立而道生。孝悌也者，其为仁之本与"（《论语·学而》），"君子笃于亲，则民兴于仁"（《论语·泰伯》）。

据社会学家潘光旦的统计，在先秦与以前的儒家关于"五伦"的论述中，对"父子"和"兄弟"这两伦的列举占 41.9％的比例，而夫妇、君臣和朋友的比例则分别占 9.6％、3.3％、3.3％。② 仔细推究这个数据，我们可以得出如下结论：孔子所谈的人伦关系主要落脚于血缘关系的范围内，以家庭为本位，并将其作为"仁"的出发点，以及其他道德逻辑建构的起点。因为家庭是社会的核心，而父子兄弟的关系又是家庭的核心。在儒教社会里，一个人从不离开家庭，若离家，他就名副其实地放弃了他的身分。③

尽管如此，家庭作为一个处于社会中心位置的内部集合体，并不是一成不变的，其内涵可以随着外延的不断扩大而发生变化。一方面，孔子希图从

---

① Ambrose King: The Individual and Group in Confucianism: A Relational Perspective, in Individualism and Holism: Studies in Confucian and Taoist Values, Edited by Donald Munro. Ann Arbor: University of Michigan press, 1985, p. 58.

② 潘光旦：《儒家的社会思想》，北京大学出版社 2010 年版，第 274 页。

③ 郝大维、安乐哲：《先贤的民主：杜威、孔子与中国民主之希望》，何刚强译，刘东校，江苏人民出版社 2010 年版，第 100 页。

“孝悌”这种自然亲情中培育出对人的感恩和责任意识，让个体尽到自己相应角色的职责，做到“君君、臣臣、父父、子子”；另一方面，孔子提倡将“孝”、将“亲亲”扩展到更多的社会层面上，从而将个体嵌入到由历时与共时关系构成的精密的角色网络之中。因此，无论是孔子，还是之后的先秦儒家，都是将“孝”作为自身德性修养的根本，作为儒家教化的始源。正如《孝经》中所说：“夫孝，德之本也，教之所由生也。”“君子之事亲孝，故忠可以移于君。事兄弟，故顺可移于长。居家理，故可移于官。”

佛陀也十分重视孝道。这里面有一个逻辑关系，就是自己的生身父母养育了我，有“十恩”（怀胎守护恩、临产受苦恩、生子忘忧恩、咽苦吐甘恩、回干就湿恩、哺乳养育恩、洗濯不净恩、远行忆念恩、深加体恤恩、究竟怜愍恩）施于我，所以必须以孝道来报答他们。这与孔子所理解的“子生三年，然后免于父母之怀”（《论语·阳货》）是一致的。佛陀将“孝”道分为两种形式：一是世间的孝，即为父母提供物质生活层面的需求，认为孝敬双亲的人会有大福报。如《杂阿含经》卷四说，“有年少婆罗门名郁多罗……白佛言：‘世尊，我常如法行乞，持用供养父母，令得乐离苦。世尊，我作如是，为多福不？’佛告郁多罗：‘实有多福。所以者何？若有如法行乞，供养父母，令其安乐除苦恼者，实有大福’。”二是出世间的孝，即父母在世时，不能局限于生活上的照料与态度上的敬畏，而要进一步劝说父母信奉佛法，解脱生死轮回，解决生命意义的问题，以此来报答父母恩情。如《增一阿含经》卷十一说：“即便能教父母行善，也难以酬报其深恩。”佛陀认为，出世间的孝要比世间的孝层次要高，是大孝。这是与孔子孝道观不同的地方，佛陀所提倡的“孝”，在“家庭伦理”之外，又增加了“宗教伦理”的因素。这也意味着佛陀对家庭的关注、对孝道的关注，其最终目的还是为了实现众生超越轮回之后的解脱。

除此之外，佛陀通过自身出家、离开家庭的行为来教化众生，在客观上弱化了对“孝”的推崇与重视。究其原因，应该是由印度原始佛教所推崇的“因果报应”规律所支配而形成的。原始佛家认为，人是前世持戒的结果，父母并非是人来到世上的真正本因，因此子女与父母之间只有短暂的寄住关系，而非本源的因果关系。“子非父母所致，皆是前世持戒完具，乃得作人。”[①]于是，在无休止的六道轮回中，众生之间互为子女父母，不受血缘的束缚，也没有亲情的维护。甚至于子女对父母所要尽的义务还不如对觉者师僧的多，给父母的用“七世”就能尽完，而对师僧则要长达数劫才能完成。

对此，日本学者中村元有其客观独到的分析：孝道在印度佛教中，只被

① 《大正藏》第四卷，第153页。

看做是次要的道德行为的一种，是将其作为与其他德目并列等同来叙说的，并没有特别重视的倾向。[①] 也就是说，孝道虽然在印度佛教中早已出现，但无论是其所处的地位，还是其所占据的重要性，都远不及在儒家中那么崇高。在儒家思想中，子女通过最亲密的人际伦理关系的建立，以及推而广之的做法，获得自身德性的培养与锻炼，并将此种道德理性深深地扎根于自身生命之中。同时，这种家庭成员间的“孝悌”可以帮助生命个体淡化对生死的恐惧，因为“孝”的对象，一是在世的父母，一是已逝的祖先，既要满足对父母在世时的敬养，又要完成对祖先的供祭。通过这样两种方式，将个体有限的生命与家族无限的长河联系起来，将自身放置与历史性的框架中，从而减弱了对自己生命白驹过隙般的哀叹。正如曾子所说的那种对孝道历史性延展的肯定：“慎终追远，民德归厚矣。”对此，徐复观在《中国人性论史》(先秦篇)中认为：“宗教系在彼岸中扩展人之生命；而中国的传统，则系在历史中扩展人之生命。”这也是为何佛教在传入中国后，会遭到反佛教人士抨击的原因之一。也正因如此，佛教徒们为了更好地融入中国文化，开始大力调和出家修行与在家为孝的矛盾，并结合儒家的孝道观念做出了诸多的回应、修改、会通，将孝道放置到佛教徒至高德行的高度来进行考量，在最大限度上缓和了与儒家伦理之间的张力。

2. 单向度与双向度伦理规范不同

《论语》在谈父子、夫妇、兄弟关系时，是有其等级观念在里面的。具体来说，他一般只侧重于下方对上方的行为要求，而上方对下方的义务责任则较少涉及，因而在伦理规范上偏于单向性。比如，孔子谈的大多是子女如何对父母行“孝”，而极少说父母应该如何对待自己的子女。仅在《论语・为政》篇中提到了“父慈”，“孝慈，则忠”，从中可以洞照“父慈子孝”的影子。这一方面可理解为，在孔子看来，父母对孩子的慈爱是天然的，出于本能的，无须多加阐释的，一方面也多少透露出孔子对父母权威性、主导性、等级性的推崇。

《阿含经》中则对双方之间的相互责任与行为规范都做了明确的规定和阐述，体现了双方义务上的均衡性，是双向的互动，而非单向地施与。比如孩子应该支持父母的决定，赡养父母；父母也应该适时地安慰孩子，养育爱护孩子。《阿含经》中，认为六种关系的双方都应以“五事”来对待彼此。应该说，佛陀注意到了人与人之间相对的、互惠的、互相尊重的伦理道德义务，并不刻意偏重某一方。究其深层原因，应源于佛陀的缘起理念。他认为，建立在缘起法则之上的人际关系，也是“此有故彼有，此无故彼无”，因而推崇主体双向

① Hajime Nakumura, The Way Of Thinking The Eastern Peoples, Honolulu, 1964, p. 269.

间的互动与回馈。从社会意义上说，它突破了印度当时的种姓制度，将阶级上的区分转化为宗教、职务上的区分。然而，佛陀伦理观的双向性特质，也并没有完全实现印度人际关系上的完全平等。比如，佛陀在论述礼敬六方之时，还是区分了上、下方，主、仆方等关系。尽管如此，在这样的区分中，却渗透着平等与慈悲的精神，即处于优势地位的人不能压迫处于劣势地位的人。正如中村元所说："原始佛教提到尊敬与爱对待身分低微的人，此乃原始佛教崇高的宗教精神的表现。"[①]

从汉译《阿含经》中，我们也可以看出，在佛教传入中国后，受到儒家伦理思想的影响，为了更好地保持二者的一致性，在译经中有所删改。比如在父母子女关系的论述中，增添了体现父母权威的话语，如《善生经》的汉译本增加了"父母所为，恭顺不逆"；"父母正令，不敢违背"等等。[②] 关于夫妻关系的论述中，原本为丈夫支持妻子，妻子安慰丈夫，二者地位平等，甚至提倡丈夫伺候妻子。但汉译本中改为丈夫"怜念妻子"[③]，淡化了丈夫对妻子的义务，强化了妻子对丈夫的依赖性。另外，在主仆关系的论述中，原本是主仆之间相互爱护和支持，地位高的人去尊重、爱护地位低的人。但由于与中国的等级观念相抵触，所以汉译佛经也对此做了相应的修改。[④] 这一方面是佛教中国化的路径选择，一方面可以看出，佛教在进入中国语境后，离原始佛教的伦理思想渐行渐远了。

3. 对"角色伦理"与"宗教伦理"的偏重不同

孔子论述的五种伦理关系，主要表现为强化血缘之上的宗法关系，是先家庭成员，后扩展到他人、社群、国家，其主要落脚点还是在人伦社会中，是"角色伦理"的集中体现。根据安乐哲对"角色伦理"的阐释，儒家的自我概念一般表现为结构中的角色和内在联系的个体。"对于早期儒家而言，很大程度上我没有被孤立地看待、被抽象地思考：我是生活在与其他具体的人的关系中的全部角色的总和。"[⑤]正是由于儒家对日常生活细节的关注，对生活情感的复原，使家庭关系成为人类社会生生不息的本源，具有不可替代的中心位置。

---

① 中村元：《原始佛教的伦理生活》，东京春秋社 1984 年版，第 162—163 页。

② 《大正藏》第一卷，第 71 页。

③ 《大正藏》第一卷，第 641 页。

④ 此观点论述参考了中村元：《儒教思想对佛典汉译带来的影响》，《世界宗教研究》，1982(2)以及方立天：《佛教伦理中国化的方式与特色》，《哲学研究》，1996(6)的观点和材料。

⑤ Henry Rosemont, JR., "Classical Confucian and Contemporary Feminist Perspectives on the Self: Some Parallels and Their Implications", in Allen (ed.), Culture and Self, p. 71.

孔子认为，个体应该通过自身的行动来践行生活中的各个角色，并以此确立自身在社会网络中的交叉性位置。换言之，就是通过对不同关系、不同场合、不同地位之人的权利与义务的规定，使个体强化并遵从既定的伦理原则，实现道德责任。不仅如此，个体在努力实践各种社会角色的同时，还要考虑到伦理的规范性（礼）。比如说，子女在为父母治丧尽孝时，要尽量服从丧礼的规范，正所谓“食旨不甘，闻乐不乐，居处不安”（《论语·阳货》）。然而，在个体的角色实践中，由于其所处的情境不同，所扮演的角色不同，因而其中必定会存有多种张力和冲突。为了能确保既定伦理规则的规范性，又能充分协调特殊情境下的某些角色的关系，孔子又运用“义”来应对这些特殊情况，从而体现出一定的伦理灵活性，如“父为子隐，子为父隐”等，进而为道德主体在面临冲突的道德选择时提供了适宜性（义）的应对方法。正如安乐哲所言：“义，是要解决个人在其所处共同体中的合适位置的问题。人不被理解成独立于其行动之外的行为者，而是进展中的事件，这种事件是由构建性的角色与关系来做出功能性的界定。”[①]一言以蔽之，孔子的伦理思想作为一种角色伦理，是源于家庭情感的德性培养，并辅以“礼”的伦理化规范，兼顾“义”的情境性选择。

佛陀的“六方”伦理，在万物缘起理论的影响下，在建构世俗伦理之外，逐渐淡化了血缘关系的基础，而进一步体现为更为广阔的宗教伦理情怀。在社会意义上，它打破了婆罗门教原有的等级观与种姓制，将“平等”的思想内置于每个个体之中，将众生纳入了自身的生命关怀之内，在众生平等中获得无差别之爱。此种伦理建构，以父母子女关系为开端，以僧俗关系结束，其逻辑关系是先家庭伦理，后社会伦理，再宗教伦理。然而佛陀并没有将此种次第性进行强制性的安排，也就是说，围绕伦理道德主体所展开的人际关系并没有依据血缘或家庭成员情感的厚薄、先后、亲疏来进行划分，而是依照缘起法自然形成，随缘而任运。正如印顺法师所说：“道德心的随机缘而显发，不一定有次第的。”[②]总之，佛陀的伦理观，以“万物”缘起法则为基础，以“善恶报应”、“三世轮回”为依据，即把生命律、因果律和道德律结合起来，为六方伦理观提供了深度周密的框架支撑，更容易使受众从灵魂深处激发实践伦理原则的自觉和热情。

4. 迥然相异的社会效果

孔子与佛陀的伦理观在中国与印度社会中产生了迥然相异的社会效果。

---

① 郝大维、安乐哲：《先贤的民主：杜威、孔子与中国民主之希望》，何刚强译，刘东校，江苏人民出版社 2010 年版，第 117 页。

② 印顺法师：《学佛三要》，台北正闻出版社 1980 年版，第 107 页。

由于孔子的伦理思想偏重等级观念，其伦理情怀的施与是由血缘关系的远近而决定的，是爱有差等、爱有亲疏、推此即彼的伦理观。就像石头投入水中所起的涟漪，由宗亲到国人，由华夏到夷狄，由动物到植物，直至波及无机物，其仁爱之情随着到达圆心的距离发生由强转弱的变化。[①] 所谓“差等”，既可表现为伦理关怀上的差别性，即儒家个体在扮演不同角色之时，对待伦理关怀的对象是有所别异的，如对自己的父母要孝，对自己的君主要忠，对自己的朋友要信，对自己的兄长要悌……也可表现为伦理关系上的等级性，即儒家个体在每组伦理关系中有弱势和强势的区别，如子女对父母要敬，臣子对君主要忠，弟弟对哥哥要恭……因而，正是儒家伦理上的等级性，决定了其每对关系人之间并非是一种对等的义务关系，进而容易导致在儒家伦理中，不容易建立真正平等的主体道德人格；也正是儒家伦理上的差别性，决定了家庭成员在儒家个体意识中的中心位置，决定了血缘关系的至上意蕴，进而容易导致社会公德受到家庭私德的压抑和影响，从而使儒家伦理在社会中的普及受到种种限制。

我们知道，尽管孔子既肯定家庭私德，同时也大力提倡过仁爱、诚信等社会公德，但由于孔子强调建基于血缘之上的家庭情感的本源性，因此社会公德是建立在家庭私德的基础之上的，只具有依附价值，而不具有本源地位。当在二者不可避免地发生冲突时，还是会出现家庭私德压过社会公德、甚至为了家庭私德放弃社会公德的结果。如孔子要求人们“三年无改于父之道”(《论语·学而》)，即使是“非道”，也要坚守，这就是在用“父慈子孝”的家庭私德来解构“为仁由己”的社会公德。这一点，在“父为子隐，子为父隐”(《论语·子路》)中也能有所体现。孔子的此种伦理观会产生一系列复杂的社会效应，其中最突出的一个，就是导致人们对诸如正义、守信、诚实等社会公德的轻视，直至今天，这种现象还仍然存在着。也正因如此，儒家伦理才会一直遭诸多学者所诟病。如梁启超指出：“试观《论语》、《孟子》诸书，吾国民之木铎，而道德所从出者也。其中所教，私德居十之九，而公德不及其一焉……若中国之五伦，则惟于家族伦理稍为完整，至社会、国家伦理，不备滋多。此缺憾之必当补者也，皆由重私德轻公德所生之结果也。”[②]熊十力甚至不无激烈和极端地抨击了家庭是“万恶之源，衰微之本”，认为中国人“无国家观念，无民族观念，无公共观念，皆由此……有私而无公，见近而不知远，一切恶德说不尽。”[③]

---

① 陈炎、赵玉：《儒家的生态观与审美观》，《孔子研究》，2006年第1期。

② 梁启超：《梁启超选集》，李华兴、吴嘉勋编，上海人民出版社1984年版，第213—214页。

③ 熊十力：《现代新儒学的根基——熊十力新儒学论著辑要》，郭齐勇编，中国广播电视出版社1996年版，第336—337页。

佛陀的伦理观是以缘起、轮回、平等学说为理论基础，其伦理关怀的范围并不只局限于世俗的家族血缘关系，而是取消了血缘亲情的本根性，将其扩展到家族之外的仆人、老师、沙门身上，继而扩展到佛法所及的整个有情世界。缘起理论认为，所有事物的存在都是依据他者的存在而成立的，所以个体应该怀有感恩的心情来对待众生，应该将关怀的范围扩展到“众生”之中。应该说，佛陀倡导的是“众生平等”的伦理观。在佛陀这里，取消了家庭血缘在个体意识中的奠基位置，使每个个体都获得生命的尊严，拥有生存的权利。对此，池田大作指出，佛法引导人们“从利己主义的人生态度转变为对全社会的人和一切生物施加慈爱的人生态度，这本身就可以说是一种伟大的人的革命。”①与佛陀伦理观的开放性、包容性相比，孔子构建的伦理关系主要集中在“五伦”上，五伦之外的关系则是儒家伦理的盲区。尽管儒家的五伦，也走出了一条“谨而信，泛爱众，而亲仁”之由家庭到社会的无限扩充道路，但与佛教伦理的“大慈大悲”、“众生平等”比较起来，还只能属于特殊性的范畴，无法包容人际间一切的伦理关系。因此，作为对国人文化心理建构与伦理践行影响巨大的儒家伦理来说，这种“限定性的人际关系伦理”②容易导致人们对“非五伦”关系的漠视。正如陈坚所担忧的那样，我们日常生活和社会活动中，人们之间的关系更多的是“非五伦”，如果我们用五伦关系强加于社会关系上，就造成了负面影响，拉帮结派，编制关系网，营造小圈子，不利于社会伦理秩序的建立。③ 因此，在当代伦理的建构过程中，我们要发挥孔子与佛陀伦理的积极意义，深度考量二者的消极因素，为人类伦理文化的建构提供智力支持。

（特约编辑：邹晓东）

---

① ［日］池田大作、［意］贝恰：《二十一世纪的警钟》，卞立强译，中国国际广播出版公司 1988 年版，第182 页。

② 关于这一点，日本学者中村元在《原始佛教的生活伦理》一书中，将世俗人之伦理划分为：“限定人际关系伦理”以及“开放人际关系伦理”。中村元：《原始佛教的生活伦理》，东京春秋社 1972 年版。

③ 陈坚：《佛教中的伦理：伦理学研究新视野——评〈中国佛教伦理研究〉》，《世界宗教研究》，2000 年第3 期。

理论建构

21世纪全球化时代东亚人文研究的新视野

◇ 黄俊杰

【作者简介】黄俊杰：台湾大学历史学系特聘教授、中央研究院中国文哲研究所合聘研究员、台湾大学人文社会高等研究院特约研究员。

进入21世纪，国际人文社会科学研究的新动向正隐然形成之中。这股新动向主要是由于“全球化”潮流与亚洲的崛起这两大力量的相激相荡所造成。“全球化”是大家都耳熟能详并身处其中的潮流，而亚洲的兴起不仅是因为在亚洲历史上出现如儒学、佛教、道家、神道等伟大的精神传统与宗教信仰，出现源远流长的汉字文化、中国传统医学等文化遗产，出现影响深远的律令制等政治制度，更是因为最近十余年来亚洲地区的快速崛起，《东洋经济周刊》曾统计：自1996年至2005年的十年之间，亚洲各国之间的航空旅客成长率是109％，远超过全球跨洲的平均成长率60％，亚洲与北美间的67％，亚洲与欧洲之间的59％，以及欧洲各国之间的36％。而且，全球各地人口超过千万的十九个大城市中，有11个在亚洲。亚洲的崛起应是21世纪全球化时代可以预期的新趋势。在亚洲地区勇猛发展之际，东亚地区的人文学术研究迫切地需要新的取向与新的视野。

但是，回顾20世纪东亚各国的人文研究趋势，固然个别学者或研究机构有其精深扎实的学术成就，但是就其大趋势而言，常常出现两项明显的倾向：

第一，20世纪东亚人文学界许多著作常以西方经验作为研究时的参考架构，以东亚经验印证西方学术理论。例如，20世纪中国著名思想史学者侯外庐（1903—1987）宣称他“主张把中国古代的散沙般的资料，和历史学的古代发展法则，作一个正确的统一研究。从一般的意义上言，这是新历史学的古代法则的中国化，从引申发展上言，这是氏族、财产、国家诸问题的中国版延长。”[①]侯外庐的《中国古代社会史》确实是企图以中国历史经验作为马恩理论的亚洲版本之注脚。

第二，20世纪东亚各国学者人文研究的视野常以自己国家为中心，较少采取跨国或跨界之视野，因此，较少或难以提出具有普遍意义之命题。20世纪中、日、韩各国的文、史、哲研究论著，呈现相当明显的以国家为中心的“国族论述”。

以上这两大问题常交互作用并互为因果，所以流弊所及，使东亚学术界的潜力难以发挥，正如张光直(1931—2001)在1994年所说：“中国人每个人都有研究人文社会科学的本钱。研究的资料，则有一部二十四史，自五十年代便为玛丽·瑞德教授向一般社会科学者介绍为全世界最丰富的一座研究人类历史上各种行为的规律的宝库。为什么在20世纪的学术研究上，中国对人文社会科学作一般性贡献的潜力完全不能发挥?”张光直的问题确实是一个值得深思的问题。

因应20世纪东亚人文学术研究的问题，在21世纪全球化的新时代里，我建议东亚人文研究可以采取以下三种研究取向：

第一，聚焦东亚经验，以东亚为视野并从东亚出发思考。事实上，跨出国家疆域而以东亚作为研究之范围，正是21世纪人文研究的新动向。进入21世纪以后，随着亚洲(尤其是东亚)的兴起，以及“全球化”趋势的加速发展，东亚人文学界开始从20世纪常见的“国家中心主义”的研究格局，逐渐转而以东亚为研究的视野。举例言之，日本东京大学原有的“中国哲学”讲座，就更名为“东亚思想文化学”讲座。日本各大学获得日本文部科学省资助的卓越研究中心(COE)计划，也大多以东亚为视野。韩国政府所推动的“21世纪韩国头脑”卓越计划(简称BK21)，在人文学科方面的计划也是以东亚为研究范围。台湾自2000年开始推动的两梯次卓越研究计划，也都是以广义的东亚文化范围为研究领域，如“东亚儒学”、“东亚民主”、“华人心理学”等计划，加上台湾大学人文社会高等研究院所属创始计划如“东亚法治”、“全球化”研究计划以及“华人的人观与我观”与“生产力与效率：从东亚走向全球化”等研究计划，均在不同领域与程度上说明了21世纪人文社会学术研究的新取向。这种新的研究取向必然具有跨文化的、跨国界的、跨学科的、多语言的多重视野。这种学术社群必然是管弦呕哑、众声喧哗的，是“万山不许一溪奔”的学术社群。

第二，以经典或价值理念为研究之核心。20世纪中国人文学术研究以

① 侯外庐：《中国古代社会史》，自序，上海：中国学术研究所1948年版。

实证主义为其方法论基础，这种状况固然与清代朴学的学术传统有关，也与20世纪初年欧陆实证主义思潮相激荡。在实证主义风潮之下，20世纪中国人文研究论著，关怀“事实”远过于“价值”，就是形成于这种时代研究氛围之下。

但是，问题是：“事实”如果不是置于“价值”的脉络中加以衡量，那么，“事实”的意义多半难以彰显。展望21世纪的人文研究，除了过去所注重的“事实”问题之外，更应加强有关“价值”问题的研究，尤其是承载价值理念的经典，更应成为人文研究的核心。

第三，以文化为研究之脉络。我们虽然主张以“从东亚出发思考”作为新时代人文研究的策略，但我们也必须注意东亚各国历史经验与人文传统中的“同”中之“异”。只有深入具体而特殊的而且有地域特色的各别文化脉络，我们才能开发并拓展全球的视野，吉尔兹（Clifford Geertz，1923—2006）所谓“具有全球意义的地域知识”，正是指此而言。

东亚各国固然都分享汉字文化、儒家价值理念、佛教信仰、传统中国医学等共同的文化质素，但是，中、日、韩、越各国社会、政治、经济背景之差异，也不容我们忽视。例如，作为儒家价值承载者的儒家学者，宋代以后的中国是士大夫阶级，与朝鲜时代（1392—1910）朝鲜社会的“两班”阶级不同，也与德川时代（1600—1868）日本的儒者只是一般的知识分子，在各自的社会中所扮演的角色，都大不相同。

因此，如果我们能将东亚文化的共同质素，放在各国具体而特殊的文化脉络中加以分析，就更能避免“去脉络化”的弊病，而使研究对象的发展历程更具有实体感，也更具有厚度。

总而言之，随着21世纪全球化时代中民族国家（nation state）的“解疆域化”，以及“区域经济”如欧盟、北美自由贸易区、东协十加三、大中华经济圈等经济体的兴起，人文研究势必形成新的取向。我们主张，21世纪人文研究策略，可以采取“以东亚为研究视野”、“以经典或价值为研究之核心”，并“以文化为研究之脉络”，以开展新的研究的可能性。

牟宗三道德形上学之反思

◇ 石永之

（山东社会科学院文化所）

现代新儒学是中国进入近代社会以来出现的儒学形态，现代新儒家是现代新儒学在当代的典型代表，是儒家的一种现代性言说。中国正在步入现代社会，在新的历史条件下，现代新儒家致力于重新建构儒家传统，其核心的内容就是：重建儒家形而上学。他们认为，唯其如此，才能从根本上重建儒家的人生理想和价值系统。牟宗三以儒家传统为主体，通过同以康德为代表的西方哲学对话，精心构筑了一个缜密而庞大的哲学体系，其核心内容是无执的存有论即道德的形上学。其目的在于："我们由中国传统哲学与康德哲学之相会合激出一个浪花来，见到中国哲学传统之意义与价值以及时代使命与新生，并见到康德哲学之不足。"①

可以说：牟宗三是一座高山，是中国哲学成为"科学"以来的一座高山，此科学乃分科之学术也。中国哲学成为一个学科乃是中国传统学术进行现代性言说的结果。在现代新儒家的现代性言说之中，牟宗三的道德形上学无疑是一个亮点，也是一个热点。学术界众说纷纭，聚讼不已。一个理论能引起普遍的关注和思考，这本身就说明它自有其意义和价值。倪梁康认为："牟宗三先生的学说思想，是中国历史上第二次文化交流成果的主要代表之一。"在此基础上他还说"因而对他的深入研究，有可能达至两方面的目的：既可以检阅百余年来中西思想交融的基本结果与收获，也可以窥望中国传统文化之发展在全球化趋势下的未来走势与取向"。②

这话很有道理，我们也正在超越牟宗三的道路上前行。对于这样一个有着现实意义的哲学理论，无论是赞成也罢，批评也罢，首先应该找到它的理论入口，把握它的纲脉，寻到它的要害，然后再来评价它哲学上的意义和价值，所谓提纲挈领正是如此。那么牟先生道德形上学的纲和领又在哪里呢？这得从他如何建立道德形上学说起。

---

① 牟宗三：《现象与物自身》，台湾：学生书局 1984 年版，第 3 页。

② 倪梁康：《牟宗三与现象学》，《哲学研究》2002 年第 10 期。

一、道德形上学的入口：无限与有限

牟宗三认为道德形上学中国古已有之，并非他自己一时的臆造。他说："儒家自孔子讲仁起（践仁以知天），通过孟子讲本心即性（尽心知性知天），即已涵着向此圆教下的道德形上学走之趋势。至乎通过《中庸》之天命之性以及至诚尽性，而至《易传》之穷神知化，则此圆教下的道德形上学在先秦儒家已有初步之完成。宋明儒继起，则充分地完成之。"[①]在此必须说明的是，形而上地说明道德这一维度虽然也蕴涵在儒家传统之中，但是如此独到地做一个形而上的道德学，却是牟先生的创见，下面将详细说明这一点。那么他的道德形上学又是什么呢？牟先生说："'道德形上学'云者，由道德意识所显露的道德实体以说明万物之存在也。因此，道德的实体同时即是形而上的实体。"[②]这里道德意识是道德形上学的核心，其理论进路是：道德意识——道德实体——万物存在。这个进路背后意味着什么样的哲学观念，下面再进一步说明。

而且，牟先生把康德的"道德底形上学"(Metaphysic of Morals)与他的"道德的形上学"(Moral Metaphysics)做了区分，"前者是关于'道德'的一种形而上学的研究，以形上地讨论道德本身之基础原理为主，其所研究的题材是道德，而不是'形上学'本身，形上学是借用。后者则是以形上学本身为主（包含宇宙论和本体论），而从'道德的进路'入，以由'道德性当身'所见的本源（心性）渗透至宇宙之本源，此就是由道德而进至形上学了，但却是由'道德的进路'入，故曰'道德的形上学'。"[③]牟先生认为康德是用形而上学来研究道德，给出道德原理，由事实判断给出价值判断，由实然给出应然，也可以说是用认识论来给出道德原理，而他自己则相反，他是由道德而进至形而上学。也可以看出，牟宗三和康德有一个共同的前提，就是道德理性和认知理性的二分。下面来弄清牟先生做此区分的理由及其目的。

牟先生认为，康德哲学有两个基本预设：(1) 现象与物自身的区分；(2) 人是有限的存在。而且第二预设更为根本，它包含第一预设。[④] 公正地说，牟宗三对康德的解读是有很深刻的洞见的。牟先生对康德哲学的破解，

---

① 牟宗三：《心体与性体》，第一册，上海：上海古籍出版社 1996 年版，第 158 页。

② 牟宗三：《心体与性体》，第一册，上海：上海古籍出版社 1996 年版，第 436 页。

③ 牟宗三：《心体与性体》，第一册，上海：上海古籍出版社 1996 年版，第 199 页。

④ 见牟宗三《现象与物自身》，为了行文的方便，本节引用该书没有直接引用原文，而采用了转述的方式。

或者用他的话说升进，即由此展开，康德依西方传统认为“人是有限的”，因为在西方基督教的文化传统中，人和上帝不可通约。而牟先生依中国传统认为“人有限而可无限”，人圣之间并没有不可逾越的鸿沟。我个人认为，牟宗三确实看出了中西文化的根本差异：就在圣人和上帝之间，或者说在神性和人性之间。这里的关键是如何看待这个问题：人是有限的抑或是无限的？

牟宗三对康德人的有限性问题进行了破解，他是从清理海德格尔的《康德和形而上学问题》来展开的。康德哲学的四个问题是：(1) 我能知道什么？(2) 我应做什么？(3) 我可希望什么？(4) 人是什么？海德格尔是这样来说明康德这四个问题之间的关联：人类理性不只是因为它提出了上述问题而成为有限的，相反，正因为它是有限的，它才提出这些问题，就是说，由于它的有限，对它来说它的理性存在取决于有限性本身。由于这些问题都在探讨同一个东西，即有限性，因此“它们都可以”与第四个问题“相关”：人是什么？[①] 牟宗三认为在“有限是有限，无限是无限”的前提下，只是以与上帝为外在的划类的观点看人，海德格尔的观点是对的，但是在“人虽有限而可无限”的前提下，他的解释就不够完备。牟先生对此一一作了分析。实际上也是展开了一次中西哲学的对话。

首先，在“人能知道什么？”的问题中的能力问题，如果从事实上的知性与感性看人的能力，那自然是有限的。但是如果人展露出智的直觉，人也可知本体与物自身。牟先生在这里对“知”进行了辨析，他说，知本体与物自身之知不是知现象的知。当然也就转换了话题。康德这个问题是一个认识论话题，而牟先生则不是。在转换了话题之后，牟先生作结论就认为，在他所说的情况下，就可以说人虽有限而实可具有无限性。牟宗三当然知道，他和康德说的不是同一个问题。但他认为这两个问题是内在相关的，其理由是，那只知现象的知性与感性既可以被转出而令其有，也可以被转出而令其无。被转出时，它们就只能知现象，这样看来，人就是有限的；但当它们被转化时，人的无限心就呈现了，这样看人时，人就具有无限性，东方的圣人、真人、佛就是这样的无限的存在。知性与感性为什么可以转呢？牟先生说：这不只是事实之定然，而且也是价值上被决定了的。

在这里，牟先生给出了他的道德形上学的三个预设：(1) 人虽有限而可无限；(2) 人有智的直觉；(3) 德行优于知识。这三个预设的关系是这样的，依据东方文化传统，牟先生说：人虽有限而可无限，这是因为人可以转出智的直觉，人之所以可以转出智的直觉，又是由人的道德价值所决定的（德行优

① 海德格尔：《海德格尔选集》，孙周兴等译，上海：三联书店1996年版，第107页。

于知识)。由此可以看出,牟宗三道德形上学的总预设是:人是道德的。完全可以说,牟先生的道德形上学是高扬人的主体性的哲学。

在这个关于认识能力的问题上,牟先生实际上并没有反对海德格尔,他也承认人的认识能力是有限的,只是依据不同的文化背景给出了另外一个问题:人是道德的,人应当知道什么?因此牟先生的人虽有限而可无限的意思就是:在认知(事实)问题上人是有限的,在道德问题上,依据东方文化传统,人是无限的。这样,牟先生就把道德(价值)和认知(事实)割裂开来,因此,他就必须设置两层存有论,用无执的存有论来解决道德问题,用执的存有论来解决认识论问题,所以,他要内圣开出新外王——科学和民主的时候,就只能是用良知坎陷的办法。

其次,在"人应当作什么?"的问题上,牟先生说这是一个关于义务的问题,如果把义务看成一个应尽而不必能尽,应当是而不必实是,只就义务这一概念而如此分解,那么人就是有限的;但是如果我们能展露一个超越的本心,一个自由的无限心,例如王阳明的良知,那么凡有义务都应作,也必定能作。也就是说,在良知充分呈现的时候,就呈现了人的无限性。这里要分三种情况来说,第一,在具体时空中的人,一切义务必定不能同一时间都做到,而且,在时间行程中也必定还有未能充尽的义务次第的出现,因为人不能一时当一切时机的缘故。在这些情况之下,人是有限的。第二,就无限的进程而言,自然永远不能充尽一切义务,就是孔子临终也不免叹口气,这也显现了人的有限性。第三,如果依照圆顿之教的话,那就可以一时俱尽,随时绝对,当下俱足,这就是人的无限性。

在"人可希望什么?"的问题中,牟先生认为,如果只从可得与不可得这样的一般期望而言,人是有限的。但是当人希望绝对,希望圆善(德福相配)的时候,也可以依一自由的无限心圆顿地朗现出来。德性与幸福本来没有隔绝,即烦恼即菩提,这就是圆善,如果是这样,那么人就有无限性,而且就是一个无限的存在。康德依据西方传统设定上帝来保证圆善,把德性与幸福看作综合关系。只在这一点牟先生与康德的问题是相对应,而且也是他依中国传统讲得最好的。

牟先生总结说,由此看来,人不是绝对有限的,而是"虽有限而可无限",而且这就是人最内在的本质。由此就可建立一个"本体界的存有论"。其实,牟宗三这里说的真正的问题是,现实生活中的(有限的)人如何圆善(道德上的圆满)?无论在人能够知道什么、人能做什么还是在人可希望什么的问题上都是如此。当然第一个问题必须在牟先生所说的智的直觉的意义上才能这么说。无限的问题只是一个逻辑上的设定,这一点牟先生比谁都清楚。所以,我认为牟先生的入口处是找得很准的,但是,这里的论证却不必如此,在不相应的问题上计较,让人觉得他是在强为之辩。当然这是个小问题。

对于牟宗三对海德格尔的关于人的有限性的批评,倪梁康在《牟宗三与现象学》一文中,站在现象学的立场为海德格尔做了辩护。他认为:“海德格尔对人的有限性的确认,乃是基于此在的存在者性质和它的时间性。海德格尔在很大程度上是用古希腊哲学对‘人是会死的动物’之定义来抵御自文艺复兴以来始终占据主导地位的‘人是理性的动物’之定义。在这一点上,海德格尔对人的有限性的强调与对近代主体性哲学和人本主义的解构是同步进行的。”[①]这个问题涉及他们对“时间”的理解不同,因为:“他(牟宗三)所理解的海德格尔之‘时间’(Zeit),应当是海德格尔所说的‘时间性’(Zeitlichkeit)。”“因此,实际上,如果牟宗三与海德格尔在人的有限性问题上有区别,那么这个区别更多是在于:在牟宗三(以及康德)那里并不具有海德格尔意义上的“时间”概念,因而也没有海德格尔意义上的‘形而上学’概念。”[②]

确实是这样,牟宗三没有海德格尔意义上的形而上学概念(时间问题尚需另说)。但却不能就此说明,在人是有限抑或无限的问题上,牟宗三与海德格尔之间并不存在原则性的区别。因为海德格尔说:“有两个动机主要规定了形而上学的上述学院概念的形成,并越来越阻碍了人们有可能从新接受这种本源性的质疑。其中一个动机,涉及对形而上学的内容上是划分,并来源于基督教所信仰的对世界的说明。——按照这种基督教的世界意识和此在意识,存在者总体便划分为神、自然和人。而其领域随即也就划分了:其对象为最高存在者的神学、宇宙学和心理学。”[③]牟宗三说的没错,西方的形而上学的确植根于他们的基督教传统。就是海德格尔的基础存在论也是如此。我认为牟宗三对中西文化的根本差异是看得很准的,他建立道德形上学的入口是找对了的,他在东西方文化差异处所标出的价值取向,是第二代现代新儒家特定的价值取向。因为他们把这一根本差异更多地放在人文教化的意义上,或者说在“宗教”意义上,东西方人文教化的区别就是:“肉身成道”和“道成肉身”之间。这就导致了他们的哲学思想更多地朝这一方向发展,其鲜明特色和独特价值也就在这里。

---

① 倪梁康:《牟宗三与现象学》,《哲学研究》2002 年第 10 期。

② 倪梁康:《牟宗三与现象学》,《哲学研究》2002 年第 10 期。

③ 海德格尔:《海德格尔选集》,孙周兴等译,上海:三联书店 1996 年版,第 86—87 页。

二、道德形上学的关键：智的直觉

在牟宗三的道德形上学中，人虽有限而可无限必然包含人有智的直觉。不然无法说明人的无限性 。而且，牟宗三认为这是他与康德的根本不同，是他升进康德哲学的地方，因为康德认为只有上帝才有智的直觉，而人没有。可以说，智的直觉是牟宗三道德形上学的枢纽。人的无限性必须依此而证成，这是其一；其二，智的直觉是无执的存有论得以成立的前提。

什么是智的直觉呢？先说直觉，牟先生认为直觉就是具体化原则，就事物的存在来说，如果它是认知的呈现原则，那它就是感触直觉；如果它是智的直觉，那么它就是存有论的（创造的）实现原则。① 他认为，张载在《正蒙·大心》中说的"耳属目接"就是感触直觉；"心知廓之"就是智的直觉。此"心知"是普遍恒常唯一而无限的道德本心之诚明所发的圆照之知，此知是从体而发，不是从见闻而发。这就是康德所说的"只是心的自我活动"的智的直觉。所谓"智的直觉"就是主体的直觉只是自我活动，主体只判断它自己。因为它不是感触的，所以是纯智的。张载说的"见闻之知乃物交而知，非德性所知，德性所知不萌于见闻"（《正蒙·大心》）正合此义。牟先生进一步推而广之认为，《论语》、《孟子》、《中庸》、《易传》中的道体、性体、心体、仁体、诚体以及神体皆有此义；明道的一本论、象山的本心和阳明的良知也可以表示这个意思。只有伊川和朱子的德性之知没有此义。

接下来的问题自然就是：智的直觉如何可能？牟先生认为要回答这个问题，必须先回答什么是道德？牟先生说："道德即依无条件的定然命令而行之谓。"②发布此无条件的定然命令的，康德称之为自由意志，在儒家就叫做仁体、本心或良知，也就是我们人的性体。牟先生说："性是道德行为底超越根据，而其本身又是绝对而无限普遍的，所以它虽特显于人类，而却不为人类所限，不只限于人类而为一类概念，它虽特显于成吾人之道德行为，而却不为道德所限，只封于道德界而无涉于存在界。它是涵盖乾坤，为一切存在之源。"③牟先生在对"性"做了这样的解说之后就说："本心仁体既绝对而无限，则由本心之明觉而发的直觉自必是智的直觉，只有在本心仁体要其自身挺立而为绝

---

① 见牟宗三：《智的直觉与中国哲学》，为了行文的方便，本节有些地方引用该书没有直接引用原文，而采用了转述的方式。

② 牟宗三：《智的直觉与中国哲学》，台湾：商务印书馆 1987 年版，第 190 页。

③ 牟宗三：《智的直觉与中国哲学》，台湾：商务印书馆 1987 年版，第 190 页。

对无限时，智的直觉始可能。”①这里的理论环节是：性体超越、绝对而又无限，是一切存在之源，所以性体的明觉（人心）所发的直觉就是智的直觉。

智的直觉是否可能的关键在于牟先生对“性体”的规定，也就是对“天”的规定。首先，它是最高主宰，涵盖乾坤，为一切存在之源，绝对、普遍而无限而又有创造性。其次，它特别显现于人类而不为人类所限，特别显现于道德而不为道德所限，第三，它由本心之明觉的直觉也就是智的直觉来呈现。因此牟先生说：“此绝对普遍而无限而又有创造性的本心仁体即上帝——最高的主宰。此在中国以前即说此即是天道天命之真体——客观说的天命天道必须与主观说的本心仁体合一，甚至是一。”②

如此这般来规定“天”，在中国文化中确实不曾有过，因此，他的内圣之学是一种“新内圣”。从这些规定可以看出，牟先生把“天或者说性体”规定为了至上实体，也就是上帝。但与西方基督教的上帝又不完全相同。天在牟先生的道德形上学中，在超越、绝对而又无限，是一切存在之源等意义上与上帝相同；其不同之处在于：这一作为至上实体的天又是直接与心体打通，天的意志由本心之明觉而发的直觉来呈现，而且也只是由它来呈现，所以他说，性体（天）的明觉（人心）所发的直觉就是智的直觉。也就是说，在牟先生的道德形上学中，天心和人心是直接打通的，而在西方，人心是绝对不可能直通上帝的。牟先生在形上学的思路上有两点是明显不同于前人的，其一，是把天直接规定为至上实体，其二，凭借智的直觉，把人的道德主体性提高到了一个前所未有的高度，与至上实体直接打通。这样的说法可谓是“古今无两”。

智的直觉如何能具有创生性？也就是说，其自身就能给出它的对象之存在？牟先生分三个层次说明了这个问题：(1) 本心仁体之明觉活动反而自知自证其自己，如其为一“在其自己”者而知之证之，这就叫做逆觉体证，此逆觉就是智的直觉。…… 在此，也不能说“此直觉就能给出它的对象之存在”，因为此直觉活动就是此本心仁体自己之具体呈现的缘故。因此，越是这样逆觉体证，本心仁体之自体就越是具体呈现，因而也就越有力。接下去就是：(2) 有力者即有力发布道德行为者。此即本心仁体连同其定然命令之不断地表现为德行。见父自然知孝，见兄自然知悌，当恻隐则恻隐，当羞恶则羞恶，这些都是德行，都是奉行本心仁体之所命。实际上，智的直觉也只能如其为一内生内在物而觉之，实现之，除此而外，再无所知。此义是就道德行为而

① 牟宗三：《智的直觉与中国哲学》，台湾：商务印书馆 1987 年版，第 193 页。
② 牟宗三：《智的直觉与中国哲学》，台湾：商务印书馆 1987 年版，第 201 页。

说，扩大开来而可以应用于一切存在物。这就到了第三层。(3) 本心仁体本是无限的，有其绝对普遍性。它不但特显于道德行为之成就，亦遍润一切存在而为其体。前者是其道德实践意义，后者是它的存有论意义。…… 在道德形上学中，成就个人道德创造的本心仁体是连带着其宇宙生化而为一的，因为这本是由仁心感通之无外而说的。就感通之无外说，一切存在皆在此感润中而生化，而有其存在。所以智的直觉本身即给出它的对象之存在（对象是方便言，实际无对象义），这就是智的直觉的创生性。

在此，牟先生首先给出道德的定义："道德即依无条件的定然命令而行之谓。"然后依此推出人有智的直觉。智的直觉自证自成，而且能自觉呈现，自觉发布道德命令，所以，智的直觉的创生性也就是赋予一切存在物以道德意义。在智的直觉的意义上，道德本体就是道德现象，准确地说，没有道德现象，只有道德本体，一切都是本体的自我呈现。如此一来，康德意义上的认识论问题，也就是牟先生要开出的新外王——科学就必须另外想办法，只能用两层存有论来解决。

三、两层存有论：道德与认知的紧张

基于对海德格尔的批评和升进康德哲学的目的，也基于牟先生认为"人虽有限而可无限"和人有"智的直觉"，也为了接纳科学，所以他必须重新统一康德哲学的形上学系统，建立他自己独特的道德形上学，给出两层存有论的形上学系统，才能从理论上解决这些问题。因为康德把整个形而上学系统分为四个部分：(1) 本体论（牟译为存有论）；(2) 理性（合理）的自然之学；(3) 理性的宇宙学；(4) 理性的神学。先看牟先生怎样调整康德的形而上学系统：

第一部分本体论，就是康德在《纯粹理性批判》中所说的先验哲学，康德认为不过是纯粹知性的一种分析论而已，也就是海德格尔所说的一般形而上学，牟宗三称之为现象界的存有论，或"执的存有论"。

牟先生把康德形而上学的第三部分理性的宇宙学，和第四部分理性的神学全部归入第二部分。下面来看他这样归并的理由。关于自然之学，康德根据理性的使用是内在的还是超绝的，[①]而分为内在的自然学与超绝的自然学。

① 牟宗三所用的超越的（transcendental）和超绝的（transcendent）现在一般翻译为先验和超验，超验的原理是指要超出可能的经验的范围之界限来应用的原理。牟先生取其超越而又绝对之意而翻译为超绝。

内在的自然学又分为理性的物理学(对象为物质的自然)和理性的心灵学(对象为思维的自然)。牟先生把内在的自然学又叫做内在的形上学,因为它们是内在的,对象又是被给予的,所以应该归并入“执的存有论”。

由于灵魂既属于本体界又属于现象界,因此超绝的自然学应该有三支:理性的宇宙学(关于世界的超越知识)和理性的神学(关于上帝的超越知识)和超绝的理性心灵学。由于牟先生认为自由的无限心就是上帝,也是永恒的常在,所以这三支就没有分的必要。这个超绝的自然学也叫做超绝的形上学或无执的存有论。如此一来,形上学就只有两支:执的存有论(现象界)和无执的存有论(本体界)。

牟先生认为,康德完成了超越的哲学(现象界的存有论)和内在形上学,这都属于执的存有论。但由于康德不承认人有智的直觉,所以他没有完成超绝的形上学。这也就是牟宗三要升进康德而建立的道德形上学原因。

总而言之,牟宗三认为在“人虽有限而可无限”的前提下,必须承认两种知识:(1) 智识,这是由智的直觉所成就的;(2) 知识,是由感触直觉所成就的。这就必然需要两层存有论。要弄清楚他的两层存有论的目的、作用和意义。必须先清理这个概念本身。

存有论的问题是一个很复杂的问题,这个概念本身就很麻烦,还是来看牟宗三自己的说法吧。他在《圆善论》的附录中,专门对存有论做了总结,现在节录如下:

> 西方的存有论大体是从动字“是”或“在”入手,环绕这个动字讲出一套道理来即名存有论。——因此,范畴亦曰存有论的概念。范畴学即是存有论也,此种存有论,吾名之曰“内在的存有论”,即内在于一物存在而分析其存有性也,康德把它转为知性之分解,因此这内在的存有论便只限于现象,言现象之存有性也,即就现象之存在而言其可能性之条件也;吾依佛家词语亦名之为“执的存有论”。——中文说一物之存在不以动字“是”来表示,而是以“生”字来表示。“生”就是一物之存在。但是从“是”字入手是静态的,故容易着于物而明其如何构造成;而从“生”字入手,是静态的,故容易就生向后返以明其所以生,——中国无静态的内在的存有论,而有动态的超越的存有论,——这种存有论即在说明天地万物之存在,就佛家言,即在如何能保住一切法之存在之必然性,不在明万物之构造。此种存有论亦函着宇宙生生不息之动源之宇宙论,故吾亦合言而曰本体宇宙论。
>
> 若越出现象存在以外而肯定一个“能创造万物”的存有,此当属于超

越的存有论。但在西方，此通常不名曰存有论，但名曰神学。

吾人依中国的传统，把这神学仍还原于超越的存有论，此是依超越的，道德的无限智心而建立者，此名曰无执的存有论，亦曰道德的形上学。此中无限智心不被对象化个体化而为人格神，但只是一超越的，普遍的道德本体而可由人或一切理性存有而体现者。此无限智心之为超越的与人格神之为超越的不同，此后者超越而不内在，但前者之为超越既是超越而又内在。①

牟先生对存有论的解说基本上是很清楚的，他直接设定了一个"能创造万物"的存有，没有说明形上学奠基的问题，是独断论的形而上学。他的两层存有论试图说明道德与认知，把道德问题和认识论问题对峙起来。问题在于：如果无执的存有论圆满自足，那么你设置一个执的存有论又有什么意义；反过来也一样，如果执的存有论只是知识论问题，不能升进道德，甚至于可以说完全与道德无关，那么你为什么又要转识成智、良知坎陷而去开出来呢？所以道德至上、道德超绝的结果就是：知识无大用、科学仅仅是工具。

四、新外王：五四思维

牟宗三的道德形上学是典型的五四哲学，亦今亦古、亦中亦西的牟氏哲学文风正是五四的历史印记。这是表层的标志，下面进一步分析其思想的印记。五四运动有两面大旗：科学和民主。当时的三派，科学派、玄学派和唯物史观派有一个共同的前提，都认为中国应该吸收西方文化的精华——科学和民主，这些后来被称为工具理性的东西。这其中有一个前提，那就是中国传统文化中没有科学和民主，即使有也不发达。牟宗三的哲学体系正是典型的五四思维，他宗儒家内圣外王的传统，明确提出内圣开出新外王——科学和民主，就是最好的证明。其道德形上学除了前面所提到过的三个前提之外，还有一个前面提到的事实前提，那就是中国没有科学，这里单说科学，民主再论。所以，虽然他肯定中国传统学术，尤其是宋明儒学所建立的道德形上学的价值，认为只有它才是"真正的形上学"，但是也有不足。牟宗三先生认为："名理是逻辑，中国是不行的，先秦名家并没有把逻辑发展到学问的阶段。至于数学、科学也不行，故中国文化发展的缺陷在逻辑、数学与科学。这些都是西方文化的精彩所在。"②这显然是用西方的科学为标准的。对牟宗三

① 牟宗三：《圆善论》，台北：学生书局1985年初版，第337—340页。

② 牟宗三：《中西哲学之会通十四讲》，上海古籍出版社1997年版，第22页。

哲学体系的文化定位，这是必须首先要明确的。

五四时期的思想者都是民族主义者，全盘西化派是以一种“刘备摔阿斗——恨铁不成钢”的心态在进行思考，国粹派想在坚守民族文化本位的前提下，吸收西方文化的精华。但毫无疑问，他们都是民族主义者，有着强烈的民族感情，为恶劣的民族生存状况而忧心忡忡。在当时帝国主义列强意图在全球推进殖民化的情况下，中华民族有着亡国亡种的危险。民族生存第一，这是那个时代的人们思考问题的出发点。不只是思想者如此，各行各业的人们都是如此，君不见，那时节，不是有教育救国、科技救国、实业救国等各式各样的救国口号吗？当然，正是这些中华民族的仁人志士怀抱着他们的救国理想，上下求索，中华民族才有今天。可以说，牟宗三是用他的哲学在完成他的救国宏愿。正是由于牟先生有着哲学救国的理想，他开始了艰难的思想探索之旅直至生命最后一息。他构筑了一个庞大的、思想深邃、逻辑严密的哲学体系。他的哲学体系是五四思维中最有价值者之一。

无疑，牟先生的哲学属于五四那个特定的时代，那个时代给出了他哲学思考的前提。事实上，每个哲学家都属于他的时代，哲学家的价值主要在于他的时代性。我们不能说康德哲学比亚里士多德哲学更有价值，王阳明的思想比朱熹的思想更有价值，因为他们的思想都属于他们的时代。同样不能否认牟宗三哲学的价值，而且它的价值还在继续。因为五四运动的任务还没有最后完成，中华民族的生存危机也没有最终消除。

但是今天的时代毕竟不同于五四，今天的中华民族正在发展壮大，正在成为世界舞台上的一支重要力量。因此，思想者哲学思考的事实前提发生了变化，其理论前提也应该随之发生了变化。是哪些前提发生了变化呢？先说科学。牟宗三从来不曾对科学有过疑问，虽然他批评过科学主义，但那是在价值层面。事实上，科学是一个双面刃，这是今天人类的共识，科学及其应用的技术在给人类带来巨大的物质享受的同时，也让人类唯一的家园的地球变得越来越不适合人类居住。环境污染和人口爆炸在蚕食着我们的家园，核战争随时可能吞噬全人类。今天的思想者在思考的时候，必须得想着科学之利的同时，也一定不要忘记了科学之弊。当然这个科学是指自哥白尼以来的西方近代科学，它是人们今天在一般意义上谈论的科学的范型和标准。这背后的西方文化中心论是显而易见的。

所以今天我们应该问：科学只应该有一个标准吗？科学一直以来就应该是这样的吗？中国历史从来没有科学吗？还可以进一步追问：科学思维是一种理性的概念思维，西方有亚里士多德的十大范畴，有康德的范畴表，难道中国就没有自己的范畴系统吗？其背后隐藏的文化问题是：西方人为了拯救现象说明世界发明了他们的范畴系统和科学。五千年的中华文明就没有对世界作出自己的说明吗？如此等等，不一而足。这些问题足以警醒今天的思想者，提示人们应该在牟宗三等前辈思想者的基础上，把思考推向深入。

至于民主问题，牟先生也是肯定了它的普适价值，在《道德的理想主义》的序言中的提出了"三统之说"："道统之肯定，此即肯定道德宗教之价值，护住孔孟所开辟之人生宇宙之本源。学统之开出，此即转出'知性主体'以融纳希腊传统，开出学统之独立性。政统之继续，此即由认识政体之发展而肯定民主政治为必然。"

综上所述，牟宗三哲学的五四思维的是很明显的，主要有以下三点：(1) 亦今亦古、亦中亦西的牟氏哲学文风是表层的历史印记。(2) 对新外王——科学和民主本身缺乏反思，对工具理性的弊端没有给予足够的重视。(3) 以西方近代科学为科学的唯一标准，以西方的范畴为范畴的唯一标准，在局部问题上不自觉地陷入了西方文化中心论的泥坑。正是："却笑从前颠倒见，枝枝叶叶外头寻。"(咏良知四首示诸生之三)更是："抛却自家无尽藏，沿门持钵效贫儿。"(同上之四)

五、新内圣：超绝的形上学

当然，牟宗三道德形上学的主要问题不在新外王，而在新内圣，也就是道德形上学本身。他的道德形上学用他的话说是超绝的形上学(Transcendent metaphysics)，他把天规定为一个绝对超越而又无限的实体，也就是一个至上的存在者，这有点形而上学独断的意味。同时把人的道德主体和天道直接打通，无限放大人的道德主体性，其结果是人就直接成为自己的道德上的上帝。他的内圣之学的的确确是一种新内圣，因为历史上的儒家人物谁也没有如此这般讲过。总之，牟宗三的内圣之学是现代性的新内圣。

牟宗三的内圣之为新内圣，关键在于他对儒家传统的理解。他讲儒家从孟子开始讲起，以王龙溪的"四无"为儒家的圆教模型。走的康德先验哲学的路子，从道德的先验性、内在性来看待整个儒家思想，确实有些以偏概全。大家都知道，孟子是接着孔子讲的，孔子是圆，孟子是方，孟子剑走偏锋实为不得已。而且，圣人之教即圆教。这里仅举几例加以说明他对圣人的理解。比如牟先生说："孔子说吾十有五而志于学，依我的生活发展说，学就是自然生命之一曲。这一曲使生命不在其自己，而要使用其自己于'非存在'的领域中，即普通所谓追求真理。追求真理，或用之于非存在的领域中，即投射其自己于抽离的、挂空的概念关系中，这也就是虚空中。这是生命之外在化，因吊挂而外在化，生命不断的吊挂，即不断的投注。在其不断的投注中，其所投注的事物之理即不断的抽离，不断的凸显。生命之不断的吊挂与投注即是不断的远离其自己而成为‘非存在的’，而其所投注的事物之理之不断的抽离凸显亦即是不断的远离‘具体的真实’而成为形式的、非存在的真理。”[①]这里把“学”理解为生命的扭曲，“学”就是追求真理（此真理又是非存在的概念化的真理）。这显然不是圣人的意思。还有，学界一般认为牟先生论荀精于论孟，论孟精于论孔，他以专书论孟、荀，却没有专书写孔子。而按照牟先生的思路这正是他首先要做的，而且必须要做的最重要的事情，因为他认为中西文化的差异在于圣人和上帝之间。牟宗三应该很努力地去用真实的生命去完整地完成对圣人的理解，然而有人评价他是所谓“宋明理学、魏晋人物”，甚至认为，新儒家基本上都是儒学的学问家、研究家，而非生命意义上的儒家，这并非空穴来风，其中的问题值得深思，今天的我们，来者可追，应该更上一层楼。

牟宗三的新内圣主要是在“宗教”或者说“人文教化”的意义上成其为新内圣。从其道德形上学的入口处说，他的“人虽有限而可无限”，是在西方基督教和东方儒释道三教的背景下对人的不同理解，其背后的依据和实质是西方的上帝和东方圣人的不同。这显然是在宗教的意义上做比较。从其道德形上学的关键智的直觉处说，上帝和圣人都由智的直觉，依据西方传统，人没有智的直觉，而东方传统则认为有，这当然又是在宗教上说。至于两层存有论，其无执的存有论的宗教意义自不待言，在此牟先生认为，东方的宗教明显高于西方，至于执的存有论方面，虽然西方胜于东方，但那是转识成智以后的事情，东方虽无但可以有，与执的存有论相比，其价值和意义当然要稍逊一筹。如果有人说西方的近代科学就植根于他们的基督教之中，不知牟先生又做何言。

在文化层面上，牟先生的新内圣也有自己的鲜明特点。他把东方文化看作一体，把儒释道三家合流，这不能不说是他的创见，也不能不说这是他新内圣的一个显著特点。牟先生特别推崇的宋明理学，就是把辟佛老作为首要任务和理论前提的。历史上的儒释道三家，理论的论证方面相互融合是显然的，但基本立场却是泾渭分明。不过，我个人是很认同牟先生的这种做法的。“五四”直到今天，基本上可以说是东西方文化在相较短长，这种说法虽然不好，但事实如此。在中国文化内部的儒道之争，以及儒、道和佛家的论辩，学理上可能有些价值，但应该说现实意义不大。对东方文化求同，进而彰显其对世界的普遍价值，是牟先生新内圣的鲜明特点。在一个西方文化处于强势

① 牟宗三：《五十自述》，台湾：鹅湖出版社 1989 年版。

地位的时代里，有如此胆气去升进以康德为代表的西方哲学，是牟宗三的狂者胸次、汉子气在哲学上淋漓尽致的显现。这是作为现代新儒家的人物的牟宗三在新内圣方面敢于摆脱时尚、坚持民族文化的核心价值的表现。

正是凭借这股独特的汉子气，牟先生肯定了中国哲学的价值，在此基础之上，给出了哲学的一般定义，并且道出了中西传统文化的差异，这里的差异主要是在哲学上。牟宗三认为："最成熟的智慧是主观性和客观性的统一，是普遍原理(泛立大本)与当下决断的互相摄契。我看西方哲学在这一方面的活动所成的理想主义的大传统，最后的圆熟归宿是向中国的'生命学问'走。"[①]而且，"中国的文化生命民族生命的正当出路是在活转'生命的学问'以趋近代化的国家之建立"。[②] 在牟先生看来，中国人的"生命的学问"是最重要的，不仅是中国人的正当出路，也是西方哲学的最后的圆熟归宿。先弄清楚这里的"生命的学问"说的是什么？他说："中国人的'生命的学问'的中心就是心和性，因此可以称之为心性之学。"[③]很自然他给哲学下的定义就是："凡是对人性的活动所及，以理智及观念加以反身说明的，便是哲学。"[④]那么中国哲学的未来又是如何呢？牟先生认为："我们看出了中国哲学的未来的方向：(一) 根据传统儒释道三教的文化生命与耶教相摩荡，重新复活'生命的学问'。(二) 吸收西方的科学，哲学展开智性的领域。"[⑤]

牟先生的这些话表明，就哲学而言，心性之学是人类哲学的圆熟归宿，而中国哲学又需要吸收西方的科学。那么已有的中西哲学是有差异的，它们之间差异的要害何在？他认为："用一句最具概括性的话来说，就是中国哲学特重'主体性'(subjectivity)与'内在道德性'(inner morality)。儒家把主体性复加以特殊的规定而成为'内在的道德性'即成为道德的主体性。西方哲学刚刚相反，不重主体性，而重客体性。它大致是以'知识'为中心而展开。"[⑥]牟宗三的新内圣不仅在宗教意义上肯定儒家的主体地位，哲学上也是如此。

哲学就是心性之学，本着这一理解，牟先生把宋明理学分为了三系。这一划分在宋明理学的研究中也是引起了轩然大波。因为宋明之际的理学和心学，是在中国历史上发生过实际影响的两大儒学流派。理学和心学都归宗儒学，实际上是一个系统，为什么非要把它们分开来说？能不能把它们合在

---

① 牟宗三：《中国哲学的特质》，台湾学生书局 1994 年版，第 10 页。
② 牟宗三：《中国哲学的特质》，台湾学生书局 1994 年版，第 110 页。
③ 牟宗三：《中国哲学的特质》，台湾学生书局 1994 年版，第 120 页。
④ 牟宗三：《中国哲学的特质》，台湾学生书局 1994 年版，第 4 页。
⑤ 牟宗三：《中国哲学的特质》，台湾学生书局 1994 年版，第 123 页。
⑥ 牟宗三：《中国哲学的特质》，台湾学生书局 1994 年版，第 5—6 页。

一起来说？这可能才是宋明理学研究中真正有意义的问题。

总而言之，牟先生超绝的形上学是新内圣。在宗教、文化以及哲学的意义上，肯定儒家文化的主体地位，打通儒释道，划分宋明三系，都是新内圣的特点。新内圣的核心就是：人是自己的上帝。

六、新内圣与新外王

牟宗三的新内圣就是他的道德形上学，新外王自然就是科学和民主。从理论上来讲他的新内圣和新外王之间有着巨大的张力，甚至于可以说，他的新内圣根本就开不出新外王。从道德形上学本身来说，无执的存有论把道德绝对化，两层存有论割裂了道德与认知，这样会导致取消新外王。因为如果无执的存有论圆满自足，那么你设置一个执的存有论又有什么意义；反过来也一样，如果执的存有论只是知识论问题，可以说完全与道德无关，那么你为什么又要转识成智、良知坎陷而去开出来呢？所以道德至上、道德超绝的结果就是：知识无大用、科学仅仅是工具，至少也是知识的学习、科学的发展与道德无关。这是其一。

其二，就牟宗三道德形上学的外缘康德哲学来说，也是如此。牟先生以康德哲学为西方健全理性的代表，意图通过升进康德哲学来铸造新内圣来解决新外王的问题。这在理论上也说不通。首先，需要对工具理性本身进行反思，科学和民主有其利也有其弊。其次，还必须假定，康德哲学彻底解决了认识论问题，给出了科学的一般形上学的牢固基础。但事实显然不是如此。从科学和哲学发展来看，从来也没有一个哲学家能给出科学的一般形而上学基础，科学和哲学都在不断的发展之中。而且他没有意识到西方哲学有一个很麻烦的问题：就是时间问题。可以说，从康德到胡塞尔再到海德格尔的哲学的发展，对时间的思考起着至关重要的作用。在康德那里，把牛顿的绝对时空观内在化，把时间作为感性直观的纯形式，但用爱因斯坦的相对论时空观来看，则康德把时空作为感性直观的纯形式就不可能。康德的时间概念的形而上学阐明的第三条说："时间是一维的；不同的时间不是同时的，而是前后相继的。"[①]因为相对论是四维时空观。正是基于这一点，胡塞尔把康德形而上学科学化的理想继续推进，悬搁了这些可疑的作为感性直观的纯形式的时间和空间，直接还原到先验自我，以此建构最后的科学的形而上学。但他解决不了主体间性的问题，也无法先验地说明流俗的时间。海德格尔则把时间

① 康德：《纯粹理性批判》，邓晓芒译，北京：人民出版社 2004 年版，第 34 页。

分为绝对时间、相对时间和流俗的时间，而所谓流俗时间(common time)——就是日常与我们照面的时间。海德格尔在《存在与时间》中所说的时间是一种被存在所规定并且同时也规定着存在的东西。牟先生没有对时间问题加以很好的思考和说明，基本上照搬了康德的时间观念，至少在认识论上是如此。也许是因为牟宗三认为，"时间"只能用来解释人的实践体证，却无法也没有必要与超越的实体或理境相关联。但是在转识成智去接纳认识论的时候，这个问题就必须予以说明。

康德哲学本身并没有一劳永逸地解决科学的形上学基础问题，牟先生想通过康德来解决新外王的可能性就要大打折扣。在康德哲学那里，尤其是在认识论问题，囿于康德而跳不出来，没有重视康德之后，西方哲学的发展，认识论的发展。

其三，本来可以作为牟先生新内圣的创新点的现象学，被他忽略了。他注意到了海德格尔现象学的非理性倾向，他知道海德格尔想拆毁西方自柏拉图以来的理性传统而恢复柏拉图之前的古义。而没有注意到海德格尔对形而上学本身的深刻反思，当代现象学意图解构与克服近代西方哲学的二元论传统，这里所说的"二元"不仅是指现象与本体意义上的二元，而且也是指认识本体与道德本体意义上的二元。海德格尔认为，情感活动涉及人的存在的根本问题，因此要比理智(道德、认知)活动更加基本，事实上往往是情感活动在先，理智活动在后。

七、批判是为了继承

"牟宗三先生之后必须得有批判的新儒学。"林安梧如是说。他是牟先生的晚年弟子，常有一些新的思考，颇有启发性。在鹅湖的两大阵营，护教的新儒学和批判的新儒学之中，他属于后者，意图批判地继承牟先生的思想。他说："这样的提法(良知坎陷)是站在主体主义、形式主义、康德式批判哲学的立场而说的，这是在启蒙的乐观气氛下绽放出来的哲学，这与我们当前整个世界的处境已然不可同日而语。"①他认为："批判的新儒学不同于原先的当代新儒学之以'主体性'为核心的思考，而特别强调'生活世界'一概念。"

林安梧认为："君父是错置了'宰制性的政治连结'与'血缘性的自然连

① 林安梧：《解开道的错置——兼及于"良知的自我坎陷"的一些思考》，载《原道》第十辑，北京：北京大学出版社 2005 年版，第 179—194 页。

结’，圣君则是‘人格性的道德连结’与‘宰制性的政治连结’。”①这就是所谓的“道的错置”。这是秦汉以后的事情，良知学与专制权威的关联是在“道的错置”下造成的异化关联。因此，需要解开这“道的错置”。林安梧还指出，对新外王而言，是一个学习的次序，不是原先发生的次序，也不是以理论的次序所能做成的。牟先生因为时代的限制，对此没有分别清楚。总之，“当代新儒学背后是主体主义的，是道德中心主义的，而在方法上则是形式主义的，是本质主义的。……这么一来，就难免会被诬为良知的傲慢。”（同上）因此，林安梧的口号是：“让儒学来参与、调整现代化，让现代化来调整、参与儒学。”本文对林安梧的看法不做评论，只是摘要于此，说明我们应该批判地继承牟先生的思想，也提供一种批判的继承的思路。

不只是牟先生的弟子们在做着批判的继承，像倪梁康这样的现象学专家也是如此，他通过从现象学的角度的考察认为：“牟宗三在胡塞尔那里没有看到共同的形而上学基本旨向，在海德格尔那里没有看到共同的方法途径。”但是，总的说来：“在牟宗三与现象学之间即便没有一种完全相合的关系，也绝不存在一个根本对立的关系，而更多是种种可以会通和互补的可能性。”他还指出，与牟宗三的思想意旨和思想方法最为接近的现象学家是舍勒。他们最有可比性，原因有二：“其一是在内容上：牟宗三与舍勒都在追求客观的理念与价值，并且共同耕耘在伦理、宗教等实践哲学领域。在宽泛的意义上，他们从事的是伦常行为与对象的现象学，而不是认识行为与对象的现象学。他们都把伦常行为看作是第一性的；或者说，把实践哲学视为‘第一哲学’；但他们同样也相信，虽然伦常行为较之于认识行为是奠基性的行为，但却需要通过认识行为来加以澄清。其二是在方法上：牟宗三与舍勒都在追求道德认识的直接性、伦理直观的明见性，反对康德‘本体’概念或‘物自体’概念的‘糊涂’或‘隐晦’。而且他们实际上都在运用现象学的本质直观方法，无论是以‘智的直觉’（intellektuelle Anschauung）的名义，还是以‘伦常明察’（sittliche Einsicht）的名义。”②

当然倪梁康基本上是在肯定牟宗三的道德形上学的积极意义的前提下，认为牟宗三的哲学思想可以与现象学会通和互补。而林安梧是要解开“道的错置”，强调“生活世界”这一概念。但是，他们都以现象学为新的视角或者说方法，来重新打量牟宗三哲学。虽然说，现象学尤其是海德格尔的存在哲学

① 林安梧：《解开道的错置——兼及于“良知的自我坎陷”的一些思考》，载《原道》第十辑，第179—194页。

② 倪梁康：《牟宗三与现象学》，《哲学研究》2002年第10期。

的主旨在于克服西方哲学的主客二元式的认识论进路，试图恢复到无分主客的本源境域，这与非认识论进路的中国哲学有着很大的亲和性。张祥龙尤其推崇现象学作为中国哲学返本开新的生长点，努力找寻海德格尔与中国文化的蛛丝马迹的关联。但是，现象学还是西方的现象学，如果只是以现象学方法为方法，是否又会像牟先生那样陷入不中不西的尴尬境地呢？借用现象学的口号来说，我们应该“面向事情本身”，回归自己的家园，回归中国人自己的文化传统，回到儒家传统来重新阐释“内圣”。否则，又会弄出一个不伦不类的“新内圣”。

和牟宗三对科学的态度不同，黄玉顺先生认为：“我们今天同时面对着科学主义和反科学主义这样两种截然对立的思潮：科学主义思潮乃是一种头足倒置的立场，因为这种立场视科学为终极奠基性的东西，而非被奠基的东西。不是生存为科学奠基，而是科学为生存奠基，这就意味着此在的生存、即人的生活本身反倒成了一种派生性的东西。于是科学俨然成为一种意识形态，一种‘霸权话语’，乃至成为一种宗教，一种‘拜科学教’。但反科学主义思潮则是一种因噎废食的立场，因为这种思潮不是积极地寻求为科学奠基，而是消极地对科学及其文明成果加以拒绝。这种立场完全取消了科学奠基问题，因而也就不能真正现实地解决这个问题。尤其对于我们亟待实现现代化的中国人来说，反科学主义思潮显然是错误的。因此，我们既不能做‘现代科学的拜物教徒’，也不能做科学的敌人；我们今天的一项重要任务，乃是‘科学复位’问题，即把科学安放到一个恰当位置上，这就是：为科学奠基。”[①]通过对科学的现象学考察，他还认为，中国人有自己的科学，科学不只是属于西方，更不是只属于西方近代。中华文明有自己的范畴系统，那就是洪范九畴。基于这些思考，他提出了自己的“生活儒学”。意欲在牟宗三等人的基础上，重建儒家形上学，目的就是要解决“现代之后”的种种问题。

虽然“生活儒学”这个理论目前是“小荷才露尖尖角”。但有几点值得注意，第一点主要是方法论意义，立足点是我们的“生活世界”（“事情本身”意义上的“本源境域”）。在这个本源境域中，古今中外汇集于此，并因此获得意义。在这个立足点上以人类共同面临的问题为问题，不拘泥于中西哲学的差异。第二，黄玉顺先生的“生活儒学”确实是在与现象学——海德格尔对话的过程中展开的，但是与海德格尔只拆不建的反理性倾向不同的是：拆除是为了重建。第三，在重建形上学的问题上，以自己的生活家园为家园，力图趋近

① 黄玉顺：《为科学奠基——中国古代科学的现象学考察》，载氏著《面向生活本身的儒学》，四川大学出版社2006年版，第291页。

孔子，回到轴心期之前儒家的原发境域，突破了现代新儒家从孟子开始讲形而上学的所谓“先验思路”的那条老路。构置了一个“情—性—情”的架构，以此来解决形而上学奠基、形而上学独断以及主体性问题。第四，突破了“五四”思维，借用现象学对作为工具理性的科学做了深刻的反思，更为根本的是，突破了“五四”以来民族文化本位的思维定式，而立足于“生活世界”。当然，依本文的观点来看这也是批判地继承牟先生思想的结果。

综上所述，我们应该批判地继承牟宗三先生的思想，而不是护教。虽然他重建儒家形而上学的努力没有能够取得全功，但他留下了很多有益的思考。因为新儒家身上承载太多，负担太重，既要稳住中国文化传统，使之不至于花果飘零，又想要尽快吸收西方文化之精华，以图为我所用，解决当时的民族生存危机。而西方文化真正的精华传入中国还不久，没有经过中国文化很好的诠释和反思，这时的现代新儒家想融合东西方文化自然就很困难。但是现代新儒家的努力并没有白费，在新的历史条件下，肯定了中华文明的核心价值，他们对传承中华文明作出了卓越的贡献。牟先生的道德形上学在“人文教化”的意义上也切近了中西文化真正的差异，此差异就在神与人之间。西方传统认为“人是有限的”，因为在基督教的文化传统中，人和上帝不可通约。而牟先生依中国传统认为“人有限而可无限”，人圣之间并没有不可逾越的鸿沟。

牟宗三先生的哲学体系，是五千年中华文明史上，第二次融合外来文化的阶段性成果，而且是这一阶段的主要代表之一，因而对牟先生思想的深入研究，有两方面的目的：其一，可以检阅百余年来中国文化吸收西方文化的基本结果与收获。其二，可以预期中国传统文化的发展在全球化的背景下的未来走势与取向，当然，这主要是在批判地继承的意义上来说。

孔子思想中的“学”与“教”

◇［日］池田知久/文　　◇柳　悦/译
（日本大东文化大学教授）

中国历史上，能够称作学问的东西，是由春秋末期的孔子及以他为鼻祖的儒家首先提倡起来的。此后，以墨翟为鼻祖的墨家诞生，他们站在和儒家不同的立场展开思想活动，两家之间发生了很多争论，各自主张以孔子或墨子为创始的学问才是正宗，力图批判、破除对方的谬误。这就是所谓“百家争鸣”的开始。

这段时期，中国社会发生巨变，西周所建立的称为宗族制血缘关系、称为封建制的统治体制开始崩溃，新兴的领土制国家开始走向古代帝国（秦汉）的形成。西周时期的学问、思想是西周王朝、王族格局下的产物，从中产生出独立、自由之学问和思想的基础尚未形成。然而，春秋末期到战国初期，宗族制、封建制开始崩溃，领土制国家开始走向古代帝国，位于旧体制末端的那些士阶层的人被最先从统治体制中排挤出去，开始了独立的、自由的学问和思想活动。这是因为这些人站在这样一个位置上，即他们把人际关系的不安定、社会秩序的混乱、战争导致的生命危机、人民生活的苦难、以往价值观的迷失，等等那个时代的许多重大问题当作自己必须要解决的问题。

一、孔子的“学”与“教”

孔子是出生于士阶层的思想家，是中国史上第一个觉醒到学问之意义的人。《论语·为政》记载了他即将结束七十二年生涯前留下的回顾一生的话：

> 子曰：“吾十有五而志于学，三十而立，四十而不惑，五十而知天命，六十而耳顺，七十而从心所欲，不逾矩。”

这段话完整地展示了孔子终其一生不断寻求自我内在发展的形象。其中，特别需要注意的是，他十五岁时“志于学”之意志，位于最终发展出七十岁“从心所欲，不踰矩”之境界的出发点上。孔子认为人能够向内在方向发展的原动力就是“学”。

因此，《论语》中到处可见孔子对于“学”的热切和自负。

子曰：“十室之邑，必有忠信如丘者焉。不如丘之好学也。”（《公冶长》）

可见，孔子好“学”，热心于讲学，并重视其意义。

《论语》中，如《公冶长》所示，使用“好学”之语来评价人的地方为数不少。这个事实本身反映出孔子思想中“学”的重要性。

子曰：“由也，女闻六言六蔽矣乎？”对曰：“未也。”“居，吾语女。好仁不好学，其蔽也愚。好知不好学，其蔽也荡。好信不好学，其蔽也贼。好直不好学，其蔽也绞。好勇不好学，其蔽也乱。好刚不好学，其蔽也狂。”（《阳货》）

由此可知，较之“好仁”、“好知”、“好信”、“好直”、“好勇”、“好刚”这些德目，“好学”占有更重要的位置。

孔子所倡导的“学”，在单独的一个个人那里不成立，必须有他者、有更多的人，在此意义上“学”带有一种社会性。就是说，所谓“学”，是“学”的弟子和“教”的老师两者间的关系，因此，“学”同时也可以说是“教”。有必要注意的是，在孔子学园中施行的“学”，一般而言，是弟子服侍老师，就某些内容接受老师传授这样一种特别的形态，和我们现代在学校里从事的称为“学”的活动，面貌完全不同。

子曰：“君子食无求饱，居无求安。敏于事而慎于言，就有道而正焉。可谓好学也已。”（《学而》）

子夏曰：“贤贤易色，事父母能竭其力，事君能致其身，与朋友交言而有信，虽曰未学，吾必谓之学矣。”（《学而》）

在后面这段话中，子夏把“学”分为狭义和广义两类，对广义的“学”给予了高度评价，这种学风正是孔子学园本来固有的。狭义之“学”，是专门从事某一主题的“学”，和现代我们所谓的“学”比较接近。相反，孔子学园所见本来的“学”，是被要求在日常生活中实践的、完善人格的学问。而且，我们推测，孔子学园的学问观，在春秋末期到战国后期、末期的时代发展中发生了变化，狭义之“学”被受到重视，在整体之“学”中，狭义之“学”的比率提高了。《学而》有以下的话：

子曰："弟子立则孝，出则弟，谨而信，泛爱众而亲仁，行有余力，则以学文。"

其前半"弟子立则孝，出则弟，谨而信，泛爱众而亲仁"属于广义之"学"、本来之"学"，后半的"行有余力，则以学文"是狭义之"学"，后来之"学"。

《先进》说：

子路使子羔为费宰。子曰："贼夫人之子。"子路曰："有民人焉，有社稷焉，何必读书然后为学。"子曰："是故恶夫佞者。"

这里，看上去似乎子路所讲的本来之"学"被孔子否定了。但是，子路所言广义之"学"，应是孔子学园中本来就有的、正统的学问。因此，这可能是孔子晚年的、后期的思想，或者这段话可能是战国后期之后的人站在后代学问观的立场上写出来的。此外，《季氏》说：

陈亢问于伯鱼曰："子亦有异闻乎？"对曰："未也。尝独立，鲤趋而过庭。曰：'学《诗》乎？'对曰：'未也。''不学《诗》，无以言。'鲤退而学《诗》。他日，又独立，鲤趋而过庭。曰：'学礼乎？'对曰：'未也。''不学礼，无以立。'鲤退而学礼。闻斯二者。"陈亢退而喜曰："问一得三。闻《诗》，闻礼，又闻君子之远其子也。"

这里记载"学"的对象是"诗"和"礼"，即为"学"而使用的课本，这样的学风在春秋末期孔子时代尚未得到重视。这篇文章可能反映的是后代，即战国后期以后形成的学问方法。此外，《阳货》中有：

子曰："小子何莫学夫《诗》。《诗》可以兴，可以观，可以群，可以怨。迩之事父，远之事君，多识于鸟兽草木之名。"

这里的"学"也同样，指的是孔子学园中兴起的后代类型的"学"。

总之，孔子的"学"，是和出身士阶层的弟子们一同从事的学问，因此，"学"同时也是"教"。春秋末期，非常多的年轻人聚集到孔子门下，为的是求取孔子所创新的"学"与"教"。虽然有姓有名者仅七十余名，但年龄、出生地、阶层各异的形形色色的人聚集孔子门下，总数无法统计。对于这些人，孔子终始一贯地强调"学"的重要性。同时有这么多的人聚集他的门下，自然而然使孔子走向"教"导者的地位。《述而》说：

子曰："默而识之，学而不厌，诲人不倦。何有于我哉。"

可见，孔子对于"教"、"诲"也是极为热心的。

这样看来，孔子不仅仅是中国历史上第一个觉醒到"学"之意义的人，同时也是第一个觉醒到“教”之意义的人。通过“学”与“教”，使师生们能够一体同心，这就导致了儒家这个学园、学派在中国史上的首次诞生。

二、孔子“学”与“教”的目的

通过如此重视的学问、教育，孔子究竟意欲何为？——我想其目的是培养“君子”这种新型的人。《学而》说：

> 子曰：“学而时习之，不亦说乎。有朋自远方来，不亦乐乎。人不知而不愠，不亦君子乎。”

《论语》开头这段话，给现代人传达出以孔子为中心、由一群人聚集而成的学园既认真又宽松的气氛。同时也明确地展示出孔子学园中“学”的目的是为了成就“君子”。和这段话趣旨相同，提倡通过“学”以成就“君子”的文章，或提倡“君子”本质属性之一在于从事“学”的文章，在《论语》中也很多。

孔子所说“君子”究竟是怎样的一类人呢。孔子以前最为常见的是，“君子”意味着统治阶层，而被统治阶层的“小人”则表示相反的意思。与这种统治者、被统治者意义上的“君子”、“小人”相反，孔子赋予了完全不同的义涵——称道德出色、人格崇高者为“君子”，称道德恶劣、人格低下者为“小人”。这种用法上的变更，虽然只不过反映出“君子”“小人”语言上的道德化，但对孔子及其学园所怀抱的道德思想、政治思想整体而言，却是有着极为重要意义的根本性变革。这也是中国历史上由孔子首次发动的。

那么，究竟具备怎样的道德、人格，才可以称为“君子”呢。关于这个问题，孔子从各个方面给予了非常多的说明。从《论语》全书看，“孝”、“弟”、“忠”、“信”、“恕”、“知”、“勇”等等德目大量涌现，孔子说具备这些德目的人叫做“君子”。这样的德目哪怕多一个也好，在各种人际关系（家庭、乡里、国家等）中，能够让自己置身其中并健康发展者，正是孔子说的“君子”。因此，这些德目也是“学”的对象，也成为学问的内容。《子路》说：

> 樊迟请学稼。子曰：“吾不如老农。”请学为圃。曰：“吾不如老圃。”樊迟出，子曰：“小人哉，樊须也。上好礼，则民莫敢不敬。上好义，则民莫敢不服。上好信，则民莫敢不用情。夫如是，则四方之民襁负其子而至矣。焉用稼。”

可见，不是学习“稼”、“圃”，而是学习“礼”、“义”、“信”的统治阶层才是

"君子"。这样的"君子",从能够体会"人之道"的意义上讲,有时也被称为"有道(者)"。如果将这些众多的德目用一言蔽之,则可以归纳为"德行"一词。

孔子学问、教育的主要内容,均以"德行"为中心。《先进》有:

德行颜渊、闵子骞、冉伯牛、仲弓,言语宰我、子贡,政事冉有、季路,文学子游、子夏。

这里描写的四科——道德与人格、言语表达能力、政治能力、古典知识,可以说阐述了孔子学园"学"、"教"的主要内容,"德行"是四科之首,四科的中心,与"君子"相称的,或是作为"君子"者应该拥有的道德、人格,是包括以"德"、"道"、"善"为代表的各种道德的总称。《述而》有:

子曰:"德之不修,学之不讲,闻义不能徙,不善不能改,是吾忧也。"

其中的"德"、"学"、"义"等在整体上构成了"德行"。如《学而》所示:

子曰:"弟子立则孝,出则弟,谨而信,泛爱众而亲仁,行有余力,则以学文。"

这个"德行"被赋予了实践的性质,即便没有余力也必须"行",这样就和"学文"即古典知识的学习画出了界线。

那么,在孔子门人心目中,哪些人被孔子认可"好学"呢?《雍也》说:

哀公问:"弟子孰为好学?"孔子对曰:"有颜回者,好学。不迁怒,不贰过。不幸短命死矣。今也则亡。未闻好学者也。"

可见只有颜回一人。需要注意的是,颜回就是被列为"德行"第一的人物。这反映出孔子学园中"德行"最受重视的事实。还有并非"德行",而属于单纯知识的学习,除前面提到的《子路》外,《卫灵公》有:

卫灵公问陈于孔子。孔子对曰:"俎豆之事,则尝闻之矣。军旅之事,未之学也。"明日遂行。

可见,单纯知识的学习姑且也被称为"学"。此外,《阳货》有:

子曰:"小子何莫学夫《诗》。《诗》可以兴,可以观,可以群,可以怨。迩之事父,远之事君,多识于鸟兽草木之名。"

其中"多识于鸟兽草木之名"的学习,可能本来不在孔子的考虑之中吧。

以上种种德目,几乎全部在孔子出现以前,已经为人熟知、被人讨论过。然而,这其中有孔子在历史上首次提倡的独特的德目,那就是"仁"。"仁"是以爱情、关怀("恕")为主体的德目,有时也和"知"、"勇"及其他德目并列提及。然而，如果对孔子学园的语言使用做整体观察，那么显然"仁"是贯通、总括"孝"、"弟"、"忠"、"信"等等德目整体的、最高的德目。这个问题，今天已经有了充分的研究和阐明，这里不再详述。

这样看来，孔子所欲培养的"君子"，如本文开头论述的那样，是能够担当起中国古代巨大社会变革的、能够成为新型道德指导的人物。《为政》说：

子曰："温故而知新，可以为师矣。"

这里描绘的"师"正是这一类型的人物。通过这些学问、教育来培养"君子"的目的，与当时变革时代的社会需求相吻合。正因为如此，孔子门下才会聚集年龄、出生地、阶层不同的许多人士。从这个意义上讲，中国史上第一次通过"学"、"教"而结成社会团体，创建出学园、学派者，是孔子及其门下弟子形成的儒家。

三、孔子思想中的宗教与《易》

对于孔子来说，"故(古)"所代表的是，其始源可以追溯到商代以前的、传统的关于"鬼神"和"天(上帝)"的宗教。而"新"所代表的是，孔子自身所倡导的以"仁"为顶点的"德行"。孔子对于"鬼神"的态度如下所示：

子不语怪力乱神。(《述而》)

樊迟问知。子曰："务民之义，敬鬼神而远之，可谓知矣。"问仁。子曰："仁者先难而后获，可谓仁矣。"(《雍也》)

可见孔子不谈"鬼神"之事。不仅如此，他还将超越这种旧的"鬼神"信仰作为自己的课题。因此，他对宗教祭祀的态度具有极强的目的意识。他虽然说"敬鬼神"，以此向旧的习俗妥协，但实际上却是"远之"。他有意识采用的方法是，基于宗教被人信仰这样一种时代性思想的现实基础，为了达到超越宗教的目的，而与旧的习俗做出妥协。

孔子所生活的春秋末期，伴随着西周宗族制、封建制的疲敝、崩溃，从宗教层面支撑着旧体制的、信仰"鬼神"、"天"的思想也出现了巨大的动摇。因此，孔子关于"鬼神"、"天"的思想也带有对西周宗教予以大幅度革新的内容。

孔子对于"天"的态度，如前引《为政》"五十而知天命"所示，重视的是人所应"知"之对象的"天命"。按理说"天命"之意，无疑是主宰神的"天"按照自己的意志让世界朝着自己希望的方向展开，然而，孔子所言"天命"却与此不同。那么，对孔子说来，"天命"指的究竟是什么呢？——指的是在人力所能控制范围之外发生作用的、和人类社会相关的理法。孔子立足于“天”的宗教一如既往被人信仰的时代现实，为了超越之，而有意识采用了与旧习相妥协的方法。前引《为政》的“子曰：‘温故而知新，可以为师矣。’”正是这种方法意识的写照。孔子对于“天命”也是用这样的方法去对应。一方面承认“天命”的存在，使用这个语言，另一方面将其中旧的内容改成了新的内容。

接下来，我们探讨这样一个说法，即孔子及其门下弟子把《易》当作“学”的对象加以研究。这是因为，孔子撰写了“十翼”即《易传》十篇，到了晚年开始好《易》的说法，即便现代的学者也信以为真。

《易》原来只是占筮之书，直至战国末期前并非儒家的经典，和儒家没有任何关系。儒家的重要思想家们自春秋末期的孔子以来，到战国时代孟子、荀子等人为止，都没有对《易》作过肯定的论述。作为引《易》、谈《易》的例子，《荀子》中仅仅有四条文字，这四条还均非荀子本人所作，据推测形成于战国最末期——西汉初期的荀子门生之手。始于孔子的儒家宗教革新，被后学继承而成为战国时代儒家的传统。说孔子撰写“十翼”的原型是《史记·孔子世家》以下这段话：

> 孔子晚而喜《易》，序《彖》、《系》、《象》、《说卦》、《文言》。读《易》韦编三绝。曰：“假我数年，若是，我于《易》则彬彬矣。”

但这是西汉初期为《易》儒教化的必要而创作的神话，并非历史的事实。而且，说孔子读过《易》作为史实也令人怀疑，应视其为因《易》儒教化而导致的孔子故事。说孔子读过《易》的证据是《述而》这段话：

> 子曰：“加我数年，五十以学易，可以无大过矣。”

唐代的陆德明《经典释文》对“易”字有以下解释：

> 易。如字。鲁读易为亦。今从古。

这证明了古《鲁论》把“易”看作是“亦”的假借字。以此为依据，《述而》应照下读才是：

> 子曰：“加我数年，五十以学，亦可以无大过矣。”

1973 年，河北省定县出土了“定县四十号汉墓竹简”，墓主人是死于西汉后期宣帝五凤三年（公元前 55 年）的中山怀王刘修。其中所含《定州汉墓竹简论语》（文物出版社，1997 年出版）是现存时代最早的《论语》。那里的《述而》如下所示：

> 〔子曰：“加我数年，五十〕以学，亦可以毋大过矣。”

并非“易”字而作“亦”字。可见近年新出土资料也证实了以上推测的正确。这段文章表明，并非仅仅“学”《易》，而要广泛“学”习各种各样的学问。

我们有必要认识到，重视《易》的思维方式，使人按照宗教的“鬼神”、“天”的指示去生存，这和孔子以人为中心的生活方式，即人凭借自己的力量开创自己未来的主张，有着根本的不同。

激进权智与温和权慧：孟子经权观新论

◇ 杨海文

【摘　　要】孟子经权观由背反于经的激进权智、返归于经的温和权慧两部分构成。从小叔子救嫂子，舜不告而娶，汤放桀、武王伐纣、伊尹放太甲，舜窃负而逃四组案例看，激进权智的实质在于以权抗礼。从如何应付违礼行为、位移现象、收礼情形三组案例看，温和权慧的实质在于以权行礼。激进权智的使用范围极其有限，温和权慧的作用空间无边无际；激进权智只是醒目的标志，温和权慧却是普遍的风格。行权是每一个道德实践主体不可让渡的权利，一般情形下同样需要权变智慧，这是孟子经权观不同于而且高于传统经权观的所在，亦是孟子经权观在传统经权思想史上彰显出的独特理论价值。

【关 键 词】激进权智；温和权慧；背反于经；返归于经；以权抗礼；以权行礼；经权观

【作者简介】杨海文（1968—），男，湖南长沙人，哲学博士，中山大学学报编辑部编审。

傅伟勋的《儒家心性论的现代化课题（上）》提出了证立孟子性善论的十大论辩，同时指出："儒家则自孟子以来早已把握到'心性论在先，伦理学在后'的道理。"[①]孟子建构自身思想体系，"心性论在先"就是首先逻辑地确立了"仁且智"的理想人格，"伦理学在后"就是随后现实地践履着"经而权"的伦理智慧。《礼记・丧服四制》有言："夫礼……有恩，有理，有节，有权，取之人情也。恩者仁也，理者义也，节者礼也，权者知也。仁、义、礼、知，人道具矣。"[②]

---

① 傅伟勋：《从西方哲学到禅佛教》，北京：三联书店，1989 年，第 254 页。

② 阮元校刻：《十三经注疏》下册，北京：中华书局，1980 年，第 1694 页。按，柳宗元《断刑论下》云："果以为仁必知经，智必知权，是又未尽于经权之道也。何也？经也者，常也；权也者，达经者也：皆仁智之事也。离之，滋惑矣。经非权则泥，权非经则悖。是二者，强名也。曰当，斯尽之矣。当也者，大中之道也。离而为名者，大中之器用也。知经而不知权，不知经者也；知权而不知经，不知权者也。偏知而谓之智，不智者也；偏守而谓之仁，不仁者也。知经者不以异物害吾道，知权者不以常人怫吾虑。合之于一而不疑者，信于道而已者也。"（柳宗元：《柳河东全集》，北京：中国书店，1991 年，第 41 页）

人情、人道烛照下的“恩者仁也”、“权者知也”，又昭示了经权与仁智紧密相关的思想史传统。孟子“经而权”的伦理智慧，既倡导“背反于经”的激进权智，又强调“返归于经”的温和权慧，同样旨在把道德理想主义的文化精神真切地落实在每一个道德实践主体的人伦生活之中。

一、以权抗礼：小叔子为何要救嫂子？

明代著名文人徐渭的《四声猿·女状元辞凰得凤》第一出有句唱词：“此正教做以叔援嫂，因急行权；矫诏诛羌，反经合道。”[①]读过《孟子》的人，也都会对下面这段话留下深刻印象：

> 淳于髡曰：“男女授受不亲，礼与？”孟子曰：“礼也。”曰：“嫂溺，则援之以手乎？”曰：“嫂溺不援，是豺狼也。男女授受不亲，礼也；嫂溺，援之以手者，权也。”(7·17)[②]

孟子十分看重权变，曾说：“权，然后知轻重。”(1·7)“执中无权，犹执一也。”(13·26)其中，“执中无权”是孟子对子莫践履伦理规范的评价。子莫既不像杨朱那样为我，拔一毛利天下而不为，也不像墨子那样兼爱，摩顶放踵利天下而为之，而是执中。孟子则认为，子莫虽然执中，本质上还是杨、墨那种不讲权变的执一。援嫂以手之“权”与执中无权之“权”又有所区别，《朱子语类》卷56指出：“‘执中无权’之‘权’稍轻，‘嫂溺援之以手’之‘权’较重，亦有深浅也。”[③]轻就是温和，重就是激进。换句话说，孟子“经而权”的伦理智慧包括温和、激进两个层面，背反于经的激进权智又最为人们津津乐道。

以上对话，淳于髡向孟子抛出了一个两难问题：如果小叔子严格遵守“男女授受不亲”之礼，他就绝对不能伸手去救嫂子；如果小叔子伸手去救嫂子，他就违背了“男女授受不亲”之礼。孟子如何破解这个两难选择呢？

战国中期，礼乐文明越来越崩坏。孟子力图在合法化认同与创造性转换的基础上，重新恢复礼乐文明固有的政治—伦理统治功能。要是没有碰到嫂子溺水这类突发事件，孟子必然要求道德实践主体遵守“男女授受不亲”之礼。《礼记》就说：

① 徐渭：《四声猿》，《续修四库全书》第1766册，上海：上海古籍出版社，1996—2003年，第224—225页。

② 此种序号注释，以杨伯峻《孟子译注》(北京：中华书局，1960年)为据。下同。

③ 黎靖德编、王星贤点校：《朱子语类》第4册，北京：中华书局，1994年，第1331页。

子云："好德如好色。诸侯不下渔色。"故君子远色以为民纪。故男女授受不亲。御妇人则进左手。姑、姊、妹、女子已嫁而反，男子不与同席而坐。寡妇不夜哭。妇人疾，问之，不问其疾。以此坊民，民犹淫泆而乱于族。(《坊记》)[①]

男女不杂坐，不同椸枷，不同巾栉，不亲授。嫂叔不通问。诸母不漱裳。外言不入于梱，内言不出于梱。女子许嫁，缨。非有大故，不入其门。姑、姊、妹、女子已嫁而反，兄弟弗与同席而坐，弗与同器而食。(《曲礼上》)[②]

男不言内，女不言外。非祭非丧，不相授器。其相授，则女受以篚。其无篚，则皆坐奠之，而后取之。外内不共井，不共湢浴，不通寝席，不通乞假。男女不通衣裳。内言不出，外言不入。男子入内，不啸不指；夜行以烛，无烛则止。女子出门，必拥蔽其面；夜行以烛，无烛则止。道路，男子由右，女子由左。(《内则》)[③]

日常生活中，男女之间这也不能做，那也不能做，未尝不可。现在的问题却是：嫂子落水了！"男女授受不亲"，"嫂叔不通问"，小叔子救还是不救？郑玄注上引《礼记·曲礼上》云："皆为重别，防淫乱。"[④]小叔子也是道德实践主体，如果他此时此刻还泥守男女大防，就只能眼睁睁地看着嫂子溺水而死，他真的可以这样做吗？孟子正告淳于髡：要是小叔子这个时刻不奋不顾身地去救嫂子，他就是豺狼，就是禽兽！小叔子必须置礼节于不顾，奋不顾身地去救嫂子！从孟子这一回答看，大凡突发事件，激进权智就得出来发挥自身的大作用。

小叔子不救嫂子，有其"礼"的依据；救嫂子，则是"权"的体现。礼与权何以会存在如此明显、严重的冲突呢？先看以下几段话：

礼作于情。(郭店简《性自命出》)[⑤]

礼因人之情而为之。(郭店简《语丛一》)[⑥]

礼者，因人之情而为之节文，以为民坊者也。(《礼记·坊记》)[⑦]

凡礼之大体，体天地，法四时，则阴阳，顺人情，故谓之礼。訾之者，

---

① 阮元校刻：《十三经注疏》下册，第1622页。
② 阮元校刻：《十三经注疏》上册，第1240页。
③ 阮元校刻：《十三经注疏》下册，第1462页。
④ 阮元校刻：《十三经注疏》上册，第1240页。
⑤ 荆州市博物馆编：《郭店楚墓竹简》，北京：文物出版社，1998年，第179页。
⑥ 荆州市博物馆编：《郭店楚墓竹简》，第194页。
⑦ 阮元校刻：《十三经注疏》下册，第1618页。

是不知礼之所由生也。(《礼记·丧服四制》)[1]

礼者,实之华而伪之文也。(《淮南子·氾论训》)[2]

我们的思想史传统认为:圣人源于人之常情,制作了礼乐规范;"为之节文"是礼乐规范的表现形式,以书写形式固定下来且代代相传。圣人制作礼乐规范的主观愿望就是试图为实际生活中可能出现的种种情形立法,假如它真的面面俱到了,道德实践主体只要依照条文化了的礼乐规范,就可自在地展开自己的伦理生活。但是,圣人果真能为实际生活中可能出现的所有情形都立法吗?

《孟子》有两章提到"仁且智"(3·2,4·9)。其中讨论周公的一章,陈贾问:"然则圣人且有过与?"孟子答:"周公之过,不亦宜乎?"(4·9)《河南程氏遗书》卷四云:"夫管叔未尝有恶也,使周公逆知其将畔,果何心哉?惟其管叔之畔,非周公所能知也,则其过有所不免矣。故孟子曰:'周公之过,不亦宜乎?'"[3]周公是圣人,圣人也有过失,圣人不是无所不能的。圣人制作礼乐规范,同样不可能完全穷尽实际生活中会出现的所有情形!否则,孟子、淳于髡时代,礼乐规范为何没有明确指示小叔子该不该救嫂子呢?正因没有明确指示,小叔子陷入了两难:救嫂子,就违反了礼;不救嫂子,就背离了情。违反了礼,仅仅算不上君子;背离了情,却形同禽兽,简直不是人了。既有的礼乐规范解决不了礼与情之间明显、严重的冲突,这为孟子让小叔子以权抗礼提供了极富思辨张力的理论空间。

权变智慧帮孟子消解了淳于髡那个两难问题,可促使小叔子以权抗礼的终极根源又是什么呢?《孟子》有两个有名的落水故事:一个是"孺子将入于井"(3·6),另一个就是"嫂溺援之以手"(7·17)。救不救小孩,并未涉及以权抗礼,但孟子不容置疑地指出:道德实践主体一看见小孩子即将掉进井里,就会毫不犹豫、不带任何功利目的去救他;因为我们每个人都先天、内在地具有怵惕、恻隐、不忍人之心,没有此心,不啻于非人。依据孟子道性善、言本心的心性论,救小孩的理由,其实也正是救嫂子的终极根源;小叔子以权抗礼、援之以手是根据人道原则做出的道德决定,这一人道原则就是贯穿于孟子思想体系之中的道德理想主义精神。

圣人制礼作乐,源于人之常情。在孟子看来,人类最根本、最普遍的常情就是怵惕、恻隐、不忍人之心。以上两个落水故事,人们都是本着这一人之常

① 阮元校刻:《十三经注疏》下册,第1694页。

② 高诱:《淮南子注》,上海:上海书店,1986年,第223页。

③ 程颢、程颐著,王孝鱼点校:《二程集》第1册,北京:中华书局,1981年,第71页。

情才出手相救。从常情的角度看，他们救人，不仅没有违背圣人制礼作乐的初衷，反而是对礼乐规范最真切的践履。圣人规定了“男女授受不亲”、“嫂叔不通问”，他们又是否能够从小叔子救嫂子的行为中，看出这个普通人以权抗礼的善良用心呢？倘若觉察到了，圣人又是否会意识到他们这个创作集体并未穷尽实际生活中可能出现的种种情形，并进而决定修改相关规范来杜绝类似情况的发生呢？

北宋著名疑孟派李觏的《礼论第六》曾说：

> 孟子据所闻为礼，以己意为权，而不谓先王之礼，固有其权也。自今言之，则必曰男女授受不亲，礼也。嫂溺援之以手，亦礼也。①

救不救嫂子，先王之礼显然没有作出过明确的指令，相反，有关条款却明显倾向于不救。所以，说孟子“据所闻为礼”不对，说他“以己意为权”极有道理。孟子“以己意为权”，就是虚拟了小叔子救不救嫂子的突发事件，让小叔子以权抗礼，伸手救了嫂子。李觏肯定“嫂溺援之以手，亦礼也”，表明孟子经由小叔子救嫂子的思想实验，不仅成功地修正了既有礼乐规范的一大缺失，而且现实地产生了维系礼乐文明的政治—伦理统治功能。

《朱子语类》卷三十七就认为：“可与立”，是如“嫂叔不通问”；“可与权”，是如“嫂溺援之以手”②。二程尤其指出：

> 行礼不可全泥古，须当视时之风气自不同，故所处不得不与古异。如今人面貌，自与古人不同。若全用古物，亦不相称。虽圣人作，须有损益。（《河南程氏遗书》卷二上《二先生语二上》）③
>
> 礼之本，出于民之情，圣人因而道之耳。礼之器，出于民之俗，圣人因而节文之耳。圣人复出，必因今之衣服器用而为之节文。其所谓贵本而亲用者，亦在时王斟酌损益之耳。（《河南程氏遗书》卷二十五《伊川先生语十一》）④

小叔子救嫂子，把“嫂溺援之以手”变成了礼，但并未取消“男女授受不亲”作为礼的固有性质，它自始至终是中国古代社会必须遵守的国法家规，所以李觏说“则必曰男女授受不亲，礼也”。“海瑞杀女”就是最典型的例子：

> 海忠介有五岁女，方啖饵。忠介问饵从谁与。女答曰：僮某。忠介

① 李觏：《李觏集》，王国轩校点，北京：中华书局，1981年，第18页。

② 参见黎靖德编、王星贤点校：《朱子语类》第3册，第987页。

③ 程颢、程颐著，王孝鱼点校：《二程集》第1册，第22页。

④ 程颢、程颐著，王孝鱼点校：《二程集》第1册，第327页。

怒曰:“女子岂容漫受僮饵？非吾女也,能即饿死,方称吾女。”此女即涕泣不饮啖。家人百计进食,卒拒之,七日而死。余谓非忠介不生(此女)。(姚士麟:《见只编》卷上)[①]

相传海忠介有五岁女,方啖饵。忠介问饵从谁与。女答曰:僮某。忠介怒曰:“女子岂容漫受僮饵？非吾女也,能即饿死,方称吾女。”女即涕泣不饮啖。家人百计进食,卒拒之,七日而死。异哉,非忠介不生此女！(周亮工:《书影》卷九)[②]

国朝周亮工《书影》云:“相传海忠介有五岁女,方啖饵。忠介问饵谁与。答曰:僮某。忠介怒曰:‘女子岂容漫受僮饵？非吾女也。能即饿死,方称吾女。’女即涕泣不饮啖。家人百计进食,卒拒之,七日而死。”按:此即“忠介杀女”之说所自来也。(俞樾:《茶香室续钞》卷四“海忠介被纠”条)[③]

《礼记·内则》说过:“七年,男女不同席,不共食。”“女子十年不出。”[④]假如杀女真有其事,海瑞无疑机械地理解了“男女授受不亲”之礼。这个故事不见于正史,只能算作传闻[⑤]。李锦全指出:“由于海瑞为人迂憨与拘执,要说他是个死守封建道德纲常的卫道士,这样评价还是恰当的。”[⑥]

“男女授受不亲”面前,女性属于弱势群体:小叔子不救,嫂子就会溺死;小女孩吃了男孩子给的点心,就得活活饿死。跟“男女授受不亲”相搭配的具体生活情景,变化万端,层出不穷,哪里只有嫂子落水、女孩食饵两种情形呢？孟子与淳于髡那场著名的对话共三节,最后一节是:

曰:“今天下溺矣,夫子之不援,何也?”曰:“天下溺,援之以道;嫂溺,援之以手。子欲手援天下乎?”(7·17)

《四书评·孟子卷之四》写道:“老孟日日以道援天下,而淳于不知,是必手援天下而后知也。故曰:‘子欲手援天下乎?’”[⑦]嫂子落水,小叔子一只手救

① 姚士麟:《见只编》,《丛书集成新编》第119册,台湾:新文丰出版公司影印版(未署出版年月),第646—647页。按,姚士麟,通称姚士粦,又称姚叔祥,生活于明清之际。

② 周亮工:《书影》,《四库禁毁书丛刊补编》第34册,北京:北京出版社,2005年,第408页。

③ 俞樾:《茶香室续钞》,《续修四库全书》第1198册,上海:上海古籍出版社,1996—2003年,第420页。

④ 阮元校刻:《十三经注疏》下册,第1471页。

⑤ 参见杨海文:《“海瑞杀女”与“百度百科”》,《人民政协报》2011年1月31日,第10版。该文考证了“海瑞杀女”的来历问题。

⑥ 李锦全:《海瑞评传》,南京:南京大学出版社,1994年,第235页。

⑦ 李贽:《四书评》,上海:上海人民出版社,1975年,第220页。

得了；天下落水，就得仰仗强大的道！《淮南子·氾论训》指出："先王之制，不宜则废之。末世之事，善则著之。是故礼乐未始有常也。故圣人制礼乐，而不制于礼乐。"高诱注云："圣人能作礼乐，不为礼乐所制。"[①]所以，小叔子救嫂子，既是孟子经权之思的标志性案例，又是孟子经权观与道德理想主义的完美结合。

二、"背反于经"的激进权智

小叔子救不救嫂子，尚属激进权智方面比较简单的例子。张载《正蒙·作者篇》有云：

> 舜之孝，汤、武之武，虽顺逆不同，其为不幸均矣。明庶物，察人伦，然后能精义致用，性其仁而行。汤放桀，有惭德而不敢赦，执中之难也如是。天下有道而已，在人在己不见其有间也，"立贤无方"也如是。[②]

包括《作者篇》在内，《正蒙》"此下四篇，皆释《论语》、《孟子》之义"[③]。孟子说过："汤执中，立贤无方。"(8·20)执中何以如此之难？立贤为何必须无方？"舜之孝"、"汤放桀"云云，表明行权者的社会地位不同、礼与权的冲突层次不同，以权抗礼的历史意义也会有所不同。这里，我们把行权者的社会地位、礼与权的冲突层次、以权抗礼的历史意义视为三个标准，再看《孟子》书中背反于经的其他事例，又是如何经由以权抗礼，使得礼与权从冲突走向圆融、从相反走向相成的。

（一）舜不告而娶

《淮南子·氾论训》云："舜不告而娶，非礼也。"[④]它也是孟子经权之辨的著名案例：

> 万章问曰："《诗》云，'娶妻如之何？必告父母'。信斯言也，宜莫若舜。舜之不告而娶，何也？"孟子曰："告则不得娶。男女居室，人之大伦也。如告，则废人之大伦，以怼父母，是以不告也。"万章曰："舜之不告而娶，则吾既得闻命矣；帝之妻舜而不告，何也？"曰："帝亦知告焉则不得妻也。"(9·2)

---

① 高诱：《淮南子注》，第213页。

② 王夫之：《张子正蒙注》，北京：中华书局，1975年，第194—195页。

③ 参见王夫之：《张子正蒙注》，第192页。

④ 高诱：《淮南子注》，第212页。

舜是“由仁义行，非行仁义也”(8·19)的圣人。作为行权者，其社会地位岂是小叔子所能望其项背！不告而娶，其间礼与权的冲突层次也更为曲折。

先看看那个时候的礼：

> 男女居室，人之大伦也。(9·2)
>
> 丈夫生而愿为之有室，女子生而愿为之有家；父母之心，人皆有之。(6·3)
>
> 娶妻如之何？必告父母。(9·2)
>
> 不待父母之命、媒妁之言，钻穴隙相窥，逾墙相从，则父母国人皆贱之。(6·3)
>
> 不孝有三，无后为大。(7·26)

中国古人必须老老实实遵守的“婚姻法”，包括三个方面：“男女居室，人之大伦”是其婚姻的本质，婚配是人们在伦理生活中必须履行的天然义务，是人的社会化的必然要求；“父母之命，媒妁之言”是其婚姻的程序，婚事必须听从父母的安排，经由媒人的介绍，绝对不能偷鸡摸狗，更不允许自由恋爱；“不孝有三，无后为大”是其婚姻的目的，传宗接代是结婚最神圣的使命，否则就是对父母、对家族最大的不孝。其中，婚姻的本质、目的属于“实质正义”范畴，婚姻的程序属于“程序正义”范畴。

舜不告而娶，凸显了“必告父母”与“无后为大”之间的冲突，展示了程序正义与实质正义之间的博弈。舜的父母为什么不同意舜的婚事？舜的家庭主要成员有：父亲瞽瞍[①]，继母，同父异母之弟象。《尚书·尧典》说他们三人为“父顽，母嚚，象傲”[②]。《汉书·古今人表》把瞽瞍(鼓叜)、象列入下中等[③]，评价极低。《四书评·孟子卷之五》点评“娶妻如之何”章：“形容后母之毒，无如此处为详矣。”[④]《史记·五帝本纪》云：

> 舜父瞽叟盲，而舜母死，瞽叟更娶妻而生象，象傲。瞽叟爱后妻子，常欲杀舜，舜避逃；及有小过，则受罪。顺事父及后母与弟，日以笃谨，匪有解……舜父瞽叟顽，母嚚，弟象傲，皆欲杀舜。舜顺适不失子道，兄弟孝慈。欲杀，不可得；即求，尝在侧。[⑤]

① 瞽瞍，亦有典籍写作“瞽叟”。除引文外，本文一律从《孟子》，写作“瞽瞍”。

② 参见阮元校刻：《十三经注疏》上册，第123页。

③ 参见班固：《汉书》第3册，北京：中华书局，1962年，第878页。

④ 李贽：《四书评》，第239页。

⑤ 司马迁：《史记》第1册，北京：中华书局，1975年，第32页。

《史记》书中,《游侠列传》有句"虞舜窘于井廪"[①],《五帝本纪》又说:

舜年二十以孝闻。三十而帝尧问可用者,四岳咸荐虞舜,曰可。于是尧乃以二女妻舜以观其内,使九男与处以观其外。舜居妫汭,内行弥谨。尧二女不敢以贵骄事舜亲戚,甚有妇道。尧九男皆益笃。舜耕历山,历山之人皆让畔;渔雷泽,雷泽上人皆让居;陶河滨,河滨器皆不苦窳。一年而所居成聚,二年成邑,三年成都。尧乃赐舜絺衣,与琴,为筑仓廪,予牛羊。瞽叟尚复欲杀之,使舜上涂廪,瞽叟从下纵火焚廪。舜乃以两笠自扞而下,去,得不死。后瞽叟又使舜穿井,舜穿井为匿空旁出。舜既入深,瞽叟与象共下土实井,舜从匿空出,去。瞽叟、象喜,以舜为已死。象曰:"本谋者象。"象与其父母分,于是曰:"舜妻尧二女,与琴,象取之。牛羊仓廪予父母。"象乃止舜宫居,鼓其琴。舜往见之。象鄂不怿,曰:"我思舜正郁陶!"舜曰:"然,尔其庶矣!"舜复事瞽叟爱弟弥谨。于是尧乃试舜五典百官,皆治。[②]

司马迁写舜,大多本于《孟子》:

父母使舜完廪,捐阶,瞽瞍焚廪。使浚井,出,从而揜之。象曰:"谟盖都君咸我绩,牛羊父母,仓廪父母,干戈朕,琴朕,弤朕,二嫂使治朕栖。"象往入舜宫,舜在床琴。象曰:"郁陶思君尔。"忸怩。舜曰:"惟兹臣庶,汝其于予治。"(9·2)[③]

《今本竹书纪年疏证》卷上云:尧"七十年春正月,帝使四岳锡虞舜命","七十一年,帝命二女嫔于舜"[④]。对照《史记·五帝本纪》,可知舜31岁结婚,符合"男子……三十而娶"(《春秋穀梁传·文公十二年》)[⑤]的规定。《孟子》、《史记》记载的"焚廪"、"揜井",虽然都发生在舜结婚以后,但足以证明瞽瞍、继母、象对舜一直不好。所以,即使舜禀告自己的婚姻请求,他们也断然不会同意;即使尧以帝位之尊从中斡旋,他们同样不会点头。

不言而喻,舜已经陷入礼与权的冲突之中:如果舜遵守禀告父母之礼,

---

① 参见司马迁:《史记》第10册,第3182页。

② 司马迁:《史记》第1册,第33—34页。

③ 《河南程氏遗书》卷4:"孟子言舜完廪浚井之说,恐未必有此事,论其理而已。尧在上而使百官事舜于畎亩之中,岂容象得以杀兄,而使二嫂治其栖乎?学孟子者,以意逆志可也。"(程颢、程颐著,王孝鱼点校:《二程集》第1册,第71页)

④ 参见王国维撰、黄永年校点:《今本竹书纪年疏证》,《古本竹书纪年辑校 今本竹书纪年疏证》,沈阳:辽宁教育出版社,1997年,第44、45页。

⑤ 参见阮元校刻:《十三经注疏》下册,第2408页。按,《淮南子·氾论训》云:"礼三十而娶,文王十五而生武王,非法也。"(高诱:《淮南子注》,第212页)

他就结不成婚，最终不能传宗接代；如果舜认为传宗接代是孝子不可推卸的伦理责任，他就必须跟尧的两个女儿结婚，但却背反了禀告父母之礼。遵循一礼，就得违反另一礼，舜该如何抉择？孟子认为："不孝有三，无后为大。舜不告而娶，为无后也，君子以为犹告也。"(7·26)两相比较，传宗接代重过禀告父母，实质正义大于程序正义，人们把舜不告而娶等同于事先征得了父母的同意。"君子以为犹告也"，正写照了人们对舜以权抗礼的高度肯定。

（二）汤放桀、武王伐纣、伊尹放太甲

汤、武、伊尹都是孟子眼里的圣人。《汉书·古今人表》把汤、武列为上上等圣人，把伊尹列为上中等仁人。[①] 汤、武、伊尹"以权抗礼"的激进权智同样发人深省：

> 齐宣王问曰："汤放桀，武王伐纣，有诸？"孟子对曰："于传有之。"曰："臣弑其君，可乎？"曰："贼仁者谓之'贼'，贼义者谓之'残'。残贼之人谓之'一夫'。闻诛一夫纣也，未闻弑君也。"(2·8)
>
> 伊尹相汤以王于天下，汤崩，太丁未立，外丙二年，仲壬四年，太甲颠覆汤之典刑，伊尹放之于桐，三年，太甲悔过，自怨自艾，于桐处仁迁义，三年，以听伊尹之训己也，复归于亳。(9·6)
>
> 公孙丑曰："伊尹曰：'予不狎于不顺，放太甲于桐，民大悦。太甲贤，又反之，民大悦。'贤者之为人臣也，其君不贤，则固可放与？"孟子曰："有伊尹之志，则可；无伊尹之志，则篡也。"(13·31)

首先从《孟子》书中看看那个时代的君臣伦理观：

> 《诗》云："普天之下，莫非王土；率土之滨，莫非王臣。"(9·4)
>
> 内则父子，外则君臣，人之大伦也。父子主恩，君臣主敬。(4·2)
>
> 无父无君，是禽兽也。(6·9)
>
> 欲为君，尽君道；欲为臣，尽臣道。(7·2)
>
> 不以舜之所以事尧事君，不敬其君者也；不以尧之所以治民治民，贼其民者也。(7·2)

拿这些君臣伦理观来考量，汤放桀、武王伐纣、伊尹放太甲无一不属于罪大恶极、罪不可赦的违礼行为。且看下面的说法：

> 尧舜作，立群臣，汤放其主，武王杀纣。自是之后，以强陵弱，以众暴

---

① 参见班固：《汉书》第3册，第884、892、884页。

寡。汤武以来,皆乱人之徒也。(《庄子·盗跖》)[①]

尧不慈,舜不孝,禹偏枯,汤放其主,武王伐纣,文王拘羑里,此六子者,世之所高也,孰论之,皆以利惑其真而强反其情性,其行乃甚可羞也。(《庄子·盗跖》)[②]

尧杀长子,舜流母弟,疏戚有伦乎?汤放桀,武王杀纣,贵贱有义乎?王季为適,周公杀兄,长幼有序乎?儒者伪辞,墨者兼爱,五纪六位将有别乎?(《庄子·盗跖》)[③]

舜逼尧,禹逼舜,汤放桀,武王伐纣,此四王者,人臣弑其君者也。(《韩非子·说疑》)[④]

尧为人君而君其臣,舜为人臣而臣其君,汤、武(为)人臣而弑其主、刑其尸,而天下誉之,此天下所以至今不治者也。(《韩非子·忠孝》)[⑤]

仲壬崩,伊尹放太甲于桐,乃自立。(《古本竹书纪年》)[⑥]

孟子为何如此赞许这些违礼行为呢?王道政治学是孟子思想体系的有机组成部分,“民为贵,社稷次之,君为轻”(14·14)乃其核心价值理念,《孟子微·总论》指出:“此孟子立民主之制,太平法也。”[⑦]“得其民,斯得天下矣”(7·9),蕴涵了“国君好仁,天下无敌焉”(14·4)的理想展望,但孟子同时清醒地意识到了“天下之生久矣,一治一乱”(6·9)。国君仁还是不仁,正是治乱循环的根本原因:“三代之得天下也以仁,其失天下也以不仁。国之所以废兴存亡者亦然。”(7·3)“君仁,莫不仁;君义,莫不义;君正,莫不正。一正君而国定矣。”(7·20)可大臣们又该怎样直面国君的不仁、不义、不正呢?

齐宣王问卿,孟子答曰:若是贵戚之卿,“君有大过则谏;反覆之而不听,则易位”;若是异姓之卿,“君有过则谏,反覆之而不听,则去”(10·9)。大臣劝谏国君,国君我行我素,异姓之卿可以一走了之,贵戚之卿可以取而代之。孟子还说过:“天子不仁,不保四海;诸侯不仁,不保社稷;卿大夫不仁,不保宗庙;士庶人不仁,不保四体。”(7·3)一走了之、取而代之说的是“诸侯不仁,不保社稷”,“天子不仁,不保四海”又将如何?那就会汤放桀、武王伐纣、伊尹放

---

① 陈鼓应:《庄子今注今译》下册,北京:中华书局,1983年,第778页。

② 陈鼓应:《庄子今注今译》下册,第778—779页。按,“文王拘羑里”一句,陈书无,据郭象本《庄子》增补(《二十二子》,上海:上海古籍出版社,1986年,第79页)。

③ 陈鼓应:《庄子今注今译》下册,第791页。

④ 《二十二子》,第1178页。

⑤ 《二十二子》,第1187页。

⑥ 朱右曾辑录、王国维校补、黄永年校点:《古本竹书纪年辑校》,《古本竹书纪年辑校 今本竹书纪年疏证》,第7页。

⑦ 康有为著、楼宇烈整理:《孟子微 礼运注 中庸注》,北京:中华书局,1987年,第20页。

太甲。

《尚书·仲虺之诰》言:"成汤放桀于南巢。"[1]《史记·夏本纪》云:

帝桀之时,自孔甲以来而诸侯多畔夏,桀不务德而武伤百姓,百姓弗堪。廼召汤而囚之夏台,已而释之。汤修德,诸侯皆归汤,汤遂率兵以伐夏桀。桀走鸣条,遂放而死。桀谓人曰:"吾悔不遂杀汤于夏台,使至此。"汤乃践天子位,代夏朝天下。汤封夏之后,至周封于杞也。[2]

《尚书·泰誓》三篇对武王伐纣有详细记载,《史记·周本纪》也说:

居二年,闻纣昏乱暴虐滋甚,杀王子比干,囚箕子。太师疵、少师强抱其乐器而犇周。于是武王遍告诸侯曰:"殷有重罪,不可以不毕伐。"乃遵文王,遂率戎车三百乘,虎贲三千人,甲士四万五千人,以东伐纣。十一年十二月戊午,师毕渡盟津,诸侯咸会。曰:"孳孳无怠!"武王乃作《太誓》,告于众庶:"今殷王纣乃用其妇人之言,自绝于天,毁坏其三正,离遢其王父母弟,乃断弃其先祖之乐,乃为淫声,用变乱正声,怡说妇人。故今予发维共行天罚。勉哉夫子,不可再,不可三!"[3]

《汉书·古今人表》把桀(癸)列入下中等,纣(辛)列入下下等[4]。桀的人品比纣好那么一点点,但桀、纣之失天下的缘由却是相同的,都失去了民心的支持。孟子指出:

桀纣之失天下也,失其民也;失其民者,失其心也。得天下有道:得其民,斯得天下矣;得其民有道:得其心,斯得民矣;得其心有道:所欲与之聚之,所恶勿施,尔也。民之归仁也,犹水之就下、兽之走圹也。故为渊驱鱼者,獭也;为丛驱爵者,鹯也;为汤武驱民者,桀与纣也。(7·9)

孟子论汤放桀、武王伐纣,明显受到过思想史传统的影响。其言"一夫纣"(2·8),《尚书·泰誓下》就有"独夫受"一语:"古人有言曰:'抚我则后,虐我则雠。'独夫受,洪惟作威,乃汝世雠。树德务滋,除恶务本。肆予小子,诞以尔众士,殄歼乃雠。尔众士其尚迪果毅,以登乃辟。"[5]《周易·革卦·彖传》更是强调:"天地革而四时成,汤、武革命,顺乎天而应乎人,革之时大矣哉。"[6]

① 阮元校刻:《十三经注疏》上册,第161页。
② 司马迁:《史记》第1册,第88页。
③ 司马迁:《史记》第1册,第121—122页。
④ 参见班固:《汉书》第3册,第883、889页。
⑤ 阮元校刻:《十三经注疏》上册,第182页。
⑥ 阮元校刻:《十三经注疏》上册,第60页。

伊尹放太甲，历史记载多有不同。《尚书·太甲上》曰："太甲既立，不明，伊尹放诸桐。三年，复归于亳，思庸，伊尹作《太甲》三篇。"[①]《史记·殷本纪》云：

> 汤崩，太子太丁未立而卒，于是廼立太丁之弟外丙，是为帝外丙。帝外丙即位三年，崩，立外丙之弟中壬，是为帝中壬。帝中壬即位四年，崩，伊尹廼立太丁之子太甲。太甲，成汤適长孙也，是为帝太甲。帝太甲元年，伊尹作《伊训》，作《肆命》，作《徂后》。
>
> 帝太甲既立三年，不明，暴虐，不遵汤法，乱德，于是伊尹放之于桐宫。三年，伊尹摄行政当国，以朝诸侯。
>
> 帝太甲居桐宫三年，悔过自责，反善，于是伊尹廼迎帝太甲而授之政。帝太甲修德，诸侯咸归殷，百姓以宁。伊尹嘉之，廼作《太甲训》三篇，褒帝太甲，称太宗。
>
> 太宗崩，子沃丁立。帝沃丁之时，伊尹卒。既葬伊尹于亳，咎单遂训伊尹事，作《沃丁》。[②]

《古本竹书纪年》则曰："仲壬崩，伊尹放太甲于桐，乃自立。""伊尹即位，放太甲。七年，太甲潜出自桐，杀伊尹，乃立其子伊陟、伊奋，命复其父之田宅而中分之。"[③]李善注陆机《豪士赋序》"伊生抱明允以婴戮"一句，亦云："《纪年》曰：'太甲潜出自桐，杀伊尹。'"[④]

《尚书》、《孟子》、《史记》均肯定伊尹放太甲：太甲不仁，伊尹放之，可谓之权；太甲悔过自新，伊尹归还政权，可谓之经。《古本竹书纪年》却认为：伊尹放逐太甲之后自立，太甲后来从桐宫逃回王都，杀了伊尹，恢复了王位，还宽宏大量地对待伊尹的两个儿子，让他们分了伊尹的田宅。《汉书·古今人表》把伊尹、太甲都列为上中等仁人。[⑤]

大臣杀戮或者放逐天子，毫无疑问违反了一般意义上的君臣伦理观。在孟子看来，汤放桀、武王伐纣、伊尹放太甲这些违礼之举，却鲜明地体现了汤、武、伊尹"救民于水火之中"(6·5)、"格君心之非"(7·20)的激进权智。伊尹放太甲于桐，目的是让太甲处仁迁义，太甲也洗心革面了，所以，伊尹放太甲

---

① 阮元校刻：《十三经注疏》上册，第163页。

② 司马迁：《史记》第1册，第98—99页。

③ 朱右曾辑录、王国维校补、黄永年校点：《古本竹书纪年辑校》，《古本竹书纪年辑校　今本竹书纪年疏证》，第7页。

④ 萧统编、李善注：《文选》第5册，上海：上海古籍出版社，1986年，第2046页。

⑤ 参见班固：《汉书》第3册，第884、885页。

属于稳定社稷的守成性治乱类型。汤也曾经放桀于南巢，但桀、纣作恶多端，完全失去了民心，“为汤武驱民者，桀与纣也”(7·9)，所以，汤放桀、武王伐纣属于改朝换代的革命性治乱类型。孟子又引孔子说的“唐虞禅，夏后殷周继，其义一也”(9·6)，以进步的治乱史观消解了保守性的君臣伦理观，认为汤、武、伊尹背反于经、以权抗礼具有重大历史意义。《孟子集注》卷9引尹氏曰：“知前圣之心者，无如孔子，继孔子者，孟子而已矣。”①

（三）舜窃负而逃

舜窃负而逃，是孟子设计的思想假说，也是孟子论激进权智的经典案例：

> 桃应问曰：“舜为天子，皋陶为士，瞽瞍杀人，则如之何？”孟子曰：“执之而已矣。”“然则舜不禁与？”曰：“夫舜恶得而禁之？夫有所受之也。”“然则舜如之何？”曰：“舜视弃天下犹弃敝蹝也。窃负而逃，遵海滨而处，终身訢然，乐而忘天下。”(13·35)

舜为天子，皋陶做法官，假如瞽瞍杀了人，舜该怎么办？孟子告诉桃应：皋陶必须依法逮捕瞽瞍，舜不得干涉；其后，舜会像扔掉破鞋子那样，舍弃天子之位，偷偷地从牢里救出父亲，逃到海滨住下来，从此幸福地生活着，把做过天子那件事忘得一干二净。

思想史上，有人认为舜放父杀弟，人品并不高尚；也有人认为舜根本不可能窃负而逃，它纯属委巷之言。且看下面两段记载：

> 瞽瞍为舜父，而舜放之。象为舜弟，而(舜)杀之。放父杀弟，不可谓仁。妻帝二女，而取天下，不可谓义。仁义无有，不可谓明。《诗》云：“普天之下，莫非王土，率土之滨，莫非王臣。”信若《诗》之言也，是舜出则君其臣，入则臣其父，妾其母，妻其主女也。(《韩非子·忠孝》)②
>
> 《虞书》称舜之德曰：“父顽，母嚚，象傲。克谐以孝，烝烝乂，不格奸。”所贵于舜者，为其能以孝和谐其亲，使其进退，以善自治，而不至于恶也。如是，则舜为子，瞽叟必不杀人矣。若不能止其未然，使至于杀人，执于有司，乃弃天下，窃之以逃，狂夫且犹不为，而谓舜为之乎？是特委巷之言也，殆非孟子之言也。且瞽叟既执于皋陶矣，舜恶得而窃之？虽负而逃于海滨，皋陶犹可执也。若曰皋陶外虽执之以正其法，而内实纵之以予舜，是君臣相与为伪，以欺天下也，恶得为舜与皋陶哉！又舜既为天子矣，天下之民戴之如父母，虽欲遵海滨而处，民岂听之哉？是皋陶

① 朱熹：《四书章句集注》，北京：中华书局，1983年，第309页。

② 《二十二子》，第1187页。

之执瞽叟，得法而亡舜也，所亡益多矣。故曰：是特委巷之言，殆非孟子之言也。（司马光：《传家集》卷73《疑孟》）[①]

舜窃负而逃，包含了“有罪必罚”、“孝高于法”两个法观念，前者要求严格维护法律的权威，后者则不惜违背、破坏法律，两者看起来非常矛盾，但孟子认为它们是统一的。有论者指出：

作为天子（包括一切官吏和国民），必须严格执法和守法，忠于职守，不能以权徇私；作为人子，必须克尽孝道，必要时不惜代价，包括个人的尊荣，亦可以不顾国家法律和利益。照后来的说法，这是忠和孝的矛盾，所谓“忠孝不能双全”。中国古代法律思想和法律制度，总是想调和这对矛盾，所以有“亲亲相隐”、“复仇”、“存留养亲”等等问题的讨论和有关规定，但终中国封建社会之世，也没有真正解决好这个问题。然而，中华法系及其法文化的许多特征，却围绕这个问题而得到了充分的展现。孟子本人触及到了这个问题，但并没有找到解决问题的办法。所以，他设想的“舜窃负而逃”，只是舜个人采取的一种法律行为，至于如何在法律制度上保证舜既能继续当天子，又能尽到孝道，孟子连想也没有去想。但孟子却为后人留下了这样一种法律思考课题：立法应取家族本位主义，并使天下利益和家族利益尽可能地结合起来。[②]

舜窃负而逃，虽然破坏了法律，但并未违背伦理，相反却是对“亲亲相隐”的真实践履。先秦时期，“亲亲相隐”是一股强大的思想史力量：

叶公语孔子曰：“吾党有直躬者，其父攘羊，而子证之。”孔子曰：“吾党之直者异于是：父为子隐，子为父隐。——直在其中矣。”（《论语·子路》13·18）[③]

仁，内也。义，外也。礼乐，共也。内立父、子、夫也，外立君、臣、妇也。疏斩布实丈，为父也，为君亦然。疏衰齐戊□（麻）实，为□（昆）弟也，为妻亦然。袒字为宗族也，为朋友亦然。为父绝君，不为君绝父。为□（昆）弟绝妻，不为妻绝□（昆）弟。为宗族□（疾）朋友，不为朋友□（疾）宗族。人有六德，三亲不□（断）。门内之絧纫弇义，门外之絧义斩纫。（郭店简《六德》）[④]

---

① 司马光：《传家集》，《景印文渊阁四库全书》第1094册，台北：台湾商务印书馆，1982—1986年，第666—667页。

② 俞荣根：《儒家法思想通论》，南宁：广西人民出版社，1992年，第288页。

③ 此种序号注释，以杨伯峻《论语译注》（北京：中华书局，1980年）为据。下同。

④ 荆州市博物馆编：《郭店楚墓竹简》，第188页。

门内之治恩揜义，门外之治义断恩。资于事父以事君，而敬同，贵贵尊尊，义之大者也。(《礼记·丧服四制》)[①]

后来，“亲亲相隐”的伦理原则不断落实为具体的法律规范。终中国传统社会之世，皆是如此。这里仅引两条较有代表性的文献：

(地节四年)夏五月，诏曰：“父子之亲，夫妇之道，天性也。虽有患祸，犹蒙死而存之。诚爱结于心，仁厚之至也，岂能违之哉！自今子首匿父母，妻匿夫，孙匿大父母，皆勿坐。其父母匿子，夫匿妻，大父母匿孙，罪殊死，皆上请廷尉以闻。”(《汉书·宣帝纪》)[②]

诸同居，若大功以上亲及外祖父母、外孙，若孙之妇、夫之兄弟及兄弟妻，有罪相为隐；部曲、奴婢为主隐，皆勿论。即漏露其事及擿语消息，亦不坐。其小功以下[相隐]，减凡人三等。若犯谋叛以上者，不用此律。(《唐律疏义》卷6“同居相为隐”条)[③]

有论者把舜窃负而逃当作以权谋私、徇私枉法的腐败问题看待[④]，这种观点实则未能洞察到激进权智与理想人格的紧密关联。中国古代社会不是法治社会，而是人治社会。人治社会中的法律与道德，既是道德的法律化，也是法律的道德化，道德又高于法律，德主刑辅，法律的制订及实施必须以天理、人情作为最高、最终的依据[⑤]。正如下面几段话所说：

法者，缘人情而制，非设罪以陷人也。故春秋之治狱，论心定罪。志

---

① 阮元校刻：《十三经注疏》下册，第1695页。

② 班固：《汉书》第1册，第251页。

③ 长孙无忌等撰：《唐律疏义》，《景印文渊阁四库全书》第672册，台北：台湾商务印书馆，1982—1986年，第99页。

④ 参见刘清平：《美德还是腐败？——析〈孟子〉中有关舜的两个案例》，《哲学研究》2002年第2期。按，以刘文为导火索，国内学术界就“亲亲相隐”问题展开了激烈的争论。代表性作品有：郭齐勇主编《儒家伦理争鸣集——以“亲亲互隐”为中心》，武汉：湖北教育出版社，2004年；陈壁生《经学、制度与生活——〈论语〉“父子相隐”章疏证》，上海：华东师范大学出版社，2010年；邓晓芒《儒家伦理新批判》，重庆：重庆大学出版社，2010年。邓书的封面甚至印有“五十年来国内最有深度的中国伦理争鸣”一语。又，笔者亦是这场争鸣的参与者。参见杨海文：《文献学功底、解释学技巧和人文学关怀——论中国哲学史研究的“一般问题意识”》，《中山大学学报》社会科学版2002年第6期；刘清平：《也谈“善意解读”与“人文学关怀”——与杨海文先生商榷》，《中山大学学报》社会科学版2003年第2期。以上两文均收入郭书。

⑤ 西方文化传统亦有类似看法。如，亚里士多德说：“法治应当包含两重含义：已成立的法律获得普遍的服从，而大家所服从的法律又应该本身是制订得良好的法律。”(亚里士多德著、吴寿彭译：《政治学》，北京：商务印书馆，1983年，第199页)孟德斯鸠说：“妻子怎能告发她的丈夫呢？儿子怎能告发他的父亲呢？为了要对一种罪恶的行为进行报复，法律竟规定出一种更为罪恶的行为……为了保存风纪，反而破坏人性，而人性却是风纪的泉源。”(孟德斯鸠著、张雁深译：《论法的精神》下册，北京：商务印书馆，1963年，第176页)

善而违于法者免，志恶而合于法者诛。（《盐铁论·刑德》）①

孔子曰："凡听五刑之讼，必原父子之情、立君臣之义以权之，意论轻重之序、慎测浅深之量以别之，悉其聪明、正其忠爱以尽之。"（《孔子家语》卷7《刑政》）②

刑者，圣人所以爱民之具也。其禁暴止杀之意，一本乎至仁。然而执挺刃刑人而不疑者，审得其当也。故法家之说，务原人情，极其真伪，必使有司不得铢寸轻重出入，其为书不得不备。历世之治，因时制法，缘民之情，损益不常。（《欧阳文粹》卷十六《崇文总目叙释》）③

说到底，舜窃负而逃，既是以礼抗法，更是以权抗礼。舜更看重伦理亲情，所以，礼法冲突之际，他从"门内之治恩揜义，门外之治义断恩"的原则出发，宁愿"父为子隐，子为父隐"、"为父绝君，不为君绝父"。法又从属于礼，因而，舜窃负而逃，实则背反于经的激进权智使然。礼法冲突是个永恒的问题，理想人格是种永恒的追求，孟子让舜以九五之尊窃负而逃，进一步为理想人格的最终全面实现夯实了激进权智的路径依赖，凸显了礼法冲突之际法让位于礼、礼高于法的道德理想主义精神。这一做法亦是对孔子"无讼"理想的坚守与实践："听讼，吾犹人也。必也使无讼乎！"（《论语·颜渊》12·13）蔡仁厚说得好："如果你认为这样还不算真正解决问题，那是因为这个问题根本不可能无憾地解决，即使上帝也做不到。孟子的回答，已经是最好的了。"④

以上分析了激进权智的三组案例：一组是舜不告而娶，一组是汤放桀、武王伐纣、伊尹放太甲，一组是舜窃负而逃。这些行权者都是圣贤，社会地位极高，礼与权的冲突层次较为复杂，他们以权抗礼，产生了不可估量的历史影响。加上小叔子救嫂子，《孟子》论激进权智的几个故事，均情节生动，发人深思。人们从中意识到了权变与经文并非总是协调的，并试图去消解这种不和谐。《朱子语类》卷三十七就说："经自经，权自权。但经有不可行处，而至于用权，此权所以合经也，如汤、武事，伊、周事，嫂溺则援事。常如风和日暖，固好；变如迅雷烈风。若无迅雷烈风，则都旱了，不可以为常。"⑤

舜、汤、武、伊尹被孟子奉为圣人，人们同样认为救嫂子的行权者其实不

---

① 桓宽：《盐铁论》，上海：上海人民出版社，1974年，第115页。

② 陈士珂辑：《孔子家语疏证》，上海：上海书店，1987年，第188页。

③ 欧阳修著、陈亮编：《欧阳文粹》，《景印文渊阁四库全书》第1103册，台北：台湾商务印书馆，1982—1986年，第772页。

④ 蔡仁厚：《在解构中重建，在诠释中开展——记一段会议论文的讲评》，《鹅湖月刊》1997年9月号，第51页。

⑤ 黎靖德编、王星贤点校：《朱子语类》第3册，第987页。

是这个或那个小叔子，而是孟子本人。我们的思想史传统普遍认为惟有圣人才能行权：

故孔子曰："可以共学矣，而未可以适道也；可与适道，未可以立也；可以立，未可与权。"权者，圣人之所独见也。故忤而后合者，谓之知权；合而后舛者，谓之不知权；不知权者，善反丑矣。(《淮南子·氾论训》)①

老子曰：上言者下用也，下言者上用也；上言者常用也，下言者权用也。惟圣人为能知权。言而必信，期而必当，天下之高行，直而证父，信而死女，孰能贵之？故圣人论事之曲直，与之屈伸，无常仪表，祝则名君，溺则捽父，势使然也。夫权者，圣人所以独见。夫先迕而后合者之谓权，先合而后迕者不知权。不知权者，善反丑矣。(《文子·道德》)②

大抵汉儒说权，是离了个经说；伊川说权，便道权只在经里面。且如周公诛管、蔡，与唐太宗杀建成、元吉，其推刃于同气者虽同，而所以杀之者则异。盖管、蔡与商之遗民谋危王室，此是得罪于天下，得罪于宗庙，盖不得不诛之也。若太宗，则分明是争天下。故周公可以谓之权，而太宗不可谓之权。孟子曰："有伊尹之志则可，无伊尹之志则篡也。"故在伊尹可以谓之权，而在他人则不可也。权是最难用底物事，故圣人亦罕言之。自非大贤以上，自见得这道理合是恁地，了不得也。(《朱子语类》卷37)③

夫权也者，圆而通者也。是圣人之事，而学之仪的也。圣人圆，而学圣人者以方，始而方可也。终而愈方焉，则遂失其圆也。圣人通，而学圣人者以一隅，始而一隅可也，终而止一隅焉，则遂失其通也。夫学不至于圣人，非成也；不能权，非圣人也；非圆非通，不可以与权也。而不知所以求，不求所以至，非学也。(高拱：《问辨录·论语》)④

圣人既是单数的，又是复数的。单数言其实际之少：《孟子》末章只列举了5位圣人(14·38)，《汉书·古今人表》只遴选了14位圣人⑤。复数言其可能之多："圣人，与我同类者"(11·7)，"圣人先得我心之所同然耳"(11·7)，"人皆可以为尧舜"(12·2)。惟有圣人才能行权，说的是单数。他们一旦行权成功，则为千千万万人成就理想人格开辟了广阔的道路，说的是复数。少

① 高诱：《淮南子注》，第223页。

② 《二十二子》，第843页。

③ 黎靖德编、王星贤点校：《朱子语类》第3册，第991页。

④ 高拱著、流水点校：《高拱论著四种》，北京：中华书局，1993年，第162页。

⑤ 参见班固：《汉书》第3册，第861—954页。

数的圣人以权抗礼，修正了既有礼乐规范的不足之处，权变与经文由不和谐变成了和谐，无数人以此指导自身的伦理生活，不断地逼近理想人格。这个过程既敞开了背反于经的激进权智，又召唤着返归于经的温和权慧。孟子的经权之辨如何从以权抗礼走向以权行礼呢？

三、“返归于经”的温和权慧

《春秋公羊传·桓公十一年》曰：“古人之有权者，祭仲之权是也。权者何？权者反于经，然后有善者也。”何休注：“古人谓伊尹也。汤孙大甲骄蹇乱德，诸侯有叛志，伊尹放之桐宫，令自思过，三年而复成汤之道。前虽有逐君之负，后有安天下之功，犹祭仲逐君存郑之权是也。”[①]用伊尹放太甲、祭仲逐君存郑来解说“权者反于经”，权难道只是“背反于经”、“忤而后合”吗？人们的日常生活难道就不需要权变智慧吗？

《韩诗外传》卷二记孟子论卫女曰：

> 高子问于孟子曰：“夫嫁娶者非己所自亲也，卫女何以编于《诗》也？”孟子曰：“有卫女之志则可，无卫女之志则怠。若伊尹于太甲，有伊尹之志则可，无伊尹之志则篡。夫道二，常之谓经，变之谓权。怀其常道而挟其变权，乃得为贤。夫卫女行中孝，虑中圣，权如之何？”《诗》曰：“既不我嘉，不能旋反。视尔不臧，我思不远。”[②]

卫女故事，见《列女传·仁智传》“许穆夫人”条：

> 许穆夫人者，卫懿公之女，许穆公之夫人也。初，许求之，齐亦求之，懿公将与许。女因其傅母而言曰：“古者诸侯之有女子也，所以苞苴玩弄，系援于大国也。言今者许小而远，齐大而近，若今之世，强者为雄，如使边境有寇戎之事，维是四方之故，赴告大国，妾在，不犹愈乎？今舍近而就远，离大而附小，一旦有车驰之难，孰可与虑社稷？”卫侯不听，而嫁之于许。其后翟人攻卫，大破之，而许不能救，卫侯遂奔走涉河，而南至楚丘。齐桓往而存之，遂城楚丘以居。卫侯于是悔不用其言。当败之时，许夫人驰驱而吊唁卫侯，因疾之而作诗云：“载驰载驱，归唁卫侯。驱马悠悠，言至于漕。大夫跋涉，我心则忧。既不我嘉，不能旋反。视尔不

① 阮元校刻：《十三经注疏》下册，第2220页。

② 韩婴撰、许维遹校释：《韩诗外传集释》，北京：中华书局，1980年，第34页。按，孟子论卫女，又见《孟子外书·为正》(参见刘培桂：《孟子大略》，济南：泰山出版社，2007年，第164页)。两者文字稍异。

臧，我思不远。"君子善其慈惠而远识也。[1]

许是小国，又远，齐是大国，又近。卫女想嫁到齐国而不是许国，因为万一娘家有事，大国比小国更能照应，近处比远处更好关照。后来翟人攻卫，证明卫女的想法是对的。卫女以《载驰》明志，但她并未以权抗礼，而是实实在在地践履了"女子生而愿为之有家"(6・3)、"大孝终身慕父母"(9・1)的礼乐规范。难道这不是权吗？孟子说"卫女行中孝，虑中圣，权如之何"，表明人们的日常生活同样离不开权变智慧。它不是背反于经的激进权智，而是"怀其常道而挟其变权，乃得为贤"，是返归于经的温和权慧。刘向把卫女（许穆夫人）列入《仁智传》，足见这种温和权慧有助于人们成就"仁且智"的理想人格。

圣人紧扣人之常情制作的礼乐规范，理论上不会穷尽生活中可能出现的所有情形，实际上则是道德实践主体的日常行为准则。经文绝大多数时候是对的，偶尔才会有错。经文不对，才需要圣人以权抗礼；经文对，只需人们以权行礼。人们在日常生活中通常运用的其实不是背反于经的激进权智，而是返归于经的温和权慧。更何况，经文本身是静止不动的，它必须经由人们的理解与实行才会被敞开，否则它就永远无关乎人们的实际生活。所以，温和权慧就是不断地激活静态不动的经文，让自身的行为举止真正地符合礼乐规范以返归于经。

孔孟时代，礼坏乐崩，人们以温和权慧践履礼乐规范，谈何容易？孔子说过："乡愿，德之贼也。"(《论语》17・13)孟子进一步指出：

> 非之无举也，刺之无刺也，同乎流俗，合乎污世，居之似忠信，行之似廉洁，众皆悦之，自以为是，而不可与入尧舜之道，故曰"德之贼"也。孔子曰：恶似而非者：恶莠，恐其乱苗也；恶佞，恐其乱义也；恶利口，恐其乱信也；恶郑声，恐其乱乐也；恶紫，恐其乱朱也；恶乡原，恐其乱德也。君子反经而已矣。经正，则庶民兴；庶民兴，斯无邪慝矣。(14・37)

乡愿，《孟子》作"乡原"。乡愿就是八面玲珑、是非不分的好好先生，他们足以败坏道德，是为"德之贼"。人们如何拒斥乡愿？"君子反经而已矣。"反即返，反经即返归于经。《孟子集注》卷十四云："世衰道微，大经不正，故人人得为异说以济其私，而邪慝并起，不可胜正，君子于此，亦复其常道而已。常道既复，则民兴于善，而是非明白，无所回互，虽有邪慝，不足以惑之矣。"[2]归于礼法叫复礼，归于经常叫返经。

---

① 张涛：《列女传译注》，济南：山东大学出版社，1990年，第94页。

② 朱熹：《四书章句集注》，第376页。

道德实践主体返归于经，为的是践履中道，可乡愿横行于世，《四书评·孟子卷之七》就说："乡原故是贼，一乡也是个窝家。"[①]返归于经虽为温和权慧，实则离不开狂狷："不得中道而与之，必也狂狷乎！狂者进取，狷者有所不为也。"(14·37)《梁启超论孟子遗稿》指出："凡《孟子》书中教人以发扬志气坚信自力者，皆狂者之言也；凡《孟子》书中教人以砥厉廉隅峻守名节者，皆狷者之言也。故学孟子之学，从狂狷入焉可耳。"[②]狂就是进取、意气风发，狷就是有所不为、砥砺名节，狂狷实质上就是返归于经的温和权慧。

（一）如何应付违礼行为？

《孟子》记有孟子不与右师言的故事：

> 公行子有子之丧，右师往吊。入门，有进而与右师言者，有就右师之位而与右师言者。孟子不与右师言，右师不悦，曰："诸君子皆与驩言，孟子独不与驩言，是简驩也。"孟子闻之，曰："礼，朝廷不历位而相与言，不逾阶而相揖也。我欲行礼，子敖以我为简，不亦异乎？"(8·27)

右师就是王驩，又名王子敖。公行子举办儿子的丧礼，王驩一进门，就有人上前搭讪；他坐定了，凑过去嘘寒问暖的更多。人们为何如此？因为王驩有权有势。人们这样做，是否顾及到了必要的礼节呢？孟子没有去跟王驩说话，他极不高兴，认为孟子看不起他。孟子说道："礼经规定人们：朝廷中，不跨过位次交谈，不越过石阶作揖。我不过依礼而行，王子敖却以为我简慢了他，这真是可怪呀！"

《孟子事实录》卷上云："王驩，齐王之宠臣，恃宠而骄，常也；然乃朝暮见焉，虽不与言行事而不改，是何其敬孟子乃尔？"[③]王驩尊重孟子，也想孟子尊重他，皆在情理之中。《四书评·孟子卷之四》曰："许多人与他言，未尝悦，孟子一人不与之言，便不悦。的是妙人，与言众人，岂不自愧。"[④]王驩要孟子用周围人的方式尊重他，可那些人只是巴结王驩而已，孟子怎么可能会做?!

"不历位而相与言，不逾阶而相揖"这些礼节并不复杂、深奥，王驩难道不知道吗？他为何接受人们无视礼节来逢迎他呢？其他人难道不知道吗？他们为何无视礼节而去讨好王驩呢？礼节，仅仅知其条文还不行，更得行其实质。行礼又不是单一的行为，它涉及具体情景，并且要在礼节与权势等等之间进行抉择。选择权势，就有可能违礼。乡愿趋炎附势，权贵乐于被趋炎附

---

① 李贽：《四书评》，第 298 页。

② 王兴业编：《孟子研究论文集》，济南：山东大学出版社，1984 年，第 508 页。

③ 崔述撰著、顾颉刚编订：《崔东壁遗书》，上海：上海古籍出版社，1983 年，第 419 页。

④ 李贽：《四书评》，第 231—232 页。

势，既是礼坏乐崩之果，亦是礼坏乐崩之因。孟子选择了礼节，身体力行地拒斥乡愿，体现的却是看似平淡、实则难能可贵的温和权慧。

特殊情形下，径庭历级则体现出以权抗礼的激进权智。季平子生前专权，把鲁昭公赶到了国外，季桓子却用鲁昭公的佩玉——玙璠给季平子入殓，孔子就不顾礼节，径庭而趋，历级而上，严词指斥：

鲁季孙有丧，孔子往吊之。入门而左，从客也。主人以玙璠收，孔子径庭而趋，历级而上，曰："以宝玉收，譬之犹暴骸中原也。"径庭历级，非礼也；虽然，以救过也。（《吕氏春秋·安死》）①

季平子卒，将以君之玙璠敛，赠以珠玉。孔子初为中都宰，闻之，历级而救焉，曰："送而以宝玉，是犹曝尸于中原也。其示民以奸利之端，而有害于死者，安用之？且孝子不顺情以危亲，忠臣不兆奸以陷君。"乃止。（《孔子家语·曲礼子夏问》）②

鲁人将以玙璠敛，孔子闻之，径庭丽级而谏。夫径庭丽级，非礼也，孔子为救患也。患之所由，常由有所贪。玙璠，宝物也，鲁人用敛，奸人僴之，欲心生矣。奸人欲生，不畏罪法，不畏罪法，则丘墓(抽)[扣]矣。孔子睹微见著，故径庭丽级，以救患直谏。夫不明死人无知之义，而著丘墓必(抽)[扣]之谏，虽尽比干之执，人人必不听。何则？诸侯财多不忧贫，威强不惧(抽)[扣]。死人之议，狐疑未定，孝子之计，从其重者。如明死人无知，厚葬无益，论定议立，较著可闻，则玙璠之礼不行，径庭之谏不发矣。今不明其说而强其谏，此盖孔子所以不能立其教。（《论衡·薄葬》）③

《孟子》还记有虞人非其招不往的故事：

孟子曰："昔齐景公田，招虞人以旌，不至，将杀之。志士不忘在沟壑，勇士不忘丧其元。孔子奚取焉？取非其招不往也。如不待其招而往，何哉？且夫枉尺而直寻者，以利言也。如以利，则枉寻直尺而利，亦可为与……如枉道而从彼，何也？且子过矣：枉己者，未有能直人者也。"(6·1)

曰："敢问招虞人何以？"曰："以皮冠，庶人以旃，士以旂，大夫以旌。

① 陈奇猷：《吕氏春秋校释》上册，上海：学林出版社，1984年，第537页。按，陈书引高注："孔子'拜下，礼也。今拜乎上，泰也，虽违众，吾从下'，言不欲违礼，亦不欲人之失礼，故历阶也。"（同上书，第550页）

② 陈士珂辑：《孔子家语疏证》，第281页。

③ 王充：《论衡》，上海：上海人民出版社，1974年，第353页。

以大夫之招招虞人，虞人死不敢往；以士之招招庶人，庶人岂敢往哉？况乎以不贤人之招招贤人乎？欲见贤人而不以其道，犹欲其入而闭之门也。夫义，路也；礼，门也。惟君子能由是路，出入是门也。《诗》云：'周道如底，其直如矢；君子所履，小人所视。'"(10·7)

虞人就是猎场管理员，掌山泽之官，地位卑微。《左传·昭公二十年》亦云：

十二月，齐侯田于沛，招虞人以弓，不进。公使执之。辞曰："昔我先君之田也，旃以招大夫，弓以招士，皮冠以招虞人。臣不见皮冠，故不敢进。"乃舍之。仲尼曰："守道不如守官。"君子韪之。[①]

礼仪规定：君主召唤不同级别的臣民，得用不同类型的物什；如果用错了召唤物，被招者不能接受召唤。齐景公田猎，错用了召唤物，虞人死不敢往，气得齐景公要处死他。历史上，人们却很少注意到，《孟子》、《左传》各自所述的召唤物竟然大相径庭(如表1所示)。不管《孟子》的记载对，还是《左传》的记载对，都不再重要，因为这种差异本身已然写照了春秋战国时期礼坏乐崩的严峻事实。惟其严峻，人们才经久不息地喟叹于齐虞人非其招不往。《汉书·古今人表》就把齐景公列入下上等，而把齐虞人列入中下等。[②]

表1 《孟子》、《左传》所述召唤物之差异

	大夫	士	虞人	庶人
《孟子》10·7	旌	旂	皮冠	旃
《左传·昭公二十年》	旃	弓	皮冠	

《孟子》书中，孟子认为孔子肯定齐虞人非其招不往，就是肯定虞人不枉尺而直寻的道义品格。弯曲一尺却能伸长八尺，代价小而收益大，这是经济生活；如果拿利益最大化原则来评判或者指引道德生活，就会破坏道义本身。本职岗位上能够坚守义利之辨，也正是齐虞人最可贵的所在。《左传》笔下，孔子认为："守道不如守官。"杜预注："君招当往，道之常也。非物不进，官之制也。"[③]有招必应，本是常道；非其招不往，则是官制。齐虞人守的不仅仅是常道，更是官制。做了分上的事却面临杀身之祸，以权行礼却得视死如归，而且是违礼者处罚守礼者，这不是礼坏乐崩，又是什么？

人们首先在理论上熟练地掌握礼乐规范，随之在实践中真切地践履。熟

① 阮元校刻：《十三经注疏》下册，第2093页。
② 参见班固：《汉书》第3册，第926页。
③ 阮元校刻：《十三经注疏》下册，第2093页。

练地掌握一套礼乐规范并不难，难的是真切地践履它们。面对伦理生活中的违礼行为，返归于经不是张罗待鸟，而是好比荷戈御兽；不具备足够有力的温和权慧，就直面不了强势的违礼者，拒斥不了无处不在的乡愿！孟子不与右师言，虞人非其招不往，敞开的正是实践比理论更重要的温和权慧。

（二）如何应付位移现象？

每个人既是对象性的存在，又是主体性的存在。从对象性存在看，一旦置身于新的伦理位置，人在礼乐规范体系中就会获得新的意义。从主体性存在看，交往网络会因时因地变换人的伦理位置，人必须积极主动地意识到由此而被赋予的新意义。体认自身的主体性存在，不妨从对象性存在入手。

先看下面这段对话：

> 孟季子问公都子曰："何以谓义内也？"曰："行吾敬，故谓之内也。""乡人长于伯兄一岁，则谁敬？"曰："敬兄。""酌则谁先？"曰："先酌乡人。""所敬在此，所长在彼，果在外，非由内也。"公都子不能答，以告孟子。孟子曰："敬叔父乎？敬弟乎？彼将曰，'敬叔父。'曰，'弟为尸，则谁敬？'彼将曰，'敬弟。'子曰，'恶在其敬叔父也？'彼将曰，'在位故也。'子亦曰，'在位故也。庸敬在兄，斯须之敬在乡人。'"季子闻之，曰："敬叔父则敬，敬弟则敬，果在外，非由内也。"公都子曰："冬日则饮汤，夏日则饮水，然则饮食亦在外也？"（11·5）

伦理生活中有种常见的位移现象：一个是伯兄，另一个是年长伯兄一岁的乡人，我应该心中对谁恭敬呢？如果斟酒，又该先斟给谁呢？假如只有伯兄与我在场，或者只有乡人与我在场，我不会犯难。现在却是伯兄与乡人同时在场，我必须回应。

公都子是孟子的弟子，他认为：伯兄与我同一血缘，我应该心中恭敬伯兄；乡人比伯兄年长，我应该先斟酒给乡人。这一认识很质朴，但知其然而不知其所以然。孟子则指出：叔父与弟弟两个人在场，恭敬问题很简单，只能恭敬叔父；如果弟弟做了受祭的代理人，情形就不一样了，叔父必须恭敬弟弟。孟子还告诉公都子：弟弟一旦做了受祭代理人，就从主体性存在变成了对象性存在，所以必须受到恭敬；同理，先酌乡人，也是因为他处在应该首先被斟酒的位置上。

"弟为尸"就是弟弟做了受祭代理人，"在位"就是弟弟取得了受祭代理人的新身分。《孟子集注》卷十一云："尸，祭祀所主以象神，虽子弟为之，然敬之当如祖考也。在位，弟在尸位，乡人在宾客之位也。"[①]《礼记·学记》也说过：

① 朱熹：《四书章句集注》，第327页。

"是故君之所不臣于其臣者二：当其为尸，弗臣也……"[①]

祭祀、社交之际，变换伦理位置是常有的事。人们必须对自身或他人由此获得的新意义进行体认，才能释放出祭祀、社交等礼乐文明固有的政治—伦理统制功能。其间同样离不开权变智慧，否则，人们就难以从变动不居的角色丛中找到自己适当的伦理位置。孟子就说："庸敬在兄，斯须之敬在乡人。"《孟子集注》卷十一云："庸，常也。斯须，暂时也。言因时制宜，皆由中出也。"[②]《日知录》卷七"行吾敬故谓之内也"曰："先生治天下之具，五典、五礼、五服、五刑，其出乎身，加乎民者，莫不本之于心，以为之裁制。亲亲之杀，尊贤之等，礼所生也。故孟子答公都子言义，而举酌乡人、敬尸二事，皆礼之也，而莫非义之所宜。"[③]这种权变智慧不是以权抗礼的激进权智，而是以权行礼的温和权慧。

（三）如何应付收礼情形？

《礼记·曲礼上》云："礼尚往来：往而不来，非礼也；来而不往，亦非礼也。"[④]从礼物的角度看，往就是送礼，来就是收礼。送礼与收礼，既是礼节的要求，更是礼义的体现。你送出什么样的礼物，送出的其实是你的某种自我，因为礼物折射了你的本性的一部分；你接受什么样的礼物，也是在接受送礼人的某种自我，因为礼物同样折射了送礼人的本性的一部分。礼尚往来，礼物必须处于流动、活跃的状态。你拒绝接受礼物，或者接受了礼物却不回礼，都将面临来自整个礼乐文明体系的压力。

孟子讨论过送礼问题，如引《传》曰："孔子三月无君，则皇皇如也，出疆必载质。"并解释为："士之仕也，犹农夫之耕也；农夫岂为出疆舍其耒耜哉？"(6·3)孔子要是三个月没有君主任用他，就非常焦急，离开这个国家，一定带上跟其他君主初次见面的礼物。这是因为：知识分子得从政，就像农夫得耕地一样；农夫出境不会不带上农具，知识分子出境也得带上见面礼物。

相比之下，孟子对收礼问题的讨论，更加发人深省。例如，他曾与弟子万章讨论过三种不同的收礼情形：

> 万章问曰："敢问交际何心也？"孟子曰："恭也。"曰："'却之为不恭'，何哉？"曰："尊者赐之，曰：'其所取之者义乎，不义乎？'而后受之，以是为不恭，故弗却也。"曰："请无以辞却之，以心却之，曰'其取诸民之不义

① 阮元校刻：《十三经注疏》下册，第1524页。

② 朱熹：《四书章句集注》，第327页。

③ 顾炎武著、黄汝成集释、秦克诚点校：《日知录集释》，长沙：岳麓书社，1994年，第259页。

④ 阮元校刻：《十三经注疏》上册，第1231页。

也'，而以他辞无受，不可乎？"曰："其交也以道，其接也以礼，斯孔子受之矣。"万章曰："今有御人于国门之外者，其交也以道，其馈也以礼，斯可受御与？"曰："不可；《康诰》曰：'杀越人于货，闵不畏死，凡民罔不譈。'是不待教而诛者也。殷受夏，周受殷，所不辞也；于今为烈，如之何其受之？"曰："今之诸侯取之于民也，犹御也。苟善其礼际矣，斯君子受之，敢问何说也？"曰："子以为有王者作，将比今之诸侯而诛之乎？其教之不改而后诛之乎？夫谓非其有而取之者盗也，充类至义之尽也。孔子之仕于鲁也，鲁人猎较，孔子亦猎较。猎较犹可，而况受其赐乎？"（10·4）

以上这段话，《四书评·孟子卷之五》评曰："问处每胜。"[①]万章问得好，孟子回答好了所有问题吗？《孟子集注》卷十引尹氏："不闻孟子之义，则自好者为于陵仲子而已。圣贤辞受进退，惟义所在。"又自按："此章文义多不可晓，不必强为之说。"[②]

三种收礼情形之中，前两种是尊者赐予礼物、强盗馈赠礼物。孟子认为：尊者赐予礼物，只要合乎礼仪，就应该接受，否则就是不恭；强盗馈赠礼物，即使合乎礼仪，也不能接受，因为夏商周的法律都把强盗看成不待教而诛者，何况打打杀杀如今更为厉害呢？这里，接受尊者赐予的礼物，亦即接受了尊者本性中的一部分；拒绝强盗馈赠的礼物，亦即拒绝了强盗本性中的一部分。

第三种情形较为复杂。万章以为：诸侯从民间获取财物，跟强盗打家劫舍没有差别；如果诸侯也按礼仪赐予礼物，人们接不接受就会陷入两难——不接受就是不恭，接受就好似接受了强盗的礼物。万章的提问既从道德理想主义立场针砭了诸侯们的巧取豪夺，又清醒意识到了道德实践主体难以回避政治伦理生活中的某类错置特例。但是，万章也清楚地知道："苟善其礼际矣，斯君子受之"，现实生活中，人们同样会接受诸侯所赐的礼物。这又是为什么呢？

如何处理第三种收礼情形，可谓这场对话的焦点。孟子认为：不是自己所有的，却要得到它，把这种行为叫做抢劫，不过是提高到原则性高度的话而已；只要合乎礼仪，这类赐予就得接受。理由在于：第一，圣王兴起，也会首先教育诸侯，实在不能改过者才会诛杀；第二，现在圣王尚未兴起，士阶层惟有接受，才有机会去教育诸侯；第三，诸侯"其交也以道，其接也以礼"，士阶层却不接受，就是不恭，就失去了教育诸侯的机会。

《孟子集注》卷十亦云：

① 李贽：《四书评》，第249页。

② 朱熹：《四书章句集注》，第320页。

> 言今诸侯之取于民，固多不义，然有王者起，必不连合而尽诛之。必教之不改而后诛之，则其与御人之盗，不待教而诛者不同矣。夫御人于国门之外，与非其有而取之，二者固皆不义之类，然必御人，乃为真盗。其谓非有而取为盗者，乃推其类，至于义之至精至密之处而极言之耳，非便以为真盗也。然则今之诸侯，虽曰取非其有，而岂可遽以同于御人之盗也哉？又引孔子之事，以明世俗所尚，犹或可从，况受其赐，何为不可乎？①

可是，小盗被杀、大盗得国的"窃钩盗国"观念却是一种悠久的思想史传统：

> 今有人于此，窃一犬一彘，则谓之不仁，窃一国一都，则以为义。(《墨子·鲁问》)②
>
> 窃钩者诛，窃邦者为诸侯。诸侯之门，义士之所存。(郭店简《语丛四》第9简)③
>
> 彼窃钩者诛，窃国者为诸侯，诸侯之门而仁义存焉，则是非窃仁义圣知邪？(《庄子·胠箧》)④
>
> 小盗者拘，大盗者为诸侯，诸侯之门，义士存焉。(《庄子·盗跖》)⑤
>
> 鄙人有言曰："何知仁义，已飨其利者为有德。"故伯夷丑周，饿死首阳山，而文、武不以其故贬王；跖、蹻暴戾，其徒诵义无穷。由此观之，"窃钩者诛，窃国者侯，侯之门仁义存"，非虚言也。(《史记·游侠列传》)⑥

万章明显受到了以上思想史传统的影响，孟子却是另外的态度。礼物之为物，首先得是财物。万章质问财物的来源是否合法，把诸侯与强盗相提并论，"今之诸侯取之于民也，犹御也"，充盈着批判精神，俨然狂者；孟子关注礼物的交接是否合礼，认为诸侯不同于强盗，"夫谓非其有而取之者盗也，充类至义之尽也"，内敛着建构思维，仿佛狷者。

孟子这里的狷者姿态，其实并不出人意料。诸侯放恣乃是政治——伦理生态恶化最显著的表现，士阶层的历史担当就是要尽力改变这种状况。诸侯给士阶层送礼，隐含了某种政治期待；士阶层接受诸侯的礼物，同时也就接受了这一政治期待。只要诸侯依据规矩同我交往，按照礼节同我接触，我就没

① 朱熹：《四书章句集注》，第319—320页。

② 吴毓江著、孙启治点校：《墨子校注》下册，北京：中华书局，1993年，第734—735页。

③ 荆州市博物馆编：《郭店楚墓竹简》，第217页。

④ 陈鼓应：《庄子今注今译》中册，第256页。

⑤ 陈鼓应：《庄子今注今译》下册，第790页。

⑥ 司马迁：《史记》第10册，第3182页。按，个别标点符号略有校改。

有理由拒绝他们。士阶层接受了赐予，才有可能"格君心之非"(7·20)。"非其有而取之非义也"(13·33)，是士阶层对自身的要求。士阶层却不能拿自身的标准来要求诸侯，所以，"夫谓非其有而取之者盗也，充类至义之尽也"(10·4)，这其实亦是权衡的体现。退一步，即便诸侯的礼物是像强盗那样巧取豪夺而来的，士阶层又接受了这一赐予，但跟听任诸侯放恣的恶性发展相比，其过也要轻微得多。

回到我们的论题，孟子的收礼观何以体现了以权行礼的温和权慧呢？送礼与收礼是礼乐文明的重要组成部分，但它们一旦进入具体的伦理实践，同样需要身体化对条文化的激活与敞开。条文化的规矩是死的，身体化的践履是活的，送礼与收礼要合乎礼仪地进行，都离不开权变；一般情形下，这种权变不是以权抗礼的激进权智，而是返归于经的温和权慧。即使送礼人都按照礼仪来交往，士阶层不接受强盗的礼物，却接受尊者、诸侯的礼物，这一区别对待也是权变的结果。强盗的礼物折射了强盗本性的一部分，尊者、诸侯的礼物折射了尊者、诸侯本性的一部分，士阶层拒绝前者而接受后者，既符合固有之礼的规定，更是收礼人实现自身政治理想的必由之路。郭店简《语丛四》有言："邦有巨雄，必先与之以为朋。"[①]孟子也说过："为政不难，不得罪于巨室。巨室之所慕，一国慕之；一国之所慕，天下慕之；故沛然德教溢乎四海。"(7·6)连礼物都不敢接受，士阶层从政，又哪里谈得上仰仗于那些巨雄、巨室呢？

有论者认为，接受诸侯的赐予却不接受强盗的馈赠，也是背反于经[②]。孟子引《康诰》，表明不接受强盗的馈赠，乃是固有之礼的要求。接受诸侯的赐予，则是因为孟子认为"夫谓非其有而取之者盗也，充类至义之尽也"；先前论尊者的赐予，又指出："尊贵的人有所赐予，自己先想了想：'他获取这些财物是合乎义的，还是不义的呢？'想了以后才接受，这是不恭敬的。所以便不拒绝。"接不接受诸侯的礼物，孟子主要以"其交也以道，其接也以礼"作为标准。士阶层接受诸侯的礼物，其实并没有违反固有之礼；即便接受诸侯像强盗那样得来的东西，也不是背反于经，而是返归于经的温和权慧使然。

下面这段对话也是关于收礼的：

> 陈臻问曰："前日于齐，王馈兼金一百，而不受；于宋，馈七十镒而受；于薛，馈五十镒而受。前日之不受是，则今日之受非也；今日之受是，则前日之不受非也。夫子必居一于此矣。"孟子曰："皆是也。当在宋也，予将有远行，行者必以赆；辞曰：'馈赆。'予何为不受？当在薛也，予有戒

① 荆州市博物馆编：《郭店楚墓竹简》，第217页。

② 参见杨泽波：《孟子经权思想探微》，《学术论坛》1997年第6期，第55页。

心；辞曰：'闻戒，故为兵馈之。'予何为不受？若于齐，则未有处也。无处而馈之，是货之也。焉有君子而可以货取乎？"（4·3）

于宋，孟子要远行，给远行的人送些盘缠是合乎情理的，所以孟子接受了宋王的七十镒；于薛，孟子听说路上有危险，需要加强戒备，薛君给孟子五十镒来购买兵器，孟子接受了；于齐，齐王送上兼金一百，孟子觉得齐王在用金钱收买他，没有接受的理由，所以拒绝了。这里，孟子收不收礼，也是在接受或者拒绝送礼人本性的一部分。它们并未违背任何固有之礼，反而却是返归于经、以权行礼，从中尤其可见义仕派知识分子"焉有君子而可以货取乎"的独特精神风貌。

以上，我们从如何应付违礼行为、位移现象、收礼情形三个方面，试图证明返归于经的温和权慧同样也是孟子经权观的重要组成部分。《传习录上》有段对话："问孟子言'执中无权犹执一'。先生曰：'中只是天理，只是易，随时变易，如何执得？须是因时制宜，难预先定一个规矩在。如后世儒者要将道理一一说得无罅漏，立定个格式，此正是执一。'"[①]预先定出所有规矩，仅仅只是良好的愿望，实际上根本不可能，所以圣人才会背反于经、以权抗礼。但是，"不以规矩，不能成方圆"（7·1），固有之礼或者既定的礼乐文明体系就是这个规矩；而且，这个规矩要从条文化的框框走向身体化的践履，就得随时变易、因时制宜，须臾离不开返归于经的温和权慧，否则，执中无权，其犹执一。

假如返归于经的温和权慧不发挥着即时当下、真切有力的作用，猎场管理员以及孟子凭什么抵挡齐景公、王驩等权贵们明目张胆的违礼行为呢？公都子凭什么知道首先要斟酒给年长于伯兄一岁的乡人，要尊敬受祭代理人位置上的弟弟呢？万章凭什么懂得士阶层可以接受诸侯的赐予呢？权是个体的自由性、自主性的实践和显现。人们实践返归于经的温和权慧，就是为了激活并敞开条文化的规矩到身体化的践履这一转变，同时借助这一转变，显现出自己的自由性、自主性，推动着经文与权变和谐地显现于人们的政治——伦理生活本身。这种显现越是充分，理想人格越是得以逐渐培塑。

四、孟子经权观的独特理论价值

钱钟书有言："'权'乃吾国古伦理学中一要义，今世考论者似未拈出。"[②]

---

① 王守仁著、吴光等编校：《王阳明全集》上册，上海：上海古籍出版社，1992年，第19页。

② 钱钟书：《管锥编》第1册，北京：中华书局，1986年版，第206—207页。譬如，张岱年的《中国哲学大纲》（北京：中国社会科学出版社，1982年）以及方立天的《中国古代哲学问题发展史》（北京：中华书局，1990年）均以问题为中心梳理中国哲学观念，却未对经权问题进行专题研讨。

我们不讨论这个论断是否准确，但孟子的经权观迄今为止未能获得真正全面的研讨，则是不争之实。

我们的思想史传统认为：经是原则性，适应于常态，指导着一般情形下的伦理生活，是为本；权是灵活性，适应于变态，指导着特殊情形下的伦理生活，是为末（如表2所示）。赵纪彬的《高拱权说辨证》一文甚至勾勒过经权思想史上的汉宋之争：汉儒主张“反经合道为权”，宋儒主张“常则守经，变则行权”，两者存在着冲突①。这种冲突激烈吗？且看董仲舒、朱熹两家在基本设定上近乎一致的提法：

> 《春秋》之道，固有常有变，变用于变，常用于常，各止其科，非相妨也。（《春秋繁露·竹林》）②
>
> 是故天以阴为权，以阳为经……经用于盛，权用于末。以此见天之显经隐权，前德而后刑也。（《春秋繁露·阳尊阴卑》）③
>
> 经毕竟是常，权毕竟是变。（《朱子语类》卷三十七）④
>
> 经是万世常行之道，权是不得已而用之，大概不可用时多。（《朱子语类》卷三十七）⑤

表2　传统经权观的一般解读

	时态	释义	地位
经	常态	原则性	本
权	变态	灵活性	末

拿上述看法来解读孟子的经权观，显然无法洞见其丰富而又独特的内涵。换句话说，人们尚未认识到孟子经权观的庐山真面目，亦是这种约定俗成的传统经权观念使然。

众所周知，圣人为了让道德实践主体充分自由地展开伦理生活，制作了代代相传的礼乐规范——经。经文首先驻留于典册之中，其后得到人们反复地学习，但相对于伦理实践而言，它们还是静态的。经文由静态变成动态，就离不开权变。正如明代学者高拱《问辨录·论语》所言：

---

① 参见赵纪彬著、李慎仪编：《困知二录》，北京：中华书局，1991年，第284—285页。按，赵纪彬曾计划写作十多万字的《中国权说史略》，最终只完成了三文，即《释权》、《〈论语〉“权”字义疏》、《高拱权说辨证》。这三篇文章具有较高的学术价值，均收入《困知二录》。

② 苏舆著、钟哲点校：《春秋繁露义证》，北京：中华书局，1992年，第53页。

③ 苏舆著、钟哲点校：《春秋繁露义证》，第327页。

④ 黎靖德编、王星贤点校：《朱子语类》第3册，第989页。

⑤ 黎靖德编、王星贤点校：《朱子语类》第3册，第989页。

> 夫权者何也？称锤也。称之为物，有衡有权。衡也者，为铢、为两、为斤、为钧、为石，其体无弗具也，然不能自为也。权也者，铢则为之铢，两则为之两，斤则为之斤，钧则为之钧，石则为之石，往来取中，至于千亿而不穷。其用无弗周也，然必有衡而后可用也。故谓衡即是权，权即是衡，不可也。然使衡离于权，权离于衡，亦不可也。盖衡以权为用，权非用于衡，无所用之。分之则二物，而合之则一事也。①

以秤喻经，以锤喻权，“盖衡以权为用，权非用于衡，无所用之”，形象地说明了权变乃是经文走向实践必不可少的重要环节，甚至就是经文走向实践这一活动过程本身。人们依据经文规范以展开伦理实践，同时也就是在实施返归于经的温和权慧。加上圣人制作的礼乐规范具有高度的真理性，因此，返归于经的温和权慧可谓人们践履伦理生活的基本方式。《河南程氏遗书》卷四云：“穷经，将以致用也。如‘诵《诗》三百，授之以政不达，使于四方，不能专对，虽多亦奚以为？’今世之号为穷经者，果能达于政事专对之间乎？则其所谓穷经者，章句之末耳，此学者之大患也。”②返归于经的温和权慧就是经以致用的内驱机制，否则，人们永远只能停留于章句之末。

圣人制作的礼乐规范事实上不可能穷尽日常生活中的所有情形，既有的礼乐规范有时还可能扼杀置身于伦理新情境之下的道德实践主体自然而然的道德情感。一旦出现这种情况，人们就必须背反于经、以权抗礼。先秦两汉典籍对此有过许多论述：

> 权者何？权者反于经，然后有善者也。权之所设，舍死亡无所设。行权有道：自贬损以行权，不害人以行权。杀人以自生，亡人以自存，君子不为也。（《春秋公羊传·桓公十一年》）③
>
> 夫权虽反经，亦必在可以然之域。不在可以然之域，故虽死亡，终弗为也，公子目夷是也。（《春秋繁露·玉英》）④
>
> 权者，反经而善也。（《孟子正义》卷十五引赵岐注）⑤

这里有必要清理一下汉儒“反经合道为权”之说的来龙去脉。前引《春秋公羊传·桓公十一年》以及《论语·子罕》是其两个源头，后者又更为重要。《子罕篇》有相连的两章：

---

① 高拱著、流水点校：《高拱论著四种》，第 162 页。
② 程颢、程颐著，王孝鱼点校：《二程集》第 1 册，第 71 页。
③ 阮元校刻：《十三经注疏》下册，第 2220 页。
④ 苏舆著、钟哲点校：《春秋繁露义证》，第 79 页。
⑤ 焦循著、沈文倬点校：《孟子正义》上册，北京：中华书局，1987 年，第 521 页。

子曰："可与共学，未可与适道；可与适道，未可与立；可与立，未可与权。"（9・30）[①]

"唐棣之华，偏其反而。岂不尔思？室是远而。"子曰："未之思也，夫何远之有？"（9・31）

王夫之的《四书稗疏・论语上篇》"唐棣"条认为汉儒把"偏其反而"理解为"反经合权"，乃是一种邪说：

《诗传》："唐棣，思贤也。"既删之后，《诗》尚未逸，唯《毛传》失传耳。既为思贤之诗，则子曰"未之思也"，亦言其好贤之未诚；"夫何远之有"，言思之诚而贤者自至耳。义既大明，则汉人以"偏反"为反经合权之衺说，不攻自破矣。[②]

清代学者毛奇龄《论语稽求篇》卷四指出：

按"唐棣"二节，旧本与"可与共学"节合作一章。其又加"子曰"者，所以别诗文也。但其义则两下不接，颇费理解。惟何平叔谓偏反喻权，言行权似反而实出于正，说颇近理，然语尚未达。予尝疏之云：夫可立而未可权者，以未能反经也。彼唐棣偏反，有似行权，然而思偏反而不得见者，虑室远也。思行权而终不行者，虑其与道远也，不知无虑也。夫思者当思其反，反是不思，所以为远。能思其反，何远之有？盖行权即所以自立，而反经正所以合道。权进于立，非权不可立也……汉儒以反经合道为权，此正本夫子偏反喻权之意。且亦非汉后私说，在前此已有之。《公羊传》曰："权者何？权者反乎经者也，反乎经然后有善也。""反经"之语，实始于此。其后，相习成说，著为师传，然皆本夫子是语。[③]

"反经"一语典出《春秋公羊传・桓公十一年》，"反经合道"一语则不见于汉代大儒董仲舒的《春秋繁露》。毛奇龄所说"惟何平叔谓偏反喻权……"，见《论语注疏》卷九；但何晏注《子罕》第31章亦只是认为："赋此诗者，以言权道反而后至于大顺。思其人而不得见者，其室远也。以言思权而不得见者，其道远也。""夫思者，当思其反，反是不思，所以为远。能思其反，何远之有？言

① 唐代冯用之《权论》引《论语・子罕》第30章为"可与共学，未可与立；可与立，未可与适道；可与适道，未可与权"，与今本有异。参见董诰等辑：《钦定全唐文》卷四〇四，《续修四库全书》第1640册，上海：上海古籍出版社，1996—2003年，第562页。

② 王夫之著、船山全书编辑委员会编校：《船山全书》第6册，长沙：岳麓书社，1991年，第35页。

③ 毛奇龄：《论语稽求篇》，《景印文渊阁四库全书》第210册，台北：台湾商务印书馆，1982—1986年，第170页。

权可知，唯不知思耳。思之有次序，斯可知矣。”[①]王充《论衡·本性》倒是说过：“余固以孟轲言人性善者，中人以上者也；孙卿言人性恶者，中人以下者也；扬雄言人性善恶混者，中人也。若反经合道，则可以为教；尽性之理，则未也。”[②]《易传·系辞下》云：“巽以行权。”东晋韩康伯注：“权，反经而合道。必合乎巽顺，而后可以行权也。”[③]以上两段话可能就是“反经合道”一语较早的语源。

把“反经合道为权”当作汉儒经权观的基本理念，实则宋儒的理论概括。《论语集注》卷五注《子罕》第30章，朱熹引程子：“汉儒以反经合道为权，故有权变权术之论，皆非也。权只是经也。自汉以下，无人识权字。”又自按：“先儒误以此章连下文偏其反而为一章，故有反经合道之说。程子非之，是矣。然以孟子嫂溺援之以手之义推之，则权与经亦当有辨。”[④]《朱子语类》卷三十七论“可与共学”章，线索尤为清晰。

小程论权，有两段话值得重视：

> 论事须著用权。古今多错用权字，纔说权，便是变诈或权术。不知权只是经所不及者，权量轻重，使之合义，纔合义，便是经也。今人说权不是经，便是经也。权只是称锤，称量轻重。孔子曰：“可与立，未可与权。”（《河南程氏遗书》卷十八《伊川先生语四》）[⑤]
>
> 唐棣之华乃千叶郁李，本不偏反，喻如兄弟，今乃偏反，则喻兄弟相失也。兄弟相失，岂不尔思，但居处相远耳。孔子曰：“未之思也，夫何远之有？”盖言权实不相远耳。权之为义，犹称锤也。能用权乃知道，亦不可言权便是道也。自汉以下，更无人识权字。（《河南程氏遗书》卷22上《伊川先生语八上》）[⑥]

“自汉以下，更无人识权字”，足见小程轻视汉儒的“反经合道为权”之说，而是认为权便是经：它也是有条件的，只有在权量轻重并使其合义的情况下，权才是经。唐代陆贽《论替换李楚琳状》有言：“夫权之为义，取类权衡。衡者，称也；权者，锤也。故权在于悬，则物之多少可准；权施于事，则义之轻重不差。其趣理也，必取重而舍轻；其远祸也，必择轻而避重。苟非明哲，难

---

① 阮元校刻：《十三经注疏》下册，第2491页。
② 王充：《论衡》，第47页。
③ 阮元校刻：《十三经注疏》上册，第89页。
④ 朱熹：《四书章句集注》，第116页。
⑤ 程颢、程颐著，王孝鱼点校：《二程集》第1册，第234页。
⑥ 程颢、程颐著，王孝鱼点校：《二程集》第1册，第294—295页。

尽精微，故圣人贵之，乃曰：'可与适道，未可与立；可与立，未可与权。'言知机之难也。今者甫平大乱，将复天衢，辇路所经，首行胁夺，易一帅而亏万乘之义，得一方而结四海之疑，乃是重其所轻，而轻其所重，谓之权也，不亦反乎？以反道为权，以任数为智，君上行之必失众，臣下用之必陷身，历代之所以多丧乱而长奸邪，由此误也。"[①]《论语稽求篇》卷四曾节引这段话，并云："此不过一时一人有为之言，而宋人一闻其说，便群遵之，遂谓权即是经，反经即非权。"[②]毛奇龄的一引一评，可知伊川之说受到过以锤喻权思想的影响。《论语集注》卷五引程子："权，称锤也，所以称物而知轻重者也。可与权，谓能权轻重，使合义也。"[③]但是，"反经合道"一语并不见于《河南程氏遗书》，"权只是经也"一语亦不见于二程著述[④]。后者很可能是朱熹总结出来的，或者说经由朱熹才得到了推广。

"权只是经"也仅仅只是经权思想史从"反经合道为权"过渡到"常则守经，变则行权"的中间环节，因为朱熹并不十分赞成这一说法。《朱子语类》卷三十七指出：

> 吴伯英问："伊川言'权即是经'，何也？"曰："某常谓不必如此说。孟子分明说：'男女授受不亲，礼也；嫂溺援之以手者，权也。'权与经岂容无辨！但是伊川见汉儒只管言反经是权，恐后世无忌惮者皆得借权以自饰，因有此论耳。然经毕竟是常，权毕竟是变。"又问："某欲以'义'字言权，如何？"曰："义者，宜也。权固是宜，经独不宜乎？"[⑤]
>
> 问："伊川谓'权只是经'，如何？"曰："程子说得却不活络。如汉儒之说权，却自晓然。晓得程子说底，得知权也是常理；晓不得他说底，经权却鹘突了。某之说，非是异程子之说，只是须与他分别，经是经，权是权。且如'冬日则饮汤，夏日则饮水'，此是经也。有时天之气变，则冬日须着饮水，夏日须着饮汤，此是权也。权是碍着经行不得处，方使用得，然却依前是常理，只是不可数用。如'舜不告而娶'，岂不是怪差事？以孟子观之，那时合如此处。然使人人不告而娶，岂不乱大伦？所以不可

---

① 董诰等辑：《钦定全唐文》卷四七一，《续修四库全书》第1641册，上海：上海古籍出版社，1996—2003年，第635—636页。按，陆贽之前，《刘子·明权》亦云："循理守常曰道，临危制变曰权。权之为称，譬犹权衡也。衡者测邪正之物，权者揆轻重之势。"（旧题北齐刘书撰、唐袁孝标注：《刘子》，《景印文渊阁四库全书》第848册，台北：台湾商务印书馆，1982—1986年，第923页）

② 毛奇龄：《论语稽求篇》，《景印文渊阁四库全书》第210册，第171页。

③ 朱熹：《四书章句集注》，第116页。

④ 这一判断亦得到二程研究专家、四川师范大学首席教授蔡方鹿先生的确认，特此致谢。

⑤ 黎靖德编、王星贤点校：《朱子语类》第3册，第989页。

常用。"①

经权思想史上的汉宋之争充斥着针锋相对的争辩,譬如以下两段话:

或者不知权之所以为中,乃指为反经合道。夫经者,道之所以为常也;权者,所以权其变而求合夫经也。既反经矣,尚何道之合乎?以至于尧舜之禅、汤武之伐、周公之诛,盖亦如夫夏葛冬裘、饥食渴饮,当其可而已。非理明义精,畴足以识之哉?([南宋]张栻:《癸巳论语解》卷五)②

南轩以为:"既曰反经,恶能合道?"盖不知非常之事,固有必须反经然后可以合道者。如汤征桀、武王伐纣、伊尹放太甲、周公诛管叔,皆非君臣兄弟之常理,圣人于此,不得已而为之,然后家国治而天下平,未闻不能合道也。只如嫂溺援之之事,视其所以,乃是以手援嫂,诚为反其授受不亲之经;察其所安,乃是以仁存心,期在救其逡巡溺者之死,斯岂不能合道哉?([元]陈天祥:《四书辨疑》卷五)③

实际上,朱熹对汉儒的"反经合道为权"之说并未一棍子打死,而是承认它也有合理的成分。《朱子语类》卷三十七就说:

盖经者只是存得个大法,正当底道理而已。盖精微曲折处,固非经之所能尽也。所谓权者,于精微曲折处曲尽其宜,以济经之所不及耳。所以说"中之为贵者权",权者即是经之要妙处也。如汉儒说"反经合道",此语亦未甚病。盖事也有那反经底时节,只是不可说事事要反经,又不可说全不反经。如君令臣从,父慈子孝,此经也。若君臣父子皆如此,固好。然事有必不得已处,经所行不得处,也只得反经,依旧不离乎经耳,所以贵乎权也。④

董仲舒同样也认可"常则守经,变则行权",《春秋繁露·玉英》指出:

《春秋》有经礼,有变礼。为如安性平心者,经礼也。至有于性,虽不安,于心,虽不平,于道,无以易之,此变礼也。是故昏礼不称主人,经礼也。辞穷无称,称主人,变礼也。天子三年然后称王,经礼也。有故则未三年而称王,变礼也。妇人无出境之事,经礼也。母为子娶妇,奔丧父

① 黎靖德编、王星贤点校:《朱子语类》第3册,第993页。

② 张栻:《癸巳论语解》,《景印文渊阁四库全书》第199册,台北:台湾商务印书馆,1982—1986年,第249页。

③ 陈天祥:《四书辨疑》,《景印文渊阁四库全书》第202册,台北:台湾商务印书馆,1982—1986年,第407页。

④ 黎靖德编、王星贤点校:《朱子语类》第3册,第992页。

母，变礼也。明乎经变之事，然后知轻重之分，可与适权矣。难者曰：《春秋》事同者辞同。此四者俱为变礼，而或达于经，或不达于经，何也？曰：《春秋》理百物，辨品类，别嫌微，修本末者也。是故星坠谓之陨，螽附谓之雨，其所发之处不同，或降于天，或发于地，其辞不可同也。今四者俱为变礼也同，而其所发亦不同。或发于男，或发于女，其辞不可同也。是或达于常，或达于变也。[①]

仔细考量经权思想史上的汉宋之争，双方都有夸大其词的嫌疑。一旦夸大其词，汉儒的"反经合道为权"就成了经权互悖之论，宋儒的"常则守经，变则行权"就成了经权互隔之说。既然朱熹并未一棍子打死"反经合道为权"之说，董仲舒也认可"常则守经，变则行权"的合理性，双方的冲突就有可能得到调和。在笔者看来，汉儒的"反经合道为权"实则宋儒说的"变则行权"，宋儒的经权观已经包含了汉儒的观点，宋儒只是不同意汉儒一味地强调"反经合道为权"而已。进一步看，汉、宋两家积淀并构筑了传统经权观，其实质则是经权互隔之说：经是经，权是权；一般情形下只需坚守经的原则性，特殊情形下才需要调动权的灵活性；常人只有守经的本分，行权则是圣贤的专利。一般情形下是否需要权变智慧，常人是否也可以行权，因而成为传统的经权互隔之说与孟子的经权互动之说两者最根本的差异。

传统经权观认为：经、原则性、常态存在一一对应关系，权、灵活性、变态也是一一对应关系，前者为本，后者为末。它用互隔的眼光看经权，经在特殊情形下不起作用，权在一般情形下不起作用，经、权成了两个东西。孟子承认经是原则性、权是灵活性，但割断了经与常态、权与变态的一一对应关系，并以互动的思维看经权，无论特殊情形还是一般情形之下，经、权都紧密联系在一起，各自起着不同的作用(如表 3 所示)。

表 3　孟子经权观的基本内涵

	时　态	权　量	经　度
温和权慧	常态	以权行礼	返归于经
激进权智	变态	以权抗礼	背反于经

孟子的经权互动观，尤其从权的角度，激活并敞开了返归于经的温和权慧与背反于经的激进权智之间的互动。特殊情形下，道德实践主体的权变智慧表现为以权抗礼、背反于经的激进权智。这种权变智慧仅仅只是针对礼乐

① 苏舆著、钟哲点校：《春秋繁露义证》，第 74—76 页。按，个别标点符号略有校改。

规范体系中的某个或几个子项，而不是针对整个礼乐规范体系。小叔子救嫂子、舜不告而娶，其权是对礼经的否定，目的却是更能合乎人道。一般情形下，道德实践主体的权变智慧表现为以权行礼、返归于经的温和权慧。这种权变智慧追求中道，旨在让各种礼乐规矩巧妙地切入人生实践之中。虞人非其招不往、孟子不与右师言，其权则是在他人违背礼经的情形下，自己却坚守礼经。归结起来，对礼经行使否定性的做法，这种权变可谓激进的；对礼经行使肯定性的做法，这种权变可谓温和的。

孟子经权观的解读史上有个耐人寻味的现象：以权抗礼、背反于经的激进权智因其曲折激荡，人们往往难以忘怀；以权行礼、返归于经的温和权慧因其平淡无奇，人们通常熟视无睹。其实，从哲学味、故事性看，人们有理由钟情于激进权智；从时代感、社会化看，人们有责任服膺于温和权慧。原因在于：小叔子救嫂子，舜不告而娶，激进权智支付的成本倒是温和的；虞人非其招不往，孟子不与右师言，温和权慧付出的代价却是激进的。如果回到孔孟那个礼乐文明越来越分崩离析的时代，又只能做出惟一抉择，人们就应当选择温和权慧，而不是激进权智。

"反经"一词，《孟子》书中仅仅出现过一次。《河南程氏遗书》卷十五《伊川先生语一》云："中者，只是不偏，偏则不是中。庸只是常。犹言中者是大中也，庸者是定理也。定理者，天下不易之理也，是经也。孟子只言反经，中在其间。"[①]我们需要重温这个词的出场语境：礼坏乐崩，政治——伦理生态恶劣，不依礼而行的乡愿之流难辞其咎，孟子为此提出"君子反经而已矣"（14・37）。其意则跟汉儒说的"反经合道为权"截然不同，也不能简单地理解为小程意义上的"权即是经"；它不是指以权抗礼的背反于经，而是指以权行礼的返归于经。

返归于经既是为了恶乡愿，更是为了人自身。孟子曾说："规矩，方员之至也；圣人，人伦之至也。"（7・2）"梓匠轮舆能与人规矩，不能使人巧。"（14・5）圣人制作的礼乐规范，为道德实践主体展开伦理生活设定了最基本的规矩。要让规矩真正自由地落实在一己的伦理生活之中，则离不开巧："智，譬则巧也；圣，譬则力也。由射于百步之外也，其至，尔力也；其中，非尔力也。"（10・1）智好比技巧，圣好比气力。百步之外射箭，射到了，那是气力的结果；射中了，那是技巧的结果。仁、义、礼、智四者，《礼记・丧服四制》认为"权者知也"[②]。《中论》卷上《智行》云："仲尼曰：'可与立，未可与权。'孟轲

① 程颢、程颐著，王孝鱼点校：《二程集》第1册，第160页。

② 参见阮元校刻：《十三经注疏》下册，第1694页。

曰:‘子莫执中,执中无权,犹执一也。’仲尼、孟轲,可谓达于权智之实者也。”[①]赵纪彬的《〈论语〉“权”字义疏》指出:“‘权’是把原理原则应用于实际,使之与具体实践相结合,用以观察问题,解决矛盾的方法。这是认识发展的最高阶段。”[②]要返归于经,就得以权行礼,化理论为方法,并见之于行为。一旦以权行礼,“非礼之礼,非义之义,大人弗为”(8·6),人就能栖居于礼乐文明的德性愿景,乡愿之流就不可能再横行于世。

行权,不是圣贤们的专利,而是每一个道德实践主体不可让渡的权利。从权智一体看,“是非之心,智之端也”,“无是非之心,非人也”(3·6)。惟其人人可以行权而且必须行权,人们才有可能像尧舜那样成就自身的理想人格,礼乐文明的政治——伦理统制功能才会得到自由地呈现。激进权智的使用范围极其有限,温和权慧的作用空间无边无际;激进权智只是醒目的标志,温和权慧却是普遍的风格。所以,既是以权抗礼更是以权行礼,既是激进权智更是温和权慧,既是背反于经更是返归于经,才写照了孟子“经而权”的伦理智慧,揭示了孟子经权观不同于而且高于传统经权观的所在,彰显了孟子的经权观在传统经权思想史上的独特理论价值。

① 徐幹:《中论》,《景印文渊阁四库全书》第696册,台北:台湾商务印书馆,1982—1986年,第482页。

② 赵纪彬著、李慎仪编:《困知二录》,第270页。

儒林

朱熹气论批判*

◇ 沈顺福

【摘　　要】气是宋明理学的重要范畴之一。朱熹之气包括阴阳之气与五行之质。这种气与质是构成器物的材料，是实在之物。朱熹以为形而下者。阴阳之气，是生物之本，类似于西方的 soul。五行之质，虽为材料，却也是实在、无形而不可知晓者。故，气与质，相应于形而下之器物，是形而上者，非形而下者。朱熹之言是错误的。

【关 键 词】朱熹；气；质；形而下

【作者简介】沈顺福：男，山东大学儒学高等研究院教授，博士生导师。

气是宋明理学的重要范畴之一。程朱理学则明确提出气是形而下者。二程曰："阴阳，气也，形而下也。道，太虚也，形而上也。"[①]朱熹曰："性，形而上者也；气，形而下者也。"(《孟子章句集注·告子上》)气属于形而下者。

那么，气究竟是形而上者还是形而下者呢？这便是本文所试图解决的问题。

一、形而下者与有形之物

为了解决这一问题，我们首先必须明辨：何谓形而上与形而下？

"形而上"、"形而下"之类的术语出自《周易·系辞上》："形而上者谓之道，形而下者谓之器"。反过来说，道属于形而上。器属于形而下。

朱熹采纳了这个术语。朱熹道："形而上者指理而言，形而下者指事物而言。事事物物，皆有其理；事物可见，而其理难知。"[②]形而上者指道、理等。形而下者指事物。朱熹举例曰："且如这个扇子，此物也，便有个扇子底道理。

* 本文为 2011 年度教育部新世纪人才支持计划项目"儒家形而上学"(NCET－110308)之阶段性成果。

① 《二程集》：中华书局 2004 年版，第 1180 页。

② 《朱子语类》：中华书局 1986 年版，第 1935 页。

扇子是如此做，合当如此用，此便是形而上之理。天地中间，上是天，下是地，中间有许多日月星辰，山川草木，人物禽兽，此皆形而下之器也。然这形而下之器之中，便各自有个道理，此便是形而上之道。”①形而下者即世间事物，比如日月星辰、山川草木，以及扇子等物体。形而上者即这些事物之理，所以然者。

形而下者指现实的事物。除了物体之外，现实中发生的事情也属于形而下者。朱熹曰：“形而上者指理而言，形而下者指事物而言。事事物物，皆有其理；事物可见，而其理难知。即事即物，便要见得此理，只是如此看。但要真实于事物上见得这个道理，然后于己有益。‘为人君，止于仁；为人子，止于孝。’必须就君臣父子上见得此理。大学之道不曰‘穷理’，而谓之‘格物’，只是使人就实处穷竟。事事物物上有许多道理，穷之不可不尽也。”②现实中的人际关系状态便是事情。这些事情也属于形而下者，并有一定的道理。故，形而下者指事事物物，它不仅包含山川草木等实物，而且遍指现实发生的事情。

这些事物、事情有形体。故，朱熹曰：“形而上者，无形无影是此理；形而下者，有情有状是此器。”③形而下之器有情有状。比如“阴阳是气，形而下者。然理无形，而气却有迹。气既有动静，则所载之理亦安得谓之无动静！”④阴阳之气有痕迹。他甚至称这些痕迹为渣滓：“性是形而上者，气是形而下者。形而上者全是天理，形而下者只是那渣滓。至于形，又是查(渣)滓至浊者也。”⑤这些渣滓等，是一种造化之物：“造化已是形而下，所以造化之理是形而上。”⑥理造化生出气。或者说，“形而上者是理；才有作用，便是形而下者。”⑦这些形而下者乃是理等形而上者的作用与展开。

形而上与形而下的区别主要在“形”上。有人问：“形而上、下，如何以形言？”⑧朱熹答曰：“此言最的当。设若以‘有形、无形’言之，便是物与理相间断了。所以谓‘截得分明’者，只是上下之间，分别得一个界止分明。器亦道，道亦器，有分别而不相离也。”⑨“形而上、形而下，只就形处离合分别，此正是界

---

① 《朱子语类》：中华书局 1986 年版，第 1496 页。
② 《朱子语类》：中华书局 1986 年版，第 1935 页。
③ 《朱子语类》：中华书局 1986 年版，第 2421 页。
④ 《朱子语类》：中华书局 1986 年版，第 84 页。
⑤ 《朱子语类》：中华书局 1986 年版，第 96 页。
⑥ 《朱子语类》：中华书局 1986 年版，第 63 页。
⑦ 《朱子语类》：中华书局 1986 年版，第 1936 页。
⑧ 《朱子语类》：中华书局 1986 年版，第 1935 页。
⑨ 《朱子语类》：中华书局 1986 年版，第 1935 页。

至处。若止说在上在下,便成两截矣!”①

形而上者无形,形而下者有形。无形则难知。有形则可知。朱熹曰:“道是道理,事事物物皆有个道理;器是形迹,事事物物亦皆有个形迹。有道须有器,有器须有道。……这个在人看始得。指器为道,固不得;离器于道,亦不得。且如此火是器,自有道在里。”②形而下者是可以感知的。“可见底是器,不可见底是道。理是道,物是器。”③因指面前火炉曰:“此是器,然而可以向火,所以为人用,便是道。”④形而下者乃是可以感知之器物。

朱熹以为:“形而下者为费,形而上者为隐。……形而下者甚广,其形而上者实行乎其间,而无物不具,无处不有,故曰费。费,言其用之广也。就其中其形而上者有非视听所及,故曰隐。隐,言其体微妙也。”⑤形而上者即隐微之理,是无法认知的,而形而下之事物,却是可以理解和运用的。“费,道之用也;隐,道之体也。用则理之见于日用,无不可见也。体则理之隐于其内,形而上者之事,固有非视听之所及者。”⑥费即道的作用和呈现,无不可见。

由此我们可以得出一个结论:形而下者指事物和事情。它有形状,可以被知晓。

朱熹认为:“既曰气,便是有个物事,此谓形而下者。”⑦阴阳五行之气也是物,属于形而下者。“太极,形而上之道也;阴阳,形而下之器也。”⑧阴阳之气属于器物类,归属于形而下者。朱熹曰:“一物便有阴阳。寒暖生杀皆见得,是形而下者。事物虽大,皆形而下者,尧舜之事业是也。理虽小,皆形而上者。”⑨

朱熹接受了周敦颐的太极说的部分内容,以为万物之生存遵循了如下逻辑,即,太极→阴阳→五行→物体。朱熹曰:“有太极,则一动一静而两仪分;有阴阳,则一变一合而五行具。然五行者,质具于地,而气行于天者也。以质而语其生之序,则曰水、火、木、金、土,而水、木,阳也,火、金,阴也。以气而语其行之序,则曰木、火、土、金、水,而木、火,阳也,金、水,阴也。又统而言之,

---

① 《朱子语类》:中华书局1986年版,第2396页。
② 《朱子语类》:中华书局1986年版,第1935页。
③ 《朱子语类》:中华书局1986年版,第579页。
④ 《朱子语类》:中华书局1986年版,第579页。
⑤ 《朱子语类》:中华书局1986年版,第1532页。
⑥ 《朱子语类》:中华书局1986年版,第1532页。
⑦ 《朱子语类》:中华书局1986年版,第2391页。
⑧ 《太极图说解》:《朱子全书》第十三册,上海古籍出版社、安徽教育出版社2002年版。
⑨ 《朱子语类》:中华书局1986年版,第1936页。

则气阳而质阴也；又错而言之，则动阳而静阴也。盖五行之变，至于不可穷，然无适而非阴阳之道。至其所以为阴阳者，则又无适而非太极之本然也，夫岂有所亏欠闲隔哉！……五行具，则造化发育之具无不备矣，故又即此而推本之，以明其浑然一体，莫非无极之妙；而无极之妙，亦未尝不各具于一物之中也。盖五行异质，四时异气，而皆不能外乎阴阳；阴阳异位，动静异时，而皆不能离乎太极。至于所以为太极者，又初无声臭之可言，是性之本体然也。天下岂有性外之物哉！然五行之生，随其气质而所禀不同，所谓'各一其性'也。各一其性，则浑然太极之全体，无不各具于一物之中，而性之无所不在，又可见矣。"[①]由太极经阴阳、借五行，最后形成物体。物体形成于阴阳与五行。其中，太极即理："太极只是天地万物之理。"[②]太极即理、性。于是，万物的形成依赖于三个环节或步骤，即太极（理）、阴阳和五行。其中的阴阳与五行统称为气。于是，万物生于理与气。

万物本于理与气。比如人，朱熹曰："人之所以生，理与气合而已。天理固浩浩不穷，然非是气，则虽有是理而无所凑泊。故必二气交感，凝结生聚，然后是理有所附着。凡人之能言语动作，思虑营为，皆气也，而理存焉。"[③]人因为理与气而存在。其中"性者，人之所得于天之理也；生者，人之所得于天之气也。性，形而上者也；气，形而下者也。"（《孟子章句集注·告子上》）性、理是形而上者，气便是形而下者。

那么，阴阳之气与五行之质是否属于形而下者呢？或者说，阴阳之气与五行之质是否属于有形、可知的事物呢？

二、阴阳之气与生命之元

朱熹之气有两种说法，广义与狭义。广义之气，包括阴阳之气与五行之质。狭义之气则仅仅指阴阳之气，不包含五行之质。"气自是气，质自是质，不可滚说。"[④]气、质不同。

朱熹曰："有太极，则一动一静而两仪分；有阴阳，则一变一合而五行具。然五行者，质具于地，而气行于天者也。……五行具，则造化发育之具无不备

① 《太极图说解》：《朱子全书》第十三册，上海古籍出版社 2002 年版。

② 《朱子语类》：中华书局 1986 年版，第 1 页。

③ 《朱子语类》：中华书局 1986 年版，第 65 页。

④ 《朱子语类》：中华书局 1986 年版，第 2378 页。

矣。"[①]万物生于阴阳之气。朱熹说:"有理便有气流行,发育万物。"[②]万物皆由气发育而来。气酝酿凝聚生物。生命在于气。朱熹曰:"生者,人之所得于天之气也。"(《孟子章句集注·告子上》)气是万物生生不息之本或依据。朱熹以身为例:"以人身言之:呼吸之气便是阴阳,躯体血肉便是五行,其性便是理。……其气便是春夏秋冬,其物便是金木水火土,其理便是仁义礼智信。……气自是气,质自是质,不可滚说。"[③]阴阳指呼吸之气。有此之气,方才为生,无之则死。故,阴阳之气主生。"气聚则生,气散则死。"[④]而血肉身躯则是五行,即五行组成血肉之躯。气质合作,形成有生命之躯体。而理便是那个做人的道理。朱熹曰:"人物之生,莫不有是性,亦莫不有是气。然以气言之,则知觉运动,人与物若不异也;以理言之,则仁义礼智之禀,岂物之所得而全哉?此人之性所以无不善,而为万物之灵也。"(《孟子章句集注·告子上》)气组成生命体。

元气生物本是早期道家和《周易》的生命哲学:"原始反终,故知死生之说。精气为物,游魂为变,是故知鬼神之情状。"(《周易·系辞上》)朱熹赞同这一说法,并进一步提出:"阴精阳气,聚而成物,神之伸也。魂游魄降,散而为变,鬼之归也。"(《周易本义·系辞上》)能够聚集生物之气乃为阴阳之气。其中,阳气动而生物。"又统而言之,则气阳而质阴也;又错而言之,则动阳而静阴也。"[⑤]阳动而变化,生生不已。阴静而成物,"阴阳变化,流行而未始有穷,阳之动也;人物禀受,一定而不可易,阴之静也"。[⑥] 于是,万物之生成包含了两个环节:阳动与阴静。其中,阳动指气之生生不已。阳气为生物提供了生命之元。

这种能够提供生命之元的精气,我将其称为生存的自性(identity)。在中国古代哲学史上,它表现为"三种不同的形态或称谓:精、气、神。事实上,这三种称谓乃同一所指:生存的源头、生命的依据。当人们意图突出其实在性时,它便是气;当人们意图强调其神秘性时,它便是精;当人们意图彰显其主宰性时,它便是神。……精神是生物生存的标志、自性(identity)。生物的生生不息在于生物有精神,精神提供了生物生存的动力。"[⑦]

---

① 《太极图说解》:《朱子全书》第十三册,上海古籍出版社、安徽教育出版社 2002 年版。

② 《朱子语类》:中华书局 1986 年版,第 1 页。

③ 《朱子语类》:中华书局 1986 年版,第 2378 页。

④ 《朱子语类》:中华书局 1986 年版,第 36 页。

⑤ 《太极图说解》:《朱子全书》第十三册,上海古籍出版社、安徽教育出版社 2002 年版。

⑥ 《太极图说解》:《朱子全书》第十三册,上海古籍出版社、安徽教育出版社 2002 年版。

⑦ 沈顺福:《精神与存在》,《江西社会科学》2011 年第 7 期。

阴阳之气是生命之元。有之便有生,无之便是死。阴阳之气即生命体的依据。这种依据,朱熹称之为形而下者。笔者以为不然。阴阳之气是“形而上的存在”。[①]

首先,阴阳乃是万物生存之元,是实在的。

根据周敦颐的先天图,朱熹也赞同太极、阴阳伴之五行,生成万物。然而,太极即理,虽说也是一种实在或实体,却无意于生物的构成部分。它更倾向于思辨性。在实际存在中,生物之元,与其说是理、太极,毋宁说是阴阳之气。阴阳之气才是万物真正的生命之元。

其次,这种实在之气是一个整体。

朱熹曰:“天地之间,本一气之流行,而有动静尔。以其流行之统体而言,则但谓之乾而无所不包矣;以其动静分之,然后有阴阳刚柔之别也。”(《周易本义·乾·文言》)能够生育出万物的气是一气。这种气,朱熹称之为一元之气:“一元之气,运转流通,略无停间,只是生出许多万物而已。”[②]由一元之气生出万物。这种一元之气即阴阳之气。

人们通常以为,阴阳之气似乎指阴气与阳气。于是,便有了两种气。朱熹则不这么看。他认为,“阴阳虽是两个字,然却是一气之消息,一进一退,一消一长。进处便是阳,退处便是阴;长处便是阳,消处便是阴。只是这一气之消长,做出古今天地间无限事来。所以阴阳做一个说亦得,做两个说亦得。”[③]阴阳是一气。这个气分别显现为阴气和阳气。其中,阳气动而生物。生物行为,又被理解为禀受。这便是阴静。因此,阴阳之气,既指生物,又指禀赋。

这种生物之气,是一个整体,不可分割。阴阳之气的不可分割性意味着它的无形性与不可认知性,即阴阳之气不仅仅是无形的,而且也是不可认知的。

朱熹承认鬼神的存在,并且指出:“鬼神只是气。屈伸往来者,气也。天地间无非气。人之气与天地之气常相接,无间断,人自不见。人心才动,必达于气,便与这屈伸往来者相感通。如卜筮之类,皆是心自有此物,只说你心上事,才动必应也。”[④]鬼神只是气的某种存在状态。魂是某种气的状态。或者说,魂即气。“所谓神者,以其主乎形气也。人所以生,精气聚也。人只有许多气,须有个尽时;……尽则魂气归于天,形魄归于地而死矣。……凡无形者

① 沈顺福:《精神与存在》,《江西社会科学》2011 年第 7 期。

② 《朱子语类》:中华书局 1986 年版,第 4 页。

③ 《朱子语类》:中华书局 1986 年版,第 1879—1880 页。

④ 《朱子语类》:中华书局 1986 年版,第 34 页。

谓之理；若气，则谓之生也。清者是气，浊者是形。气是魂，谓之精；血是魄，谓之质。”[①]精气聚而为生命，散则为魂魄。魂魄是气与质。无论是魂，还是魄，从经验的角度来看，既是无形，亦是不可认知的。魂魄无形而不可知，气更是无形而不可认知。因此，作为生物之元的气，实在而无形，且不可知晓。这种存在者，显然不能够被理解为有形且可知的形而下者。它是形而上者。

朱熹将这种生成万物之气比作种子：“且如天地间人物草木禽兽，其生也莫不有种，定不会无种子白地生出一个物事。这个都是气。”[②]气是万物生成的种子。朱熹的种子说可能受到了佛教种子说的影响。佛教种子说里的种子，如阿赖耶识种子、如来藏种子，显然是形而上的。

阴阳之气是形而上者，实在而无形，且不可知晓。

三、五行之质与质料

不仅阴阳之气是形而上者，在笔者看来，五行之质也是形而上者，实在而无形，且不可知晓。

五行之质指金木水火土五种材质。朱熹曰：“阴阳是气，五行是质。有是质，所以做得物事出来。五行虽是质，他又有五行之气做这物事，方得。然却是阴阳截做这五个，不是阴阳外别有五行。”[③]阴阳之气依靠五行之质组成万物，即五行是组成万物的材料（质）。“‘阳变阴合而生水火木金土。’阴阳，气也，生此五行之质。天地生物，五行独先。地即是土，土便包含许多金木之类。天地之间，何事而非五行？五行阴阳，七者滚合，便是生物底材料。”[④]由阴阳之气而生成五行之材料，并进而产生万物。五行乃是生物的材料。这种生物之质，朱熹有时候又叫做“五行之气”[⑤]。

从人的生命来看，“以人身言之：呼吸之气便是阴阳，躯体血肉便是五行，其性便是理。……其气便是春夏秋冬，其物便是金木水火土，其理便是仁义礼智信。……气自是气，质自是质，不可滚说。”[⑥]阴阳指呼吸之气。五行组成血肉之躯。金木水火土五种材质组合，造就生命。五行即物体的材料。

---

① 《朱子语类》：中华书局 1986 年版，第 37—38 页。

② 《朱子语类》：中华书局 1986 年版，第 3 页。

③ 《朱子语类》：中华书局 1986 年版，第 9 页。

④ 《朱子语类》：中华书局 1986 年版，第 2367—2368 页。

⑤ 《朱子语类》：中华书局 1986 年版，第 8 页。

⑥ 《朱子语类》：中华书局 1986 年版，第 2378 页。

材料是实物。它有形而可知吗？常人可能会做出肯定的回答，比如做房子的砖瓦、做衣服的布料等，这些似乎都是实实在在的物体，有形而可知。其实未必。

在哲学史上，古希腊哲学家、印度的数论派和中国佛教华严宗讨论过质料问题。柏拉图“只提到了两因，即本质因和质料因”①，本质因即形式因。形式因决定了事物的属性或性质。尽管亚里士多德添加了“目的因”和“能动因”②，且有时候也将质料因视为“自然”（nature），并能够影响“事物的性质”③，但是，从本质上来说，他还是赞同柏拉图的主张，将“形式或模式”即形式因，等同于“事物的本质定义”④。同时，亚里士多德将质料视为“事物的部分”⑤。有了这些质料，事物才会因此具备了个体属性，并产生变化甚至消失。反之，没有这些质料，形式便是永恒的。作为部分的质料，它只是一个现实事物的一部分，且处于潜在可能的状态，从认识的角度来说，我们知晓的是其全部或整体，且主要是形式因部分。至于潜在的、可能的质料，根据康德的知识论，并不在我们认知的范围内。在物体、形式与质料三者关系中，形式界定物体的基本属性，而质料暗含其中，却不为人知。事实上，事物常常因为形式而为人所知。而作为部分的质料，因其处于潜在的、可能的状态，常常被人遗忘或忽略。

这种遗忘或忽略，被华严宗称之为隐。华严宗以金属与狮子的关系描述其“十玄门”的“秘密隐显俱成门”：“若看师子，唯师子无金，即师子显金隐。喻事能隐理。若看金，则唯金无师子，即金显师子隐。喻理能隐事也。若两处看，俱隐俱显。隐则秘密，现则显著，名秘密隐显俱成门。”⑥虽然金属是构成狮子的质料。但是，当我们直视狮子时，便仅有狮子而无金属质料。质料处在隐微境地，是潜在者。这种潜在者并无认识的意义。或者说，我们无视甚至无知于质料。

从一个物体来说，当我们描述该物体、定义该物体、理解该物体时，我们主要关注于它的形式。质料通常会被忽略或被遗忘。这种被忽略、被遗忘的、潜在的质料，具备两种可能形态：可知的物体，如造房子的砖瓦，和不可

① Aristotle, *Metaphysics*, *Works of Aristotle*, Encyclopaedia Britain Inc. 1952, p. 506.

② Aristotle, *On the Generation of Animals*, *Works of Aristotle*, Encyclopaedia Britain Inc. 1952, p. 255.

③ Aristotle, *Metaphysics*, *Works of Aristotle*, Encyclopaedia Britain Inc. 1952, p. 535.

④ Aristotle, *Metaphysics*, *Works of Aristotle*, Encyclopaedia Britain Inc. 1952, p. 533.

⑤ Aristotle, *Metaphysics*, *Works of Aristotle*, Encyclopaedia Britain Inc. 1952, p. 558.

⑥ 《大正藏》：第四十五册，第 669 页。

知的事物，比如印度数论派的自性和五行之质。

数论派将最初的质料称之为自性（梵文 Prakriti），其意思是原有物体、未被创造之物。刚伽那塔·羯哈（Ganganatha Jhi）将其翻译为 nature。[①] 马克斯·穆勒（Max Müller）直接音译 Prakriti。[②] “自性者无异本因。”[③]自性即自己是自己之因，别无他因。此即质料。这种质料，《百论》称之为“冥初”[④]，神秘的最初状态。多森将其理解为“潜能”（Potentialität）[⑤]。自性便是最初之因。这种永恒的、普遍的、不可分的自性、最初因，存在于经验（变异）之前，因此是形而上者。有的学者甚至称：“自性即事物自身。”[⑥]自性是最初的质料。这种质料，作为因，是一种潜在的，也是不可知晓的。

五行最初出现于《尚书》中：“五行：一曰水，二曰火，三曰木，四曰金，五曰土。”（《尚书·洪范》）这五种质料，分别取现实中的五种物体为参照，“水曰润下，火曰炎上，木曰曲直，金曰从革，土爰稼穑。润下作咸，炎上作苦，曲直作酸，从革作辛，稼穑作甘。”（《尚书·洪范》）比如，“水”这种东西具备现实中的水一般的属性，即能够湿润、滋润下面的物体。五行之水并非直接指称水。故朱熹解释到：“木是生气。有生气，然后物可得而生；若无生气，则火金水皆无自而能生矣，故木能包此三者。”[⑦]木并非直接指树木，而指一种生气。“天一自是生水，地二自是生火。生水只是合下便具得湿底意思。木便是生得一个软底，金便是生出得一个硬底。五行之说，《正蒙》中说得好。……木者，土之精华也。”[⑧]金指某种质地坚硬之质料。

因此，金木水火土五行，与其说直接指称那五种物体，毋宁说是五类尚未成型的质料。虽说它们具有实体性，却非指某类具体的、有形的、可知的事物。在这些材料的基础上，天地生物。从先天图来看，太极、阴阳、五行，最后是万物。也就是说，五行先于物体。或者说，五行不能够被称为物体。它先

---

① *A English Translation, with the Sanskrit Text, of the Tattva-Kaumudi (Sankhya), of Vachaspati Misra*, 1896, Ganganatha Jhi, M. A.; F. T. S. Bombay: Printed at the "Tattva-Vivechaka" Press. p. 9.

② Max Muller, *Six Systems of Indian Philosophy*, Longmans, Green and Co., 1919, p. 282.

③ 《大正藏》：第五十四册，1245 页。

④ 《大正藏》：第三十册，第 170 页。

⑤ Paul Deussen, *Allgemeine Geschichite der Philosophie mit Besonderer Beruecksichtigung der Religionen*, Erster Band, Dritte Abteilung: Die Nachvedische Philosophie der Inder, Leipzig, F. A. Brockhaus, 1908, p. 477.

⑥ P. T. Srinivasa Iyenhar, *Outlines of Indian Philosophy*, Thkosophical Publishing Society, Benares and London Theosophist Offick Adyar, 1909, p. 103.

⑦ 《朱子语类》：中华书局 1986 年版，第 108 页。

⑧ 《朱子语类》：中华书局 1986 年版，第 9—10 页。

于物体存在。这种实体性的、先于成形之物的存在，与其说是形而下者，毋宁说是形而上者。

五行亦属于形而上者。

四、气质之性：气与性

朱熹将性分为两类，即天地之性与气质之性。“论天地之性，则专指理言；论气质之性，则以理与气杂而言之。”[①]天地之性即天理。气质之性则涵括理与气。

所谓性，朱熹曰：“命，犹令也。性，即理也。天以阴阳五行化生万物，气以成形，而理亦赋焉，犹命令也。于是人物之生，因各得其所赋之理，以为健顺五常之德，所谓性也。”（《中庸章句集注》）人物之生，自然禀得天赋之理，这便是性。性即天令之禀赋。这种初生之禀赋使性区别于理：“性则就其全体而万物所得以生者言之，理则就其事事物物各有其则者言之。”[②]性即初生之时人们所禀赋的理。

人类在初生之时不仅禀赋天理而成性，而且禀受气质以成形。朱熹曰：“气，是那初禀底；质，是成这模样了底。如金之矿，木之萌芽相似。”[③]气指初禀之物，质指成形之材。“先有个天理了，却有气。气积为质，而性具焉。”[④]“阴阳是气，五行是质。有这质，所以做得物事出来。五行虽是质，他又有五行之气做这物事，方得。然却是阴阳二气截做这五个，不是阴阳外别有五行。如十干甲乙，甲便是阳，乙便是阴。”[⑤]阴阳专指初生之物，五行则随其后，由二气积聚成形。

于是，人在初生之时有了两种禀赋，一是性，二是气。二者都是人之初，并且对后来的生长具有基础性地位。这种基础性的初禀，便是性。前者称之为天地之性，后者称之为气质之性。朱熹曰：“才有天命，便有气质，不能相离。若阙一，便生物不得。既有天命，须是有此气，方能承当得此理。若无此气，则此理如何顿放！”[⑥]天地之性与气质之性相依相伴、不可分离。朱熹道：“天命之性，本未尝偏。但气质所禀，却有偏处，气有昏明厚薄之不同。然仁

① 《朱子语类》：中华书局 1986 年版，第 67 页。
② 《朱子语类》：中华书局 1986 年版，第 82 页。
③ 《朱子语类》：中华书局 1986 年版，第 259 页。
④ 《朱子语类》：中华书局 1986 年版，第 2 页。
⑤ 《朱子语类》：中华书局 1986 年版，第 9 页。
⑥ 《朱子语类》：中华书局 1986 年版，第 64 页。

义礼智，亦无阙一之理。但若恻隐多，便流为姑息柔懦；若羞恶多，便有羞恶其所不当羞恶者。且如言光：必有镜，然后有光；必有水，然后有光。光便是性，镜水便是气质。若无镜与水，则光亦散矣。谓如五色，若顿在黑多处，便都黑了；入在红多处，便都红了，却看你禀得气如何，然此理却只是善。既是此理，如何得恶！所谓恶者，却是气也。”[①]人因为禀赋的缘故，才有了圣愚之分。

朱熹曰：“人物性本同，只气禀异。如水无有不清，倾放白碗中是一般色，及放黑碗中又是一般色，放青碗中又是一般色。……人物之生，天赋之以此理，未尝不同，但人物之禀受自有异耳。如一江水，你将杓去取，只得一杓；将碗去取，只得一碗；至于一桶一缸，各自随器量不同，故理亦随以异。”[②]世人同有天地之性，即人皆有仁义礼智等善性，异在禀受不同。“谓如日月之光，若在露地，则尽见之；若在蔀屋之下，有所蔽塞，有见有不见。昏浊者是气昏浊了，故自蔽塞，如在蔀屋之下。然在人则蔽塞有可通之理；至于禽兽，亦是此性，只被他形体所拘，生得蔽隔之甚，无可通处。至于虎狼之仁，豺獭之祭，蜂蚁之义，却只通这些子，譬如一隙之光。至于猕猴，形状类人，便最灵于他物，只不会说话而已。……性如日光，人物所受之不同，如隙窍之受光有大小也。人物被形质局定了，也是难得开广。如蝼蚁如此小，便只知得君臣之分而已。”[③]

人因为秉受的气质不同，才有了圣贤卑贱的区别：“只是一个阴阳五行之气，滚在天地中，精英者为人，渣滓者为物；精英之中又精英者，为圣，为贤；精英之中渣滓者，为愚，为不肖。”[④]气质造人，形成圣贤困愚之别，最终人落三等。善良与邪恶主要因为气质。于是，朱熹赞同程子的变化气质的观点，提出：“须是变化而反之。”[⑤]

朱熹虽然将性分为天地之性与气质之性，这绝非意味着气质之性与天地之性可以各自独立。朱熹曰：“气质之性，便只是天地之性。只是这个天地之性却从那里过。好底性如水，气质之性如杀些酱与盐，便是一般滋味。”[⑥]天地之性与气质之性分别描述了两种不同的状态。天地之性是纯粹的天理禀赋。这种纯粹的禀赋仅仅是理论上的可能。在现实中，人们只能够秉受气质之

---

① 《朱子语类》：中华书局1986年版，第64—65页。
② 《朱子语类》：中华书局1986年版，第58页。
③ 《朱子语类》：中华书局1986年版，第58页。
④ 《朱子语类》：中华书局1986年版，第259页。
⑤ 《朱子语类》：中华书局1986年版，第65页。
⑥ 《朱子语类》：中华书局1986年版，第68页。

性，即天地之性与气质的混合物。这种气质之性，即“阴阳五行之为性，各是一气所禀，而性则一也。……同者理也，不同者气也。……五行之生各一其性。……且如这个光，也有在砚盖上底，也有在墨上底，其光则一也。”[①]气质之性是理与气的合作。其中天地之性是一，如同光源、天月，气质之性便是光亮、水月。这便是理一分殊论。天地之性是一。气质之性是现实之物。

气质之性亦是性。作为性，气质是形而上者。气、质，作为物体生成之初，也是形而上者，实在而无形，且不可认知。

结论、气是形而上者

阴阳之气，作为生物的元气，毫无疑问，属于形而上者。五行之气，作为构成事物的材料，亦属于形而上者。它们并无形体，亦不可知，却实实在在地存在着。这便是形而上者。

朱熹以为，气为实体之物，而实体之物便属于形而下者。这种气论显然需要反思。

其实，将阴阳之气理解为形而上者发端于《易传》。《周易·系辞上》曰：“一阴一阳之谓道。”道即形而上者。朱熹将阴、阳解读为阴阳之气。上述命题便成为：“阴阳，一道也。”(《周易本义·序》)阴阳之气即形而上之道。朱熹自己也承认：气是道，形而上者。

针对张载的核心概念“太虚”，朱熹认为“他亦指理，但说得不分晓。”[②]太虚即理。理是形而上者，故，太虚属形而上者。“渠初云‘清虚一大’，为伊川诘难，乃云‘清兼浊，虚兼实，一兼二，大兼小’。渠本要说形而上，反成形而下，最是于此处不分明。……又问：‘横渠云太虚即气，乃是指理为虚，似非形而下。’曰：‘纵指理为虚，亦如何夹气作一处？”[③]太虚即理，属于形而上者。同时，张载曰：“气之聚散于太虚，犹冰凝释于水，知太虚即气，则无无。”[④]太虚不是无，而是实体性的气，太虚即气。太虚是理。故，理即气。理是形而上者，气自然也属于形而上者。张载明确提出：“阴阳者，天之气也，亦可谓道。”[⑤]阴阳之气即道。道属于形而上者。故，气属于形而上者。

---

① 《朱子语类》：中华书局 1986 年版，第 9 页。

② 《朱子语类》：中华书局 1986 年版，第 2534 页。

③ 《朱子语类》：中华书局 1986 年版，第 2538 页。

④ 《张载集》：中华书局 1978 年版，第 8 页。

⑤ 《张载集》：中华书局 1978 年版，第 324 页。

《尚书·说命》孔传校议

◇ 杜泽逊

（山东大学儒学高等研究院）

《尚书·说命》经文首句："王宅忧，亮阴三祀。"孔传："阴，默也。居忧信默，三年不言。"说的是殷高宗武丁在父亲小乙去世后，居丧三年。"亮阴"一词，孔传只解释"阴"，不解释"亮"。是不是有脱文？先后有至少五种见解。而这五种见解都有待于重新探讨。

第一，日本山井鼎的见解。山井鼎《七经孟子考文》认为"阴，默也"上脱漏三个字："亮，信也。"他的理由有二：一、"阴，默也。[古本]上有'亮，信也'三字。"二、"《晋书》杜预奏议中引《尚书传》作'亮，信也。阴，默也'。"山井鼎分析说："臣初疑之久矣，今得古本，乃知注疏诸本脱三字也。"所谓"古本"，指日本足利学校收藏的古写本《尚书》孔传。

第二，清代浦镗的见解。比山井鼎稍晚的清朝乾隆前期的学者浦镗在《十三经注疏正字》中提出了与山井鼎相同的观点："亮，信也。阴，默也。脱'亮，信也'三字，从《礼记疏》校。"浦镗应当没见过山井鼎的《考文》，因此尽管观点一致，根据却不同。

第三，清代卢文弨的观点。卢文弨《群书拾补》中收有《尚书注疏》校勘记四卷，他说："亮，信也。毛本三字脱。古本有。《考文》云：《晋书》杜预奏议中引有此。浦云：《礼记正义》有。"卢文弨综合了山井鼎、浦镗二家的根据，并承袭了二家的观点。

第四，清代阮元的见解。阮元的《十三经注疏校勘记》有两个本子，一个是阮元自刻的单行本，一个是南昌府学刻《十三经注疏》附录本。主张相同。他说："阴，默也。此句上，古本有'亮，信也'三字。山井鼎曰：'《晋书》杜预奏议中引《尚书传》：'亮，信也。阴，默也。'臣初疑之久矣，今得古本，乃知注疏诸本脱三字也。'按传例，已释者不再见。亮之为信，已于《舜典》释之矣。此处不得有'亮，信也'三字。杜预在梅颐前，安得见孔传？其所引者，伏生《大传》也。山井鼎之说殊谬。"阮元不同意山井鼎、浦镗、卢文弨的见解。理由之一是："亮，信也"已见于《舜典》的孔传，而孔传的体例是不重复注释。所以《说命》篇不应再有'亮，信也'这三个字的注释。理由之二是："孔传"为伪作，大约产生于东晋梅颐奏上古文《尚书》孔传时期或稍早。杜预是西晋初的人，不会见到比他晚的《尚书》伪孔传，因此杜预奏议中引用的《尚书传》应是伏生的《尚书大传》，不是伪孔安国《尚书传》。

第五，清代汪文台的见解。汪文台在《十三经注疏校勘记识语》中驳阮元说："案：'亮阴'《大传》作'梁闇'，说为凶庐，安得有'亮，信'、'阴，默'之文？杜预议所引必是马融《传》，否则王肃《注》。《校勘记》云伏生《大传》，定非也。"汪文台认为杜预引《尚书传》不是指伏生《尚书大传》，而是马融《尚书传》，或王肃《尚书注》。

第六，日本学者仓石武四郎等《尚书正义定本》附校勘记的新材料。《尚书正义定本》出版于日本昭和十四年(1939)，该书的校勘记说："阴，默也。'阴'上内野本、神宫本、足利本有'亮，信也'三字。"《定本》校记没有下断语，但在山井鼎的足利学校藏古抄本之外，又增加了日本藏两个古抄本有"亮，信也"三字的新证据。

面对以上六家校记，五家见解，我们还有以下的问题需要澄清：一、杜预引用的《尚书传》到底是哪家的《尚书》注本？二、日本藏古写本"阴，默也"三字上"亮，信也"三字如何解释？三、西汉时期的孔安国与"亮，信也"三字训释有无关系？四、浦镗的依据《礼记疏》阮元、汪文台为何不加辩驳？可见，《尚书·说命》伪孔传的脱文问题还没有完全澄清，需要进一步考辨。

我们首先从山井鼎提出的杜预奏议入手。杜预的奏议共有四处较原始的出处，按年代先后为：

第一处，陆德明《经典释文》，其书成于陈隋之间，在唐代以前。《经典释文·礼记音义·丧服四制》："谅闇，……杜预义：郑谓卒哭之后，翦屏柱楣，故曰谅間(泽逊按：間当作闇)，闇即庐也。孔安国读为谅阴。谅，信也。阴，默也。"(上海古籍出版社影印宋本《经典释文》)

第二处，《晋书》卷二十引杜预议："《虞书》称'三载，四海遏密八音'，其后无文。至周公旦乃称'殷之高宗谅闇，三年不言'。其《传》曰：'谅，信也。闇，默也。'下逮五百馀岁，而子张疑之，以问仲尼。"

第三处，孔颖达《春秋左传正义》卷二："吊生不及哀。"杜预注："诸侯以上，既葬，则缞麻除，无哭位，谅闇终丧。"孔颖达疏引《晋书·杜预传》，又引杜预议，末云："杜议引《尚书传》云：'亮，信也。阴，默也。'"

第四处，孔颖达《礼记正义·丧服四制》："《书》曰：高宗谅闇，三年不言。”《释文》:“杜预义:郑谓卒哭之后,翦屏柱楣,故曰谅闇。闇即庐也。孔安国谅(泽逊按:宋本《释文》作‘读’,是)为‘谅阴’。谅,信也。阴,默也。”

以上四个出处,实际上是两个。《左传正义》引的是《晋书》,《礼记正义》引的是《经典释文》。所以杜预议的两个出处,一是《经典释文》,二是《晋书》。《晋书》引杜预议较完整,并明确“杜议引《尚书传》云:亮,信也。阴,默也。”《经典释文》称引杜预义,保存了郑玄、孔安国两家解释,明确说:“孔安国读为谅阴。谅,信也。阴,默也。”这就不能不令人把二者结合起来,即杜议称引的《尚书传》指的是孔安国《尚书传》。山井鼎引据《晋书》的杜预议,浦镗引据《礼记正义》,实际上是从两个角度入手,而卢文弨把两个角度结合起来了,山井鼎、浦镗、卢文弨意见一致,应当是基于这样的认识。

问题是,杜预议称引的“至周公旦乃称殷之高宗谅闇,三年不言”,是《无逸》中的文字,杜预称的“其传曰”、“《尚书传》云”,也应该是《无逸》篇的“传”(注释),而不是山井鼎、浦镗、卢文弨所校的《说命》篇的传。那么,也就不可能是《说命》篇孔传的脱文。至于阮元提出的伪孔传“已释者不再见”的体例、西晋杜预不可能见到后出的伪孔传,这两条反驳理由,也都是颇为有力的。因此,山井鼎、浦镗、卢文弨的见解存在严重的证据缺陷。

《晋书》引杜预议中还提到一个线索,那就是对《无逸》中周公旦所称的殷高宗谅闇,三年不言这件事,“下逮五百馀岁,而子张疑之,以问仲尼”。子张与孔子的问对,收在《论语·宪问》:“子张曰:《书》云‘高宗谅阴,三年不言’,何谓也?”魏何晏《集解》:“孔曰:高宗,殷之中兴王武丁也。谅,信也。阴,犹默也。”邢昺疏云:“高宗谅阴,三年不言。《周书·无逸篇》文也。”《尚书·周书·无逸》的原文是:“周公旦曰:呜呼,我闻曰……其在高宗,时旧劳于外,爰暨小人。作其即位,乃或亮阴,三年不言。”《论语·宪问》的引文是节引。《礼记·丧服四制》引此节《无逸》“谅阴”作“谅闇”,《晋书》杜预议引此段文字也作“谅闇”。《经典释文》是针对《礼记·丧服四制》“谅闇”的,所以陆德明指出“孔安国读为谅阴”。既然孔安国释的是“谅阴”,可以推测,他要么是针对《尚书·无逸》“亮阴”的,要么是针对《论语·宪问》“谅阴”的,后者可能尤大。我们把两处的孔安国注释并列于下:

《论语·宪问》:“《书》云:高宗谅阴,三年不言。”何晏《集解》:“孔曰:高宗,殷之中兴王武丁也。谅,信也。阴,犹默也。”

《尚书·无逸》:“其在高宗,时旧劳于外,爰暨小人。作其即位,乃或亮阴,三年不言。”孔传:“武丁其父小乙,使之久居民间,劳是稼穑,与小人出入同事。武丁起其即王位,则小乙死,乃有信默,三年不言。言孝行者。”

很明显,《论语·宪问》的孔安国注与《尚书·无逸》的孔安国传完全不一路,《无逸》篇的孔传既没单独解释“高宗”,也不单独解释“亮阴”。陆德明所说的“孔安国读为谅阴。谅,信也。阴,犹默也”,是孔安国对《论语》的注释,而不是对《尚书》的注释。何晏引用的“孔曰”是孔安国《论语注》,不是孔安国《尚书传》。而且,上面的《论语》孔安国注、《尚书》孔安国传,针对的是同一段文字,却形同陌路,显然不出一手。倘若三国时期何晏所见的《论语》孔安国注是真的,那么我们看到的《尚书》孔安国传就是另一个人作的,也就是冒用孔安国之名的“伪孔传”,前人判定《尚书》孔传为伪,从这里也可以看出来。

这样,我们就可以明确,孔安国“亮,信也”这一训释,非但不属于《尚书·说命》,也不属于《尚书·无逸》,是属于《论语·宪问》的。由于针对的是《论语·宪问》引用的《尚书·无逸》,所以又被注释《尚书》的人拿来使用,造成了孔安国注《尚书》的假象。阮元虽然指出了杜预不可能见到《尚书》伪孔传,却不能说“亮,信也”这一训释与孔安国无关。

我们现在可以指出,较早借用孔安国注《论语·宪问》“亮,信也”这一训释来直接注释《尚书》的是东汉经学大师马融。在魏晋南北朝时期,《尚书》的著名注本有马融《尚书传》、郑玄《尚书传》、王肃《尚书注》、孔安国《尚书传》。陆德明《经典释文》、孔颖达《尚书正义》都选择了孔安国,马、郑、王三家也就逐步失传了。根据孔颖达《春秋左传正义》引杜预议,认为“郑玄以谅闇为凶庐,杜所不取”,可以判断“亮,信也”这一解释与郑玄不同,不属于《尚书》郑玄传。上文的论证也可以明确“亮,信也”这一训释不属于伪孔传。所以汪文台指出应是马融《尚书传》,或者王肃《尚书注》,那是有道理的。究竟是马融《传》,还是王肃《注》呢?

我们看《史记·夏本纪》刘宋时期裴骃《集解》的材料。《史记·夏本纪》:“亮采有国。”裴骃《集解》:“孔安国曰:……信治政事,可为诸侯也。马融曰:亮,信也。采,事也。”裴骃明确指出“亮采有国”等数句“并《尚书·皋陶谟》文”。这里,裴骃引用的孔安国说正是《尚书》伪孔传,说明在刘宋时期《尚书》伪孔传已经流行了。裴骃认为孔安国是汉武帝时人,马融是东汉人,所以先引孔安国注,再引马融注。从孔传用“信治政事”解释“亮采”,完全可以发现伪孔传依据的是马融的解释:“亮,信也。采,事也。”也可以印证伪孔传后出、在马融之后的结论。现在我们可以推知,马融的这条注释应是针对《尚书·皋陶谟》的。马融治《古文尚书》,《皋陶谟》属于真《古文尚书》(伪孔传所注的也是《古文尚书》,所以原文作“亮采有邦”,司马迁避刘邦讳,改为“亮采有国”)。马融的这条注释十分可贵,应当属于《尚书·皋陶谟》“亮采有邦”的马融传。马融用“亮,信也”解释《尚书》,应当是承用了《论语·宪问》孔安国对于《无逸》的注。而杜预议引用的《尚书传》:“亮,信也。阴,默也。”应当是《尚书·无逸》"乃或亮阴"马融的传。基于以上的材料，我们可以基本判定"亮，信也"非王肃注。汪文台怀疑是王肃注，应当排除。

从上面的材料可以发现，伪孔传在《皋陶谟》"亮采有邦"、《无逸》"乃或亮阴"、《说命》"亮阴三祀"都没直接解释"亮"字，而在串讲中采用的却仍是"亮，信也"这一含义。按照伪孔传"已释者不再见"的体例，阮元指出孔传第一次解释在《舜典》"亮采惠畴"句下："亮，信。惠，顺也。"从以上四例看，《舜典》为第一次出现"亮"字，孔传做了训释，以下三条不再直接解释"亮"字，的确符合"已释者不再见"的体例。

现在我们可以大体确定，杜预议称引的《尚书传》是针对《无逸》"乃或亮阴"的；《史记集解》称引的马融注，是针对《尚书·皋陶谟》"亮采有邦"的；孔安国的解释"亮，信也"是针对《论语·宪问》引用《无逸》的。都不是针对《说命》的。伪孔传采用了"亮，信也"这一训释，但根据他的体例，只会在《舜典》"亮采惠畴"下出现。因此，《说命》篇"亮阴三祀"下不可能有"亮，信也"这三个字的训释。山井鼎、浦镗提供的《晋书》杜预议引《尚书传》、《礼记正义》引《经典释文》的证据都站不住。日本足利学校藏古写本、神宫本、内野本《说命》伪孔传"亮，信也"三字应是后人根据杜预议引《尚书传》"亮，信也。阴，默也"（见《春秋左传正义》卷二）等相关旧注补加的。由于《说命》篇是后出的伪《古文尚书》，孔安国、马融、郑玄、王肃、何晏、杜预这些相关学者都不可能见到，因此也不可能对《说命》作注。《说命》的"亮阴三祀"极有可能是根据《无逸》"乃或亮阴，三年不言"中的"亮阴三年"改写而成，很容易令人想到《论语·宪问》引《无逸》的孔安国注以及杜预议引《尚书传》对《无逸》的注，从而据以补入"亮，信也"三字注释。敦煌发现的两个写本残卷（伯 2643 唐肃宗乾元二年王老子写本《古文尚书》、伯 2516 唐写本《尚书》）《说命》篇孔传均无"亮，信也"三字（《敦煌经部文献集成》第 235 页）。传世的李盛铎旧藏宋刻本、宋王朋甫刻本、宋刻纂图互注本、宋刻八行本、宋魏县尉宅刻本、蒙古平水刻本、元相台岳本、元刊明修十行本以及明、清各刻本，《说命》孔传亦均无"亮，信也"三字。日本古写本这三个字疑为日本人旁添而混入正文的衍文。

（特约编辑：江曦）

上博楚简《郑子家丧》译注

◇ 西山尚志
（山东大学儒学高等研究院讲师）

【内容概要】1994 年，香港中文大学张光裕教授在香港的古董市场中发现了大量楚简，这就是学术界广为人知的“上博楚简”。上海博物馆购入后，于 2001 年 11 月出版了《上海博物馆战国楚竹书》第一卷。《郑子家丧》是 2008 年 12 月出版的第七卷中的一篇，内收有图版和陈佩芬先生的释文。《郑子家丧》有甲、乙两种文本，均有 7 简。与甲本比起来，乙本略有残缺，缺 20 字，又多 1 字，漏 2 字。但两种文本的内容可以说几乎相同。据《上海博物馆战国楚竹书》第七卷的《郑子家丧》的说明，各简上下端平齐，长 33.1 至 33.2 厘米，宽 0.6 厘米，厚0.12厘米。简上下设两道编线。《郑子家丧》的主要内容是，郑子家逝世后，楚庄王进攻郑国，郑投降之后，晋前来救援，但楚迎击晋而得胜。与此类似的内容亦可见于《左传》、《史记》等传世文献。

【凡　例】

一、本文主要参考《上海博物馆战国楚竹书》第七卷所收《郑子家丧》的图版，以甲本为底本。

二、本文采用的标点，按照出土文献学界内比较通用的习惯。（　）表示今字、通假字，〈　〉中表示改误写字，〔　〕表示有残缺字，其中有笔者推测应该可以补充的字，【　】表示注释，〖　〗表示竹简号码。

三、与上博楚简《郑子家丧》相关的论著及其略称，参见文末。

四、本文主要用简体字。但简体和繁体分辨不清时，在隶定原文、引用部分中用繁体，免得读者误会。比如，“于”改成“於”，“后”改成“後”等。

原文(甲本)

奠（郑）子豪（家）丧（丧），鼹（边）人逨（来）告。【1】臧（庄）王豪（就）夫＝

（大夫）而与之言曰：【2】“奠（郑）子豪（家）杀丌（其）君。不榖（穀）日欲目（以）告夫＝（大夫），目（以）邦之㾓（病）〖第 1 简〗，目（以）急。於含（今）而遂（后），楚邦囟（思）为者（诸）矦（侯）正。【3】含（今）奠（郑）子豪（家）杀亓（其）君，牐（将）保亓（其）𢚣（恭）炎（严），目（以）叟（没）入陸（地）。【4】女（如）上帝𥛚（鬼）〖第 2 简〗神目（以）为蒸（怒），虗（吾）牐（将）可（何）目（以）倉（答）。售（虽）邦之㾓（病），牐（将）必为帀（师）。”【5】乃记（起）帀（师）回（围）奠（郑）三月。奠（郑）人青（请）亓（其）古（故）。【6】王命倉（答）之曰：“奠（郑）子〖第 3 简〗豪（家）遉（颠）遉（覆）天下之豊（礼），弗恳（畏）𥛚（鬼）神之不恙（祥），惑（戕）𧷏（贼）丌（其）君。【7】我牐（将）必囟（思）子豪（家）毋目（以）埅（成）明（名）立（位）於上，而滅〖第 4 简〗炎（严）於下。”【8】奠（郑）人命目（以）子良为𧹞（贽），命（盟）思子豪（家）杒（梨）木三畬（寸），絽（疏）索目（以）紊（纮），毋敢丁门而出，敾（掩）之埅（城）丕（基）〖第 5 简〗。【9】王许之。帀（师）未还，晋人涉，牐（将）救奠（郑）。王牐（将）还。【10】夫＝（大夫）皆进曰：“君王之记（起）此帀（师），目（以）子豪（家）之古（故）。含（今）晋〖第 6 简〗人牐（将）救子豪（家），君王必进帀（师）目（以）迈（应）之。”【11】王安（乃）还军目（以）迈（应）之。与之戰（战）於两棠，大败晋帀（师）安（焉）。〖第 7 简〗【12】

原文（乙本）

〔奠（郑）〕子豪（家）芒（丧），鶡（边）人𧼮（来）告。臧（庄）王𦎫（就）夫＝（大夫）而与之言曰：“奠（郑）子豪（家）杀亓（其）君。不榖（穀）日欲目（以）告夫＝（大夫），目（以）〖第 1 简〗邦之㾓（病），目（以）急。於含（今）而遂（后），楚邦囟（思）为者（诸）矦（侯）正。奠（郑）子豪（家）杀亓（其）君，牐（将）保亓（其）𢚣（恭）炎（严），目（以）及〈叟（没）〉入陸（地）。女（如）上帝〔𥛚（鬼）〕〖第 2 简〗〔神〕目（以）为蒸（怒），虗（吾）牐（将）可（何）目（以）倉（答）。售（虽）邦之㾓（病），牐（将）必为帀（师）。”乃记（起）帀（师）回（围）奠（郑）三月。奠（郑）人𧨳（请）亓（其）古（故）。王命倉（答）之〔曰：“奠（郑）〕〖第 3 简〗〔子〕豪（家）遉（颠）遉（覆）天下之豊（礼），弗思〈畏〉𥛚（鬼）神之不恙（祥），惑（戕）𧷏（贼）亓（其）君。我牐（将）必囟（思）子豪（家）〔毋目（以）埅（成）明（名）立（位）於上，而滅炎（严）於〕〖第 4 简〗下。”奠（郑）人命目（以）子良为𧹞（贽），命（盟）囟（思）子豪（家）杒（梨）木三畬（寸），絽（疏）索目（以）紊（纮），毋敢丁门而出，敾（掩）之埅（城）〖第 5 简〗丕（基）。王许之。帀（师）未还，晋人涉，牐（将）救奠（郑）。王牐（将）还。夫＝（大夫）皆进曰：“君王之记（起）此帀（师），目（以）子豪（家）之古（故）。含（今）晋〔人〕〖第 6 简〗〔牐（将）救〕子豪（家），君王必进帀

(师)吕(以)迈(应)之。”王安(乃)还军吕(以)迈(应)之。与之戬(战)於两棠,大败晋帀(师)安(焉)。〖第7简〗

译　文

郑国的子家逝去,驻守边境的士兵来报告。楚庄王靠近大夫给他们说:“郑子家杀害自己的君主。我日想告诉大夫你们,是(我们楚)国的病,是紧急的事情。从现在以后,楚国使为诸侯的盟主吧。(虽然)郑子家杀害自己的君主,(但是)将要保持威严以没入地下。如果上帝鬼神发怒,我何以回答?这是(我们)楚国的病,就必要出师。”于是起兵包围郑(城)三个月。郑国人问其理由。庄王命令回答郑国人说:“子家颠覆天下之礼,不畏惧鬼神之不祥,残贼自己的君主。我必将不使(子家的)美名放在高上,而使(子家的)尊严灭绝于地下。”郑国人请求以子良为人质,发誓使子家的棺材用梨木以割为三寸,以粗劣的绳子捆绑,不许把棺材出门,埋棺材于城壁之基。庄王赦免郑国人。楚军还没归还,晋国人渡河来,将要救援郑。庄王将要归还。(楚国的)大夫都进言:“君王的起兵是,有子家的原因。现在晋国人将要救援子家,君王必须进兵以应击他们。”庄王于是撤回军队以应击晋军。与晋军战于两棠,大败晋军。

注　释

【1】奠(郑)子豙(家)峕(丧),鷃(边)人垄(来)告。

乙本作:

〔奠(郑)〕子豙(家)峕(丧),鷃(边)人垄(来)告。

乙本的“奠(郑)”字,以甲本补之。

“峕”字,陈佩芬作“丧”,复旦读书会作“峕”,林清源作“芒”。复旦读书会之说可从。乙本亦作“峕”。“峕”字,陈佩芬读为“丧”,意为“丧事”。复旦读书会、小寺敦释文读为“亡”,意为死亡之“死”。陈伟2列举上博楚简《周易》第32简“丧”字亦作“峕”,《尚书·金縢》:“武王既丧,……”的孔传有“武王死”。如小寺敦所指出,不管读为“亡”或读为“丧”,可以释为同样的意思。本文暂时依据陈伟之说读为“丧”,意为“死”。

“子豙(家)”,如陈佩芬所指出“即公子归生,春秋时郑国大夫,郑灵公时为卿”。陈佩芬亦列举《史记·郑世家》中“子家”的记载:

灵公元年春，楚献鼋于灵公。子家、子公将朝灵公，子公之食指动，谓子家曰："佗日指动，必食异物。"及入，见灵公进鼋羹，子公笑曰："果然！"灵公问其笑故，具告灵公。灵公召之，独弗予羹。子公怒，染其指，尝之而出。公怒，欲杀子公。子公与子家谋先。夏，弑灵公。

"𨛭"，陈佩芬作"鄗"，陈伟 1、凡国栋 1、林清源、小寺敦作"𨞯"，本文从图版作之。陈佩芬读为"鄎"，将此字释为"春秋时息国"。凡国栋 1 对此说表示反对，提出读为"边"：

"人"上一字甲本作，乙本作，整理者读作"鄎"，认为是春秋时期的息国。今按，上博五《鲍叔牙与隰朋之谏》5 号简有""字，目前学者有释"息"、释"忧"两种看法。但是该篇这个字与此明显不同，其右下方不从"心"。我们认为这个字应是从邑从臱之字，可以读作"边"。包山楚简有从"臱"之字写作或，用作人名；第 254 号简有字，从金从臱，用作"箯"。边人指驻守边境的官员、士兵等。《国语·鲁语上》："晋人杀厉公，边人以告。"韦昭注："边人，疆埸之司也。"

陈伟 1、复旦读书会亦与此说略同，甚是。

【2】臧(庄)王豪(就)夫=(大夫)而与之言曰

乙本作：

臧(庄)王豪(就)夫=(大夫)而与之言曰

"豪"，读为"就"。陈伟 2 指出："就，应是使动用法，是让大夫前来的意思。"如李天虹 1 所指出，上博楚简《平王问郑寿》第 1 简有：

竞平王就郑寿，讯之於尿庙。

然后，李天虹 1 亦指出如下：

研究者的看法大致可分为两种：一种认为"就"是使动用法，可训为"召见"，即平王召郑寿前来；一种训为造访，即平王到郑寿处拜访。我一直怀疑同篇简 5—6 记载第二年平王复与郑寿相见，郑寿所云"君王遚(践)凥(处)，辱於老夫"，是指"平王就郑寿"这件事，"践处"是说平王来到郑寿的居所。所以，我比较倾向于对"就"字的第二种诠释。

巫雪如指出："本文同意李天虹将'竞平王就郑寿'的'就'训为'造访'的说法"，但是亦指出："不过，将'就'训为'造访'虽然能使'竞平王就郑寿'这句话通读无碍，但用来解释《郑子家丧》的这段话却并不恰当。”又指出：

> “就”在上古汉语中最常见的语义是“即”，为“趋近”、“靠近”之意，后面必须带处所论元，如：“就舍”、“就位”、“就家”、“就席”、“就国”等。“就”之后所接的论元也可以由处所名词引申到其他抽象范围，如方位词（“就上”、“就下”等）及抽象名词（“就利”、“就善”、“就死”），也可以是属人名词，如：
>
> ○ 济沅湘以南征兮，就重华而敶词。（《楚辞·离骚》）
>
> ○ 五就汤，五就桀者，伊尹也。（《孟子·告子》）
>
> ○ 故君子居必择乡，游必就士。（《荀子·劝学》）
>
> ○ 武王即位，观周德，则王使叔旦就胶鬲于次四内，……又使保召公就微子开于共头之下。（《吕氏春秋·诚廉》）
>
> ○ 大飨，君三重席而酢焉；三献之介，君专席而酢焉。此降尊以就卑也。（《礼记·郊特牲》）
>
> ○（齐景）公下堂就晏子曰：“……”（《晏子春秋·内篇谏下》）

最后，巫雪如对“使动用法”的说法表示反对说：

> 使动用法虽然在上古汉语动词中相当常见，但并不是所有动词都能任意转化为使动用法。大致说来，一般所谓的不及物动词或状态动词较容易转化为使动词，及物动词则基本上不具备转化为使动词的条件。训为“即”的“就”在先秦是一个必须带处所论元的及物动词，因此不太可能出现使动用法。事实上，在现存的先秦文献中也没有“就”作使动词的例子。

本文从巫雪如，意为“趋近”、“靠近”。

【3】奠（郑）子冢（家）杀丌（其）君。不敦（穀）日欲㠯（以）告夫=（大夫），㠯（以）邦之㾈（病），㠯（以）急。於含（今）而逡（后），楚邦囟（思）为者（诸）矦（侯）正。

乙本作：

奠（郑）子冢（家）杀亓（其）君。不敦（穀）日欲㠯（以）告夫=（大夫），㠯（以）邦之㾈（病），㠯（以）急。於含（今）而逡（后），楚邦囟（思）为者（诸）矦（侯）正。

“丌（其）君”，即郑灵公。参见【1】所举《史记·郑世家》。《左传》宣公四年夏亦有子家“弑灵公”的记载。

不榖(穀),如陈佩芬所指出:“‘不穀’,为王者自贬之辞,谦让,不善也。”

“日”,陈伟1意为“往日”、“昔日”,指出:“庄王与大夫言当去子家之乱有一段时间,故有此语。”复旦读书会亦意为“往日”。与此相反,陈伟2推翻自己陈伟1之说,列举《周易·大畜》:“刚健笃实辉光,日新其德。”孔颖达疏:“故能辉耀光荣,日日增新其德。”陈伟2之说,可从。

“邦”,陈佩芬认为指是郑国。陈伟1、复旦读书会、小寺敦皆对此说表示反对,认为指是楚国。小寺敦指出,“提及自国时,不附加国名更为自然一些。”小寺敦之说恰当。

“寎(病)”,陈佩芬作“怲”,引用《说文解字·心部》:“怲,忧也。从心,丙声。”《毛诗·小雅·頍弁》:“忧心怲怲。”等之例,意为“忧”。凡国栋1支持陈佩芬之说。

与此相反,陈伟1指出:“此前所见楚简中的‘病’皆从‘方’作,这可能是‘病’字的另外一种写法。”张新俊反对此字上部作“丙”,认为此字从“疾”得声,读为“讻”。李天虹指出:

> 张先生读“㥶”为“讻”,从文意看也讲得通。但结合古书用字习惯看,这里如果用“病”字则更为合适。上博《从政甲》简8“猛则亡亲”之“猛”,简文作,可以隶定为“寎”,构形和所谓“㥶”一致,形体也比较接近。这使我们怀疑“㥶”或许是(“寎(病)”)的讹字。

本文从李天虹,读为“病”。

“㠯(以)急”,陈佩芬、复旦读书会、小寺敦读为“急”。凡国栋1、陈伟2、林清源读为“及”。笔者认为,读为“急”可从。古典文献中,“于今而后”、“今而后”之例多见,所以以“以急”断句比较恰当。

“而遂”,侯乃峰读为“天厚”。李天虹、林清源支持此说。本文不从。古典文献中“于今而后”、“今而后”之例多见,参见下文的标点问题。

“囟”,陈佩芬列举《说文通训定声》:“思者心神通于堖,故从囟”等例子,读为“思”。复旦读书会列举沈培《周原甲骨文里的“囟”和楚墓竹简里的“囟”或“思”》(《汉字研究》第一辑,学苑出版社,2005年6月),训为“应、当”。陈伟1提出:“思,《礼记·曲礼上》‘俨若思’,孔颖达疏:‘思,计虑也。’也有可能读为‘司’,职掌义。”侯乃峰读为“使”。陈伟2提出:“思,疑当读为‘斯’。”小寺敦读为“思”,视作使役动词。

《郑子家丧》中“囟”亦可见于甲本第4—5简有:

我牺(将)必囟(思)子豪(家)毋㠯(以)壂(成)明(名)立(位)於上,而灭炎(严)於下。

乙本第5—6简有:

奠(郑)人命㠯(以)子良为𩋼(赞),命(盟)囟(思)子豪(家)杒(梨)木三沓(寸),紅(疏)索㠯(以)紶(纮),毋敢丁门而出,斁(掩)之壂(城)坖(基)。

这些两种"囟",无疑是使役动词。因此本文亦读为"思",认为使役动词。

关于"以邦之病以急於今而后楚邦思为者诸侯正"的标点问题,各家有如下不同的观点:

○ 陈佩芬:"以邦之病以急於今,而后楚邦思为者诸侯正。"

○ 凡国栋1:"以邦之㑒,以及於今,而后楚邦思为者诸侯正。"

○ 复旦读书会:"以邦之㑒(—病)以急。於今而后,楚邦思为诸侯正。"

○ 李天虹:"以邦之病,以及於今。天厚楚邦思为诸侯正。"

○ 陈伟2:"以邦之病以及於今而后。楚邦思为诸侯正。"

○ 小寺敦:"以邦之病,以急。於今而后楚邦思为者诸侯正。"

"於今而后"之例,可见于《史记·鲁世家》有:

周公乃告太公望、召公奭曰:"我之所以弗辟而摄行政者,恐天下畔周,无以告我先王太王、王季、文王。三王之忧劳天下久矣,於今而后成。武王蚤终,成王少,将以成周,我所以为之若此。"于是卒相成王,而使其子伯禽代就封于鲁。

此例"於今而后","到现在才……"的意思。

另外,"今而后"之例,古典文献中多见。这些"今而后"之例皆是"现在才……"的意思。拿几个例子来讲,《孟子·万章下》有:

曰:缪公之于子思也,亟问,亟馈鼎肉。子思不悦。于卒也摽使者出诸大门之外,北面稽首,再拜而不受曰:"今而后知君之犬马畜伋。"盖自是台无馈也。……

《春秋左氏传》襄公七年有:

夏,四月。三卜郊,不从,乃免牲。孟献子曰:"吾乃今而后知有卜筮。夫郊祀后稷,以祈农事也。是故启蛰而郊,郊而后耕。今既耕而卜郊,宜其不从也。"

《春秋左氏传》襄公三十一年有：

然明曰："蔑也今而后知吾子之信可事也。小人实不才，若果行此，其郑国实赖之，岂唯二三臣。"

《春秋左氏传》襄公三十一年亦有：

他日我曰："子为郑国，我为吾家，以庇焉，其可也。"今而后知不足。自今请，虽吾家，听子而行。

由此可知，本文不将"于今而后"断句而连读，从复旦读书会、小寺敦之说。

"正"，陈佩芬释为"善"，为"亲善"之意。陈伟1、陈伟2释为："正，有官长义。这里指担当诸侯盟主。"复旦读书会释为"主宰"。郝士宏训为"长"，与陈伟之说几乎相同。陈伟之说，可从。

【4】含(今)奠(郑)子冡(家)杀亓(其)君，牆(将)保亓(其)龔(恭)炎(严)，㠯(以)叟(没)入隂(地)。

乙本作：

奠(郑)子冡(家)杀亓(其)君，牆(将)保亓(其)龔(恭)炎(严)，㠯(以)及〈叟(没)〉入隂(地)。

"奠(郑)"字上，乙本无"含(今)"字。

"龔炎"，陈佩芬读为"慵恢"，列举《广韵》："慵，慵恢，不调"，《玉篇》："恢，慵恢，多恶"，"牆(將)保亓(其)龔炎"意为"将会保持其恶劣行径"。

陈伟1读为"宠光"，指出：

甲本此字与包山270、272号简"灵光"的"光"字近似，应可释为"光"。乙本作"炎"，或楚文字"光"有此写法，或转抄致误。……《左传》昭公十二年记昭子曰："必亡。宴语之不怀，宠光之不宣，令德之不知，同福之不受，将何以在？"

高祐仁从楚文字"炎"、"光"字形的角度对陈伟1提出否定性的意见："似也不能排除，但恐要更多证据补足。"复旦读书会读为"恭严"或"恬淡"。复旦读书会对"慵恢"的读法进行批判：

"龔炎"读为"慵恢"，不但取义迂远，完全不像是先秦口语，而且"炎"、"恢"古音远隔，无法通假。

然后，复旦读书会对于陈佩芬将“戇炎”理解为贬义词的意见，进行批判如下：

> “憴悏”的取义是往恶的方向考虑的，因为郑子家是恶人，做了恶事。其实，郑子家越是恶，楚庄王不希望郑子家保有的东西——“戇炎”——就越应该往好的方向考虑。楚庄王的正常逻辑是：郑子家作为弑君之人，不能保有“戇炎”这个好东西入葬，否则就会造成鬼神发怒。楚庄王的这个观点直接导致了后面阻止郑子家成礼而葬的行为。
>
> 将“戇炎”往好的方面理解，还有一个旁证，就是郑子家卒后，“郑人讨幽公之乱，斲子家之棺，而逐其族。”（《左传·宣公十年》）也就是说郑子家弑君之后仍然很有权势，郑人要等他死后才敢“斲其棺”、“逐其族”。“戇炎”就是郑子家弑君仍然保有却不应保有的东西。

最后，复旦读书会指出文献中“恭严”、“恬淡”之例。小寺敦支持复旦读书会。本文从复旦读书会，读为“恭严”。

“龏”、“恭”可通。比如，上博楚简《缁衣》第14简有“龏”字，郭店本作“共”，通行本作“恭”。

“及”，陈佩芬读为如字。复旦读书会作“叟”，提出此字与“及”的二字字形相近，必有一讹字。李天虹支持此说。

“叟”，陈佩芬作“及”。复旦读书会作“叟”、乙本作“及”，可从。如林清源指出，《郑子家丧》甲、乙本第2简都有“恐”（急），与乙本的该字字形相似，所以乙本该字应作“及”，“叏”之误写。

“入陉（地）”，李天虹指出：

> 与下葬有关的“入地”之语，还见于《汉书》。如《王嘉传》：“圣王断狱，必先原心定罪，探意立情，故死者不抱恨而入地，生者不衔怨而受罪。”《杨王孙传》：杨王孙……及病且终，先令其子，曰：“吾欲羸葬，以反吾真，必亡易吾意。死则为布囊盛尸，入地七尺。”《说苑·反质》记这件事说：“杨王孙病且死，令其子曰：‘吾死欲倮葬，以反吾真，必无易吾意。’祁侯闻之，往谏曰：‘窃闻王孙令葬必倮而入地，必若所闻，愚以为不可’。”凡此均以“死”与“入地”并提，亦可佐证复旦读书会以乙本“及”为“叟”之讹是正确的。

【5】女（如）上帝褁（鬼）神㠯（以）为悡（怒），虗（吾）牆（将）可（何）㠯（以）倉（答）。售（虽）邦之㾜（病），牆（将）必为帀（师）。

乙本作：

女(如)上帝〔槼(鬼)神〕已(以)为蒸(怒),虗(吾)牆(将)可(何)已(以)倉(答)。售(虽)邦之愳(病),牆(将)必为帀(师)。

乙本的"槼(鬼)神",据甲本补之。

"售",读为"虽"或"唯"。杨伯峻《古汉语虚词》(中华书局,1981 年 2 月)"虽"字(三)曰:"'虽'也作'唯'字用,为语首之词,既无意义,也无语法作用。"

"邦之愳(病)",指是楚国之病。参见本文【3】。

【6】乃记(起)帀(师)回(围)奠(郑)三月。奠(郑)人青(请)亓(其)古(故)。

乙本作:

乃记(起)帀(师)回(围)奠(郑)三月。奠(郑)人憙(请)亓(其)古(故)。

"记",陈佩芬指出:"'记','起'之古文,从辵与从走通。"参见《说文解字》走部"起"字的古文从辵。

"记(起)帀(师)",陈佩芬列举《左传》昭公二十六年:"王起师于滑。"杜预注:"起,发也。"可从。

"三月",郝士宏断句为"乃记(起)帀(师)回(围)奠(郑)。三月,奠(郑)人",不把"三月"视为一种期间,而释为具体的时间。此说不确。"三月"是包围郑城的期间,这事件指的是《左传》宣公十二年有:

> 楚子围郑,旬有七日。……进复围之三月,克之。入自皇门,至于逵路。郑伯肉袒牵羊以逆曰:"孤不天,不能事君,使君怀怒以及敝邑,孤之罪也。……"

"青",乙本作"憙"。陈佩芬作"昏"。陈伟 1、陈伟 2 指出:"从轮廓看,甲本此字似是'青',读为'请'。"何有祖亦与此说同。复旦读书会作"青",亦读"请"。本文从陈伟 1、陈伟 2、何有祖。

【7】王命倉(答)之曰:奠(郑)子冡(家)遉(颠)返(覆)天下之豊(礼),弗畏(畏)槼(鬼)神之不恙(祥),慼(戕)惻(贼)丌(其)君。

乙本作:

王命倉(答)之〔曰:奠(郑)子〕冡(家)遉(颠)返(覆)天下之豊(礼),弗思〈畏〉槼(鬼)神之不恙(祥),慼(戕)惻(贼)亓(其)君。

乙本的“〔曰奠(郑)子〕”,据甲本补之。

“悬”,陈佩芬读为“畏”。乙本作“思”,陈佩芬作“畏”不确。单育辰根据乙本作“思”字,提出“‘愄(畏)’之讹”,小寺敦释文亦支持单育辰之说。与此文类似的表达,比如可见于《韩非子·解老》有:“人处疾则贵医,有祸则畏鬼”,《吕氏春秋·异宝》有:“荆人畏鬼,而越人信机”。与此相反,“思鬼神”之例较早的文献中未见。

“惑恳”,陈佩芬、复旦读书会作“惑恻”。“惑”字图版不清晰,但乙本明显可以看到“惑”。陈佩芬读为“戕折”,复旦读书会亦读为“戕贼”,陈伟 1、陈伟 2 读为“戕贼”。

陈佩芬提出“戕折”意为“戕害、伤害”。并列举《后汉书·卢植列传》论有:“当植抽白刃严阁之下,追帝河津之间,排戈刃,赴戕折,岂先计哉?君子之于忠义,造次必于是,颠沛必于是也。”李贤注引《左传》杜预注曰:“戕者,卒暴之名也。”

陈伟 1、陈伟 2 指出:

> 臧(从心),整理者读为“戕”,当是。恻,读为“贼”。《孟子·告子上》“将戕贼杞柳而后以为杯棬也”,赵岐注:“戕犹残也。”残贼,残杀、毁坏的意思。

陈伟之说,可从。何有祖亦几乎与此说相同。

“惑”字的上部与该篇第 1 简“臧(庄)王”的“臧”相同。“庄”以“壮”得声,《说文解字》士部有:“壮,大也。从士爿声。”《说文解字》戈部有:“戕,抢也。他国臣来弑君曰戕。从戈爿声”。由此可知,“壮”、“戕”皆以爿得声,“惑”可以读为“戕”。

“贼”字,《说文解字》戈部有:“贼,败也。从戈则声。”“贼”字以“则”得声。“恳”的异体字读为“贼”之例,出土文献中多见。比如,郭店楚简《老子·甲本》第 1 简有:“医(绝)攷(巧)弃秎(利),覜(盗)恳(贼)亡又(有)”。郭店楚简《老子·甲本》第 31 简有:“灋(法)勿(物)慈(滋)章(彰),覜(盗)恳(贼)多又(有)。”这些“恳”字,各本皆作“贼”。众所周知,楚文字中“则”、“昷”、“炅”字经常通用。

【8】我牆(将)必囟(思)子冢(家)毋㠯(以)埅(成)明(名)立(位)於上,而滅炎(严)於下。

乙本作:

> 我牆(将)必囟(思)子冢(家)〔毋㠯(以)埅(成)明(名)立(位)於上,

而滅炎（严）於〕下。

乙本的“毋吕（以）埅（成）明（名）立（位）於上，而滅炎（严）於”，据甲本补之。

“我”，陈佩芬为待考，摹写作“[illegible]”。陈伟 1 作“夷”（即“㞆”），与前文“亓（其）君”连读，“《史记·郑世家》：‘二十二年，郑缪公卒，子夷立，是为灵公。’简文此字应即郑灵公之名。”复旦读书会认为“‘余’字的讹字”，与郭店楚简《太一生水》第 14 简的“余”字进行分析。陈伟 2 改陈伟 1 的读法，认为“夷”与“余”可通，与前文“亓（其）君”断句。如复旦读书会所指出，乙本作“我”，用作第一人称代词。

李松儒认为，此字与“余”、“尸”字大有区别，通过与包山楚简、上博楚简《天子建州》的“义”字进行比较，提出此字应该作“我”。李松儒之说，可从。

“囟”，陈佩芬读为“思”，意为“考虑”。复旦读书会、陈伟 2、小寺敦读为“思”，为使役之意，可从。

“埅明”，陈佩芬、陈伟 2、复旦读书会读为“成名”，可从。陈伟 2 指出如下：

> 成名，犹盛名、美名。《荀子·非十二子》：“成名况乎诸侯，莫不愿以为臣。”王先谦集解引俞樾曰：“成与盛通……成名犹盛名也。”《孔子家语·大婚》：“孔子对曰：‘君子者也，人之成名也。’”

“立”，陈佩芬、林清源、小寺敦读为“位”，可从。复旦读书会读如字。

“滅”，陈佩芬作“戎”，凡国栋 2 认为“该字与楚简中的‘滅’字极为相似”，陈伟 2 为“□”（空格），复旦读书会、小寺敦作“威”。如凡国栋 2 所指出，此字与信阳长台观楚简 2 號墓 2 组第 3 简、上博楚简《三德》第 10、11 简的“滅”相似。凡国栋 2 之说，可从。

“炎”，陈佩芬作“鼎（?）”。凡国栋 2 作“復”，读为“覆”，提出：“其上从西，下从夊，当是‘復’字，楚简较为常见，同简‘颠覆’之‘覆’从‘辵’，该字应该是省去了这个偏彷。”陈伟 2 为“□”（空格），复旦读书会认为“似从‘亦’，当是‘滅’的宾语，待考。”高祐仁认为此字与甲本第 2 简的“炎”字是同一字，隶作“炎”，释为“严”或“光”。

如高祐仁所指出，此字与“復”字在字形上尚有距离。笔者将简本 2 简的“炎”已经读为“严”，参见【4】。虽然古典文献中没有“滅严”之例，但《郑子家丧》甲本第 2 简有：

含(今)奠(郑)子豪(家)杀亓(其)君君，牆(将)保亓(其)韄(恭)炎(严)，吕(以)旻(没)入陛(地)。

也许，"滅炎(严)於下"与"保亓(其)韄(恭)炎(严)"构成对比，意为"灭绝尊严"。

【9】奠(郑)人命吕(以)子良为繫(贽)，命(盟)思子豪(家)杒(梨)木三酱(寸)，紀(疏)索吕(以)蔂(纮)，毋敢丁门而出，斂(掩)之壂(城)丕(基)。

乙本作：

奠(郑)人命吕(以)子良为繫(贽)，命(盟)囟(思)子豪(家)杒(梨)木三酱(寸)，紀(疏)索吕(以)蔂(纮)，毋敢丁门而出，斂(掩)之壂(城)丕(基)。

"繫"字，陈佩芬、小寺敦作"褽"，但依图版作此字。"繫"字，陈佩芬、复旦读书会、林清源、小寺敦皆读为"执"，将"繫命"连读后断句。但陈伟2提出：

执，整理者与其后"命"连读，以为执行命令。今按，恐当读为"质"。古书中从"执"得声的"贽"、"挚"均有与"质"通假之例，可佐证。《左传》宣公十二年记楚许郑平曰："潘尫入盟，子良出质。"简文所记似即此事。如然，"命"字当属下读。

陈伟2之说，可从。李天虹亦支持陈伟2之说。陈伟2所举的《左传》宣公十二年之例，当是"楚庄王的赦免"场面，与《郑子家丧》的内容很一致。另外，"潘尫入盟，子良出质"的例子亦可见于《史记·楚世家》。可从。"质"与"贽"、"挚"通假之例，参见《古字通假会典》569页。

"命"字，陈伟2列举刘信芳《竹书〈君人者何必安哉〉试说(之一)》(复旦大学研究网，2009年1月5日)的研究成果，为"请求"之意。刘信芳之说如下：

所谓"命"，在此不是今人理解的"令"、"让"、"谨"的意思。包山简一二〇："小人命为誓吕(以)传之。"一三八："郐人奮(舒)勖命誁(证)。"《广雅·释诂》："命，呼也。""命证"即要求盟誓作证。郭店简《老子》甲十九："天陛(地)相会也，吕(以)逾甘霝(露)，民莫之命(令)，天自均安(焉)。"命，王本作"令"，其实也就是今人所谓"要求"的意思。简文"命"为臣对君之命，可以理解为"请求"。

然后，李天虹提出，第一个"命"支持陈伟之说为"请求"之意，第二个"命"读为"盟"。杨泽生支持读为"盟"，林清源支持训为"请求"。暂时从李天虹之说，意为“发誓”。

“⿰禾勿木三⿱龹旨”，陈佩芬为待考。“⿰禾勿”，复旦读书会《〈上博七·郑子家丧〉校读》读为“梨”。陈伟2提出：

> 利，也许读为“梨”，有割裂、剖离义。《管子·五辅》：“是故博带梨，大袂列，文绣染，刻镂削，雕琢采。”尹知章注：“梨，割也”。

虽然李天虹说：“陈先生的意见很值得重视”，但提出：

> 这种用法的“梨”，或许可以看作是“离”的借字。古书中“利”或从“利”声之字和“离”通假的例子比较常见。

笔者认为复旦读书会之说较为恰当。复旦读书会对“⿰禾勿（梨）木三⿱龹旨（寸），⿰糸疋（疏）索㠯（以）⿱艹紘（纮）”，提出：“与《墨子·节葬》的‘桐棺三寸’、‘葛以缄之’如出一辙”，此说可从。“⿰禾勿木三⿱龹旨”与“⿰糸疋（疏）索㠯（以）⿱艹紘（紘）”构成对比，各家将“⿰糸疋（疏）索”释为粗劣的绳子。由此可以推测“⿰禾勿木”是一种朴素的棺材。但无论哪种意见，皆理解为一种惩罚的措施。

“⿱龹旨”，陈佩芬作“⿱龹旨”，复旦读书会作“⿱𢍏旨”。复旦读书会提出此字读为“寸”：

> “⿱𢍏旨”字从“旨”“𢍏”声，读为“寸”。《信阳长台关楚简·遣册》有“长六寸”、“径四寸间寸”等，“寸”作“𢍏”，详见刘国胜（2001）。沈培（2003）对楚文字中从“𢍏”之字可读为“寸”有详说，可参。

笔者认为此说可从。陈伟2也与此说同。如陈伟所指出，该字上部的“关”，与《说文解字·舟部》“朕”（朕）字的右部作“𢍏”相同。复旦读书会所举的刘国胜（2001）与沈培（2003），参见刘国胜《信阳长台关楚简〈遣策〉编联二题》（《江汉考古》2001年第3期）、沈培《上博简〈缁衣〉篇“卷”字解》（《华学》第六辑，紫禁城出版社，2003年6月）。

“⿰糸疋（疏）索”，陈佩芬列举《诗·大雅·召旻》“彼疏斯粺”的郑玄注：“疏，麤也。”复旦读书会读为“疏索”，并指出：“‘疏’训‘粗’，粗劣。”此说可从。但陈佩芬将“⿰糸疋（疏）索”意为“稀少”，此说不确。

“⿰糸疋”字应以“疋”得声。“疏”字，《说文解字》𠫓部有：“疏，通也。从㐬疋。疋亦声。”“⿰糸疋”可读为“疏”。复旦读书会指出：“‘索’指束棺之缄绳。”此说可从。

“⿱艹紘”，陈佩芬、复旦读书会作“⿰糸共”，但从图版作“⿱艹紘”。陈佩芬读为“供”。但复旦读书会读为“纮”，训为“束”，提出如下：

"絒"从"共"得声，上古音"共"属见母东部，"纮"属匣母蒸部，两者音近可通。《广雅》："纮，束也。"王念孙《广雅疏证》："《考工记·轮人》'良盖弗冒弗纮。'是凡言纮者，皆系束之义。"《说文》："緘，束也……《墨子》曰：禹葬会稽，桐棺三寸，葛以緘之。""葛以缄之"之"缄"《说文》亦云"束箧也"。可见简文的"絒（纮）"正对应典籍之"缄"、"緘"，皆作动词"束"。

陈伟2亦采用复旦读书会之说，可从。

"丁"，陈佩芬作"厶"，何有祖作"巳"，复旦读书会、郝士宏、刘云隶定为"丁"。暂时从复旦读书会、郝士宏、刘云作"丁"。

该字，何有祖读为"犯"，提出：

犯门指违禁强行打开城门。《左传》襄公二十三年："乃盟臧氏，曰：'毋或如臧孙纥于国之纪，犯门斩关。'"同简言及"城"，此处"门"当指城门。

但笔者认为，《左传》襄公二十三年"犯门斩关"的"犯"是对"门斩关"的动词，而不是"犯门"一词。复旦读书会提出："'丁门'是一个动宾结构，或许可以读为'当门'"。郝士宏读为"正"。刘云读为"经"，意为"经过"。林清源说："应以读为'正'之说最有可能成立"。虽然有各种各样的解释，但未免都缺乏确定性，暂时读为何字待考。陈伟2亦说"丁，复旦读书会改释。丁门，待考"。

"𢼸"，陈佩芬读为"陷"。复旦读书会读为"掩"，陈伟2支持此说，可从。复旦读书会指出如下：

《上博四·昭王毁室、昭王与龚之脽》简3有如下一句：

仆之毋辱君王，不幸仆之父之骨在于此室之阶下，仆将埮（揜/掩）亡老[□□□]

刘乐贤（2005）指出："'埮'当读为'掩'或'揜'，是掩埋的意思。《吕氏春秋·孟春纪》：'揜骼霾髊。'亡老，指亡父亡母。"这无疑是正确的。"埮"与"𢼸"应该是表示同一个词。从"炎"得声的字与从"奄"、"弇"得声相通的例子又见于《张家山汉简·二年律令·金布律》："不知何人，𢉖狸而讂之。""𢉖"亦读为"掩"。

刘乐贤（2005），参见刘乐贤《读上博（四）劄记》，简帛研究网，2005年2月15日。

"壂丌"，诸家读为"城基"。复旦读书会意为"城墙之基"，可从。如复旦读书会所指出，《水经注·河水二》有：

蒲昌海溢，荡覆其国，城基尚存而至大，晨发西门，暮达东门。

【10】王许之。帀(师)未还，晋人涉，牆(将)救奠(郑)。王牆(将)还。

乙本作：

王许之。帀(师)未还，晋人涉，牆(将)救奠(郑)。王牆(将)还。

【11】夫=(大夫)皆进曰：君王之记(起)此帀(师)，㠯(以)子豪(家)之古(故)。含(今)晋人牆(将)救子豪(家)，君王必进帀(师)㠯(以)迈(应)之。

乙本作：

夫=(大夫)皆进曰：君王之记(起)此帀(师)，㠯(以)子豪(家)之古(故)。含(今)晋〔人牆(将)救〕子豪(家)，君王必进帀(师)㠯(以)迈(应)之。

"迈"，陈佩芬作"记"。但是何有祖、陈伟1、复旦读书会、孟蓬生1、陈伟2、杨泽生、孟蓬生2、林清源作"迈"，可从。从图版来看，该字与第6简的"记"在字形上明显不同。

"迈"，何有祖提出："当释为迈，训作及"，陈伟1提出："似当释为'仍'，因、从义。这里是说听从大夫的建议"，陈伟2亦提出："我们怀疑是往就、趋赴的意思。"复旦读书会提出："应表示'迎击'一类意思，疑读为'应'或'膺'"。杨泽生提出："'迈'可以直接读作'迎'"。孟蓬生1提出："读书会读'应'之说可从"，进行了分析日纽与泥纽有密切的关系。但是孟蓬生1亦提出：

> 需要指出的是，我们只是赞成把"迈"读为"应"，但并不赞成读为"膺"。根据本篇叙述，楚师是在即将班师时由于晋人出兵救郑才掉头跟晋师作战，其为"应击"之义甚明。……"膺"古代虽然可以训为"击"，但并非"应击"的意义。

孟蓬生1列举不把"膺"释为"应击"的丰富例子。孟蓬生1、孟蓬生2之说有说服力，"迈"读为"应"，意为"应击"。

【12】王安(乃)还军㠯(以)迈(应)之。与之戰(战)於两棠，大败晋帀(师)安(焉)。

乙本作：

王安(乃)还军㠯(以)迈(应)之。与之戰(战)於两棠，大败晋帀(师)安(焉)。

“王安还军”的“安”，陈佩芬读为“焉”，将“王安还军吕(以)迈之”一文放在“大夫皆进曰”的话语中。但是如复旦读书会所指出，《郑子家丧》的臣下的话语中对楚庄王称为“君王”，而叙述部分写为“王”。所以，此文应该不是臣下的话语，而是叙述文。复旦读书会训为“乃”，可从。

与上博楚简《郑子家丧》相关的论著及其略称

简帛网：www.bsm.org.cn

复旦大学出土文献与古文字研究中心网站：www.gwz.fudan.edu.cn/default.asp(本文略为“复旦网站”)

○《郑子家丧》图版，马承源主编：《上海博物馆藏战国楚竹书(七)》，上海古籍出版社，2008年12月(本文略为“图版”)。

○ 陈佩芬：《郑子家丧》译注，马承源主编：《上海博物馆藏战国楚竹书(七)》，上海古籍出版社，2008年12月(本文略为“陈佩芬”)。

○ 何有祖：《上博七〈郑子家丧〉劄记》，简帛网，2008年12月31日(本文略为“何有祖”)。

○ 陈伟：《〈郑子家丧〉初读》，简帛网，2008年12月31日(本文略为“陈伟1”)。

○ 凡国栋：《上博七〈郑子家丧〉校读劄记两则》，简帛网，2008年12月31日(本文略为“凡国栋1”)。

○ 凡国栋：《释〈郑子家丧〉的“灭覆”》，简帛网，2008年12月31日(本文略为“凡国栋2”)。

○ 罗小华：《〈郑子家丧〉、〈君人者何必安哉〉选释三则》，简帛网，2008年12月31日。

○ 复旦大学出土文献与古文字研究中心研究生读书会：《〈上博七·郑子家丧〉校读》，复旦网站，2008年12月31日/刘钊主编《出土文献与古文字研究》第三辑，复旦大学出版社，2010年7月(本文略为“复旦读书会”)。

○ 程燕：《上博七读后记》，复旦网站，2008年12月31日。

○ 郝士宏：《读〈郑子家丧〉小记》，复旦网站，2009年1月3日(本文略为“郝士宏”)。

○ 张新俊：《〈郑子家丧〉“憝”字试解》，复旦网站，2009年1月3日(本文略为“张新俊”)。

○ 一虫：《由〈郑子家丧〉看〈左传〉的一处注文》，复旦网站，2009年1月

3日。

○ 葛亮：《〈郑子家丧〉补说》，复旦网站，2009年1月5日/刘钊主编《出土文献与古文字研究》第三辑，复旦大学出版社，2010年7月。

○ 侯乃峰：《〈上博七〉〈郑子家丧〉“天後（厚）楚邦”小考》，复旦网站，2009年1月6日（本文略为“侯乃峰”）。

○ 孟蓬生：《“迈”读为“应”补证》，复旦网站，2009年1月6日（本文略为“孟蓬生1”）。

○ 熊立章：《续释“舂”及〈上博七〉中的几个字》，简帛网，2009年1月9日。

○ 陈伟：《〈郑子家丧〉通释》，简帛网，2009年1月10日（本文略为“陈伟2”）。

○ 孟蓬生：《“迈”读为“应”续证》，复旦网站，2009年1月10日（本文略为“孟蓬生2”）。

○ 李天虹：《〈郑子家丧〉补释》，简帛网，2009年1月12日（本文略为“李天虹1”）。

○ 高祐仁：《释〈郑子家丧〉的“灭严”》，复旦网站，2009年1月14日（本文略为“高祐仁”）。

○ 杨泽生：《〈上博七〉补说》，复旦网站，2009年1月14日（本文略为“杨泽生”）。

○ 侯乃峰：《上博（七）字词杂记六则》，复旦网站，2009年1月16日。

○ 刘信芳：《〈上博藏（七）〉试说（之三）》，复旦网站，2009年1月18日。

○ 单育辰：《佔毕随录之九》，简帛网，2009年1月19日（本文略为“单育辰”）。

○ 刘云：《上博七词义五札》，简帛网，2009年3月17日（本文略为“刘云”）。

○ 郭永秉：《〈竞公疟〉篇“病”字小考》，复旦网站，2009年1月23日。

○ 李松儒：《〈郑子家丧〉甲乙本字迹研究》，简帛网，2009年6月2日（本文略为“李松儒”）。

○ 宋华强：《〈郑子家丧〉“以及于今而后”小议》，简帛网，2009年6月9日（本文略为“宋华强1”）。

○ 巫雪如：《楚简考释中的相关语法问题试探》，简帛网，2009年6月18日（本文略为“巫雪如”）。

○ 金城未来、竹村涉：《〈上海博物馆藏战国楚竹书（七）〉所收文献概要》，《中国研究集刊》48号，日本：2009年6月。

○ 宋华强：《〈郑子家丧〉〈平王问郑寿〉“就”字试解》，简帛网，2009 年 7 月 21 日(本文略为“宋华强 2”)。

○ 罗运环：《楚简帛字体分类研究(三)》，简帛网，2009 年 7 月 28 日。

○ 高佑仁：《〈郑子家丧〉、〈竞公疟〉诸“病”字的构形考察》，简帛网，2010 年 1 月 4 日。

○ 高佑仁：《〈郑子家丧〉“以殁入地”考释及其相关问题》，复旦网站，2010 年 1 月 9 日。

○ 林清源《〈上博七·郑子家丧〉文本问题检讨》，台湾中央研究院，《第三届古文字与古代史国际学术研讨会论文集》，2011 年 3 月 25—27 日(本文略为“林清源”)。

○ 小寺敦：《上海博楚简〈郑子家丧〉译注——附·史料的性格に关する小考》，《东洋文化研究所纪要》第 157 号，日本：东京大学东洋文化研究所编，2010 年 3 月(本文略为“小寺敦”)。

○ 李咏健：《〈上博七·郑子家丧〉“毋敢排门而出”考》，简帛网，2011 年 4 月 15 日。

○ 李咏健：《〈上博七·郑子家丧〉“以邦之变”考》，简帛网，2011 年 4 月 16 日。

○ 苏建洲：《〈郑子家丧〉甲 1“就”字释读再议》，复旦网站，2010 年 5 月 1 日。

○ 李咏健：《〈上博七·郑子家丧〉“利木”释读再议》，简帛网，2011 年 6 月 19 日。

○ 李咏健：《〈上博七·郑子家丧〉“苴索”补释》，简帛网，2011 年 6 月 19 日。

(特约编辑：江曦)

“圣”与“时”：儒家天人相合的关键要素
——以郭店楚简为中心

◇ 陈晨捷

【摘　　要】郭店楚简的天人观是天人相分下的天人相合，尽管此天人相合仍然是以人顺应天为基调。在天人相分的前提下，人须因“圣”以知天道，而后以仁义礼智圣五者通融为一以达成天道于人心之实现。但如此之“德”尚不完整，只有在证悟天道的基础上将之适时、合时地应用于人伦日用，才可称之为“五行皆形于内而时行之”的完整的“德”。而人如何有“德”亦即据有天道，则需要一系列的心性型塑过程，其中最重要的一个要求是能“乐”。“乐”即快乐，是以仁义礼智圣五行和而为一即达至内心和谐所产生的快乐。但从根本上说，人之所以能快乐源于对天道之“和”的体认以及人与天之“和”所实现的心性与天道之契合。

【关 键 词】郭店楚简；天人相合；圣；时；和

【作者简介】陈晨捷，男，1981 年生，福建莆田人，山东大学儒学高等研究院副教授。

郭店楚简《穷达以时》提出了“天人相分”的观点，认为天人各有职分，但它并未止步于此天人相分之层次，而是以天人相合为其理论归宿的。同时《五行》、《性自命出》等篇又在善与德、人道与天道的关系以及心性修养方面表达了一些独到的看法。愚以为，同在楚简，诸篇之间应有某种内在的关联或理论进路。[①] 正是在此基础上，本文以郭店楚简为一整体的研究对象（当然，《老子》甲、乙、丙以及《太一生水》这些道家简除外），试图对楚简的天人观以及天人如何相合、在何种维度上相合作一粗疏的探索。鄙陋之处，祈望方家指正。

---

① 据李学勤先生考证，郭店一号墓的墓主为楚怀王太子横的老师，因此，墓中所葬书当为太子所诵读的教材（参见李学勤：《荆门郭店楚简中的〈子思子〉》，载《文物天地》1998 年第 5 期）。同时廖名春先生认为，墓主应是一位专门教太子“治国之善语”的先生，这位先生精通儒道两家之学，以道家之学授权谋，以儒家之学教纲常人伦（参见廖名春：《郭店楚简儒家著作考》，载《孔子研究》1998 年第 3 期）。若以教材来看，至少在儒家简之中应有某种内在的统一理路，否则如何为教？

一、天人相分与人天相合

长久以来，学界普遍认为荀子是儒家“天人相分”思想的代表者，但其实早在荀子之前的郭店楚简《穷达以时》篇就已明确提出了“天人相分”的观点：“有天有人，天人有分。察天人之分，而知所行矣。”[①]《礼记·礼运》郑玄注：“分犹职也。”故“天人有分”即谓二者各有其职分，人们只有在了解了天人分殊之所在才能知道如何作为。

此处的“天”，在《荀子·宥坐》、《韩诗外传》卷三中也作“时”，学者因而据此将“天”理解为“时运天”或“运命天”。冯友兰先生曾经将中国的“天”之涵义归纳为“物质之天”、“主宰之天”、“命运之天”、“自然之天”、“义理之天”五种。[②] 对天的涵义作如上细分虽然有助于今人理解和论述，但在中国古代，天的涵义显然是混沌的，它可以兼具以上诸种内涵，其中之一种并不必然与其他相排斥。简言之，“天”指与人类意识相对之外在世界或者人类无法控制的所有领域中的各种现象和运作方式。依郭店楚简的看法，天人之分主要表现在“世”或“时”上，《唐虞之道》称：“纵仁、圣可与，时弗可及嘻。”仁、圣可以通过个人努力以修得，“时”却不依赖人的意志而转移，《孔子家语·在厄》记孔子对子路说：“君子博学深谋而不遇时者众矣，何独丘哉！”这种“时”显然属于“天”或者“命”之类的人类控制范围之外的部分，而按孟子的说法：“莫之为而为者，天也；莫之致而至者，命也。”（《孟子·万章上》）则“天”或“命”均指人力所不能企及者。

《穷达以时》篇从内容上看可以分为两个部分。上半部分，在天人关系中，“世”即“天”较之“人”的作用更为重要。在下半部分，“天”的作用依然重要，而“人”与“天”则同等重要。在池田知久先生看来，“总体而言，《穷达以时》的基本思想是在确认世界之根本性质是有‘天’有‘人’，两者之间‘天人’有‘分’的基础上，既强调‘时’、‘遇不遇’、‘穷达’、‘誉毁’这些‘天’有着极重要的意义，同时又强调‘动’、‘学’、‘善否’、‘德行’这些‘人’之作为同样有着极重要的意义”。[③] “天”与“人”既然同等重要，其间的关系又如何呢？

《穷达以时》曰：“遇不遇，天也。”人之遇不遇、穷或达取决于天、时，这是

① 本文所引郭店楚简内容均以文物出版社1998年版为蓝本，另参照刘钊《郭店楚简校释》作部分修订。

② 冯友兰：《中国哲学史新编》（第一册），北京：人民出版社，1982年，第89页。

③ ［日］池田知久：《池田知久简帛研究论集》，曹峰译，北京：中华书局，2006年，第91页。

人所不能掌握的，同时它又在结尾处道："穷达以时，幽明不再。故君子惇于反己。""故"字揭示了两者的前后因果关系："天"有"天"的控制领域，"人"有"人"的控制领域，人无法干预、改变"天"，却可以控制自己，因而对人而言不应去做无谓之事，而应反身穷理尽性。可以看出，此一观念仍然是以"天人相分"为其基调。在此天人观之下，人们还是可以充分发挥自身的能动作用：穷达取决于"时"或"天"，因而人们只能在自己所能掌握的领域内充分实现自我。此种天命观正是儒家的一贯主张，史华兹先生认为："当孔子告诉我们说在他五十岁的时候知道了'命'，或者说，他知道了对于他来说是天所注定了的东西。他的意思也许是说，他对于力所不能及的东西，以及真正属于他的自主行动领域内的东西有了清楚的理解。"①

尽管"天人相分"是基调，但竹简并未停留在"天人相分"之层面，而是要力求人合于天，实现人天合一。《成之闻之》曰："唯君子道可近求，而可以远措也。昔者君子有言曰'圣人天德'曷？言慎求之于己，而可以至顺天常矣。""近求"即"慎求之于己"，"远措"即"顺天常"，"顺天常"可以通过"慎求之于己"而实现，人天合一乃是其最终目的。可见"君子惇于反己"并不是停留在自我反思的修身层面上，而是要在自我所能作为的领域与能力基础上力求实现人天合一，诚如梁涛先生所言："从思想史的发展来看，天人之分与天人合一总是相伴而生的，没有不讲天人之分的天人合一，也没有不讲天人合一的天人之分。"②

在郭店楚简中，"天"与"人"的关联纽带主要通过"圣"以生发。《五行》曰："德之行五，和谓之德；四行和谓之善。善，人道也。德，天道也。"在"四行"与"五行"中，四行即仁义礼智之和是人道，五行即仁义礼智圣之和则是天道，天道与人道之分殊正在于"圣"。若无"圣"的因素，人道仍是人道；而因为"圣"的关系，"善"才能进至"德"参合天道。因而这里"圣"才是天人相合的关键所在。《礼记·丧服四制》曰："恩者，仁也；理者，义也；节者，礼也；权者，知也。仁、义、礼、知，人道具矣。"照此说法，"人道"包含仁义礼智四种属性已然足够，"圣"不是它的必须内容之一。楚简云"金声，善也；玉音，圣也。善，人道也；德，天道也。唯有德者，然后能金声而玉振之。"即"金声"（善、人道）+"玉音"（圣）="德"（天道），可见"圣"对于由人道超越至天道之至关重要。

① ［美］史华兹：《古代中国的思想世界》，程刚译，南京：江苏人民出版社，2004年，第124页。

② 梁涛：《竹简〈穷达以时〉与早期儒家天人观》，载《哲学研究》2003年第4期。

二、"圣"与"时"

帛书《德圣》曰:"四行成,善心起。四行形,圣气作。"[①]似乎四行的融通为一自能产生"圣",如此理解的"圣"与孟子思想中的"圣"并无不同。但在楚简中,"圣"与"智"一样,只是礼乐得以产生的工具理性之一。如学者所指出的,帛书受孟子的影响显而易见,而楚简则在孟子之前,其中"圣"的涵义也与孟子的不同,陈来先生指出:"事实上,圣的观念在古代并不像在后代那么神圣,特别是在不同思想家那里圣的地位很不同。……圣智近于古希腊哲学所为'理智德性',是五行的一部分,并没有后来所理解的那种崇高神圣的意义。"[②]池田知久先生也认为:"尤其必须注意的是,'圣'的方面和当时儒家普遍主张的'圣'是完全不一样的。"[③]

"圣"从耳从口,与"听"关系密切,《说文·耳部》云:"圣,通也。从耳,呈声。"据学者考证,甲骨文中"圣""象人上着大耳,从口,会意。圣之初谊为听觉官能之敏锐,故引申训为'通'……听、声、圣三字同源,其始当本一字"。[④]楚简一再强调"圣"与"闻"的关系,《五行》曰:"闻而知之,圣也。"帛书"说"曰:"聪也,圣之始也。""聪也者圣之藏于耳者也。"《国语·楚语下》论巫觋曰:"其智能上下比义,其圣能光远宣朗,其明能光照之,其聪能听彻之。如是则神明降之,在男曰觋,在女曰巫。"表明在原初意义上,圣智、聪明与神秘的超能力有关。春秋时单襄公说"吾非瞽史,焉知天道",瞽史因目不能视而听力超常,在古代被认为是能知天道且能据天道以占人事之人,也暗示了"听"与"天道"的某种内在关联。《五行》曰:"未尝闻君子道,谓之不聪。……闻君子道而不知其君子道也,谓之不圣。"可见"圣"的两个基本要素是"闻"与"知",但其指向则是"君子道"或曰"天道",楚简云:"闻而知之,圣也。圣人知天道也。"帛书"说"曰:"圣之思也轻。思也者思天也,轻者尚矣。""圣始天,智始人。"帛书《德圣》篇云:"知人道曰智,知天道曰圣。"这些均揭橥了"圣"与天道的神秘关联。不过"圣"的神秘意味在此已趋式微,其以天道来教化并根柢于心的意义则得到了凸显:对天道(表现为君子道)的"闻"与"知"。

通过仁义礼智的内化以及"圣"即对天道的体悟并使五者调和统一,这才

---

① 本文所引马王堆帛书内容均以文物出版社1980年版为蓝本,修订之处文中另有说明。

② 陈来:《竹帛〈五行〉与简帛研究》,北京:三联书店,2009年,第151页。

③ [日]池田知久:《马王堆汉墓帛书五行研究》,王启发译,北京:线装书局,2005年,第91页。

④ 李孝定:《甲骨文字集释》第十二卷,台北:台湾中央研究院历史语言研究所,1974年,第3519页。

是“德”。但这显然还不够，如此之“德”亦未完整。当五行皆“形于内”并臻于谐和，可谓之“德”，即天道已植根于人之内心，但对人生而言却并不圆满。据帛书《德圣》曰：“道者、德者、一者、天者、君子者，其闭塞（盈）谓之德。”①魏启鹏先生认为：“闭，谓有德者闻天道而‘以夫五为一’，而其心慎独，不扰于外物，‘圣之结于心者也’……盈，此承上文453行‘发挥而盈天下’而言，谓有德者仁义充盈，化育万物也。”②显然“德”不仅指内心德性之完备与对天道之体认，亦指参赞天地化育等外在的道德践履。因而有“德”不仅要“五行皆形于内”，也要“时行之”，如此方可谓完整之“德”。理论上，“五行皆形于内”即内心已证得天道，只要顺其自然将之展现出来自能“时行之”，楚简又何以特别强调“行之而时”？概言之，人通过“圣”得以在内心据有天道，而“时”则要求将此天道在人世发抒出来，特别强调其现世的实行的性格。两者均指向人道与天道的合一，但侧重点各有不同，一者指向内在修养，一者指向外在践履。孔子自述“十有五而志于学，三十而立，四十而不惑，五十而知天命，六十而耳顺，七十而随心所欲不逾矩”，可见其即便已证得天命，亦未因此而止步，最终仍要将此证悟天命之境界于人世之实践中以完美展现。《中庸》曰：“博学之，审问之，慎思之，明辨之，笃行之。”亦可见博学、慎思、明辨之最终归宿为“笃行”，其表现则为言行合时、适时。

“时”是世界变化的客观形式，也是人认识世界改造世界的重要载体。孔子将时间比为流水，《论语·子罕》载：“子在川上曰：‘逝者如斯夫！不舍昼夜。’”时间如流水般经流不息，奔腾不回，并不依人之意志而转移。在孔子看来，天道无言，只是通过四时默默展现，他说：“天何言哉！四时行焉，百物生焉。天何言哉！”（《论语·阳货》）而人生天地之间需要去意会、了解四时的变化发展，司马谈在论及阴阳之术时说道：“夫阴阳四时、八位、十二度、二十四节各有教令，……夫春生夏长、秋收冬藏，此天道之大经也，弗顺则无以为天下纲纪，故曰‘四时之大顺，不可失也’。”（《史记·太史公自序》）

儒家一再强调应顺应、把握天时，了解世界运行发展之规律，力求适时地展现其主观能动性。作为儒家重要经典的《周易》，就是一部关于“时”的哲学。如《周易·系辞下》云“变通者，趋时者也。”《蒙·彖传》谓“时中也。”《大有·彖传》曰“应乎天而时行。”《随·彖传》“而天下随时。”《遁·彖传》“时止则止，时行则行。”程颐指出：“看《易》且要知时，凡六爻，人人有用”（《二程遗

① “塞”应为“盈”，据庞朴先生《校注》改。参见庞朴：《帛书五行篇研究》，济南：齐鲁书社，1980年，第69页。

② 魏启鹏：《简帛文献〈五行〉笺证》，北京：中华书局，2005年，第128页。

书》卷十九“伊川先生语五”），又推而广之讲到：“学者全要识时，若不识时，不足以言学。”（《河南程氏遗书》卷第二）王弼《周易略例·明卦适变通爻》曰：“夫卦者，时也；爻者，适时之变者也。”人若能行为合时，自然能随心所欲而一一中于节律，故而孔子认为“加我数年，五十以学易，可以无大过矣。”（《论语·述而》）孟子认为孔子除了德行高蹈之外，最大的特点就是能够把握“时”：“可以速而速，可以久而久，可以处而处，可以仕而仕，孔子也。”（《孟子·万章下》）这正是孔子较之伯夷、伊尹、柳下惠等辈高明之处：“孟子曰：‘伯夷，圣之清者也；伊尹，圣之任者也；柳下惠，圣之和者也；孔子，圣之时者也。’”（《孟子·万章下》）

《论语》开篇即谓：“学而时习之，不亦说乎？有朋自远方来，不亦乐乎？人不知而不愠，不亦君子乎？”“习”者，践习、实践也。而“学”，不管其为动词或名词，不管其指“学习”或“学说”，其终极指向均为“天道”，毛奇龄《四书改错》曰：“学者，道术之总名。”而正如庞朴先生所指出的，“一切学问都是天人之学”[①]，因而“学而时习之”指“修习天人之道并且适时、合时地去实践它”。“有朋自远方来”与“人不知”分别从正反两面指人之穷达之态，达时诸多志同道合之辈共克时艰，穷时洁身自好，其意与孟子“穷则独善其身，达则兼济天下”相近。孔子曰：“君子中庸，小人反中庸。君子之中庸也，君子而时中。”“时”指具体的不断变化的时势，言人应当言行合时，他认为“愚而好自用，贱而好自专，生乎今之世，反古之道；如此者，灾及其身者也。”（《中庸》）生乎今之世自当用今之道，即要求人们与时消息，因而“时中”或可作“中时”。

总而言之，借由“圣”之作用，人得以在内心有“德”，人道亦契于天道，然而达于此一境界只是人生的半段历程，即孔子的“十有五而志于学，三十而立，四十而不惑，五十而知天命”、《中庸》的“博学之，审问之，慎思之，明辨之”、孟子的“圣”以及楚简的“五行皆形于内”阶段而已。只有将之完美展现于人世，使人俯仰进退无不一一合于时宜、从容中道，人生才可谓圆满，如此之境界即孔子的“从心所欲不逾矩”、楚简的“五行皆形于内而时行之”和孟子的“圣之时者也”之境界。达于此一境界才可以称为天人合一的最终完成，而这种天人合德不仅是道德境界之合，亦为天地境界之合。蔡仁厚先生在谈及孔子的生命境界时说：“孔子经过以礼立身（三十），事理不惑（四十），证知天命（五十），声入心通（六十）之历程，终能心与理一，身与道合。从存心动念道视听言动，无不中规中矩，合乎礼义法度。这样的生命境界，毕竟是道德境

① 庞朴：《天人之学述论》，载《原道》第2辑，1995年4月。

界，还是天地境界（或宗教境界）？平实而言，既是道德境界，亦是天地境界。”[①]蔡先生之说可谓至言，它不仅适用于孔子的生命境界，以之描摹楚简的天人观亦不爽毫厘。

三、天人相合如何可能

《五行》曰：“德之行五，和谓之德，四行和谓之善。善，人道也。德，天道也。”“五行”指的是仁义礼智圣，“四行”则指仁义礼智。此处“德”即“天道”是否先在地包含了善或者说人道是否内在地体现了天道（德）呢？简单地说，仁义礼智是否已由天先在地赋予人性？池田知久先生认为：“在所有的人生来被赋予的东西中，有‘仁’、‘知’、‘义’、‘礼’、‘圣’的一个一个的端绪，以及它们的‘和’（‘五行之和’或‘四行之和’）的端绪……”[②]依池田知久先生的看法，《五行》中所体现的思想与孟子的“四端”说具有根本的一致性，但事实是否如此？愚以为不然。首先，楚简对仁义礼智之所由来并无任何明确之论述，对“圣”即人们对天道的领会究竟是源于人生来被赋予的内在秉性或者来自人的理性直觉和顿悟，楚简也未作说明。其次，天道与人道之分在于“圣”，若无“圣”的参与，“善”与“德”截然相反，人道自是人道，天道还为天道，两者难有关联。再次，《五行》曰：“仁形于内谓之德之行，不形于内谓之行。”“内”指人的内心，“行”则指外在的伦理践行，如果仁义礼智“根于心”，又怎么可能“不形于内”呢？由此可以看出，仁义礼智是生成的而非先在的，要使仁义礼智成为“德之行”必须经历一个由外至内的过程。这也是楚简为何要区分“行”与“德之行”的原因所在。陈来先生将二者看作是“德行”与“德性”的分别，认为“行为是外在的，德性是内在的，只有具有了内在的德性，道德行为才有稳定的基础和保障。所以，德一定和内心有关，否则只是行为而已。”[③]“形”也并非由内向外的动向或“呈显”[④]，而是形成或生成之意，指通过外在的道德践履或伦理教化使内心据有德性并充分完善它。从楚简可以看出，它更多的是强调后天学习、型塑人性的重要性。甚至可以说，《五行》篇乃至郭店楚简的绝大部分内容都在论述人道向天道之企进及其所以可能的理论进路。《性自命出》曰：“性自命出，命自天降。”此处之“性”指人的自然性，陈来先生认为《性

① 蔡仁厚：《孔子的生命境界：儒学的反思与展开》，台北：学生书局，1998 年，第 13 页。

② ［日］池田知久：《马王堆汉墓帛书五行研究》，王启发译，北京：线装书局，2005 年，第 83 页。

③ 陈来：《竹帛〈五行〉与简帛研究》，北京：三联书店，2009 年，第 121 页。

④ 黄俊杰先生语。参黄俊杰：《马王堆帛书〈五行〉“形于内”的意涵》，载杨儒宾主编：《中国古代思想中的气论及身体观》，台北：巨流图书公司，1993 年，第 353—367 页。

自命出》并不是性善论,“它主张命自天降、性自命出、情出于性、道始于情,认为天所赋予的是性,性就是先天的好恶,就是人的内在的喜怒哀乐之气,喜怒哀乐之气表现于外,便是情,情合于中节便是道。所以这种看法还是接近于自然人性论,以生之自然者为性。”①对此自然性而言,后天的教化与培育不可或缺。

教化的一个重要资源是先贤总结并流传下来的传统文化,具体地说即《诗》、《书》、《礼》、《乐》。通过对《诗》、《书》、《礼》、《乐》的学习,个体可以从中体悟到治心之道,《性自命出》曰:“凡道,心术为主。道四术,唯人道为可道也。其三术者,道之而已。《诗》、《书》、《礼》、《乐》,其始出,皆生于人。《诗》,有为为之也。《书》,有为言之也。《礼》、《乐》,有为举之也。圣人比其类而论会之,观其先后而逆顺之,体其义而节度之,理其情而出入之,然后复以教。教,所以生德于中者也。”关于道之“四术”,李零先生以为指“心术”和下文的“诗”、“书”、“礼乐”三术,②陈霖庆先生也认为:“从文义来说,‘四术’应包含‘人道’,其余的‘三术’并没有明言,而由简 8—9‘《诗》有为为(哦)之也,《书》,有为言之也,《礼》《乐》有为举之也。’思考‘人道’以外的‘三术’,很可能就是‘《诗》、《书》、《礼》《乐》’,这四者皆因人的需要而产生,而后再回头以它来教导人民,使人民心中生德。”③

《五行》曰:“善弗为无近,德弗志不成,智弗思不得。”“善”即“人道”只要去践行就可以了;“德”即“天道”却需志慕之方可,其最初之缘起应为内心之“忧”。《五行》曰:“君子无中心之忧则无中心之智,……不乐则亡德。”梁涛先生认为:“忧是内心的焦虑与不安,是某种欲以己力突破困难而尚未突破时的心理状态,或者说是一种坚强的意志与奋发的精神,是人对自己行为的谨慎与努力,没有这种中心之忧,圣、智便无法真正表现出来,无法获得中心之悦,无法得到内心的安与乐。”④“圣”与“智”并不会自行作用,只有在中心之“忧”的激发下才能展现其功能并最终导致“乐”即内心的快乐和满足(详下)。仁、义、礼也同样需要经历这么一个情感经历,《五行》曰:“不变不悦,不悦不戚,不戚不亲,不亲不爱,不爱不仁。”“不直不肆,不肆不果,不果不简,不简不行,不行不义。”“不远不敬,不敬不严,不严不尊,不尊不恭,不恭无礼。”

而欲使五行“形于内”却必须经过“思”的作用,楚简《五行》云:“仁之思也

① 陈来:《竹帛〈五行〉与简帛研究》,北京:三联书店,2009 年,第 29 页。

② 李零:《上博楚简三篇校读记》,北京:中国人民大学出版社,2007 年,第 70 页。

③ 季旭昇主编:《上海博物馆藏战国楚竹书(一)读本》,台北:万卷楼图书股份有限公司,2004 年,第 167 页。

④ 梁涛:《简帛〈五行〉新探——兼论〈五行〉在思想史中的地位》,载《孔子研究》2002 年第 5 期。

清，……智之思也长，……圣之思也轻，……”此处“思”的涵义与孟子“心之官则思”之“思”大致相同，意指“心”的官能性的自觉活动。据帛书《五行》之“说”曰：“‘轻则形’，形者形其所思也。……‘形则不忘’，不忘者，不忘其所思也，圣之结于心者也。”黄俊杰先生认为：“仁义礼智圣等‘五行’之所以能够‘形于内’，乃是由于人具有‘思’的能力。‘形于内’的结果则可以使‘五行’‘结于心’。”①

在楚简看来，后天的努力至关重要，《五行》曰：“君子集大成。能进之为君子，弗能进也，各止于其里。”“志”、“思”或“进”均指后天的修习功夫，楚简对此格外看重，其理论归宿则为“能一”、“慎独”。《五行》曰：“‘淑人君子，其仪一也。’能为一，然后能为君子。君子慎其独也。”只有能为“一”，然后方得为君子。如何谓之“一”？据帛书“说”云：“能为一者，言能以多[为一]。以多为一也者，言能以[夫]五为一也。君子慎其独。慎其独也者，言舍夫五而慎其心之谓[也]。[独]然后一，一也者，夫五夫为[一]心也，然后德之一也，乃德已。德犹天也，天犹德也。”“以多为一”是使仁义礼智圣五行和而为一，“一”者“和”也。该章最后总结“慎独”曰：“言至内之不在外也。是之谓独。独也者，舍体也。”陈来先生认为：“根据舍体的说法，可知舍夫五当指身体的五官，五官为小体，故称舍体，这种‘舍夫五而慎其心’的功夫就是舍去五官各自悦好而专顺其心。顺其心即顺其心之所好，心所好乃为仁义。”②意下“五体”指身体的五官，但楚简所谓“心之役”指的是“耳目鼻口手足六者”，以“五”来指谓似嫌不当。再者据帛书《德圣》曰：“四行成，善心起。四行形，圣气作。五行形，德心起。和谓之德，其爱（要）谓之一，其爱谓之天，有之者谓之胃（君）子。五者一也。”由此观之，“五体”指的是仁义礼智圣五种具体的德性，此五行需内结于心并臻于化道、融而为“一”，“慎独”即慎此“独”——“一”。经过“心”的化解归约之后，五行通融为一臻至化境并深契于天道，则此五行俱可舍而忘之。池田知久先生认为，“它是这样的哲学，不是只到自己的‘心’支配身体诸器官‘体’而已，而是有从人当中拂拭或排斥身体的物质的性质，通过解放来自‘体’的束缚，升华到一种世界精神或绝对理性，通过这些以获得人的真正的自主性。这是歌颂其主体性的哲学。”③尽管池田知久先生所论者为马王堆帛书，但这一点对楚简也同样适用。不过“体”不仅指身体，还指

① 黄俊杰：《马王堆帛书〈五行〉“形于内”的意涵》，载杨儒宾主编：《中国古代思想中的气论及身体观》，台北：巨流图书公司，1993 年，第 357 页。

② 陈来：《竹帛〈五行〉与简帛研究》，北京：三联书店，2009 年，第 175 页。

③ ［日］池田知久：《马王堆汉墓帛书五行研究》，王启发译，北京：线装书局，2005 年，第 121 页。

包括仁义礼智在内的任何具体规范或德性限制,“舍体”就是对上述诸者之超越。孔子的“从心所欲不逾矩”便是此种在尘世的锤炼之后所达至的高大美全、挥洒自如之境界,孟子观念中的“圣”亦指此而言。

四、“和”:天人合一的终极指向

一般认为《性自命出》分两篇,有学者认为这两篇是各自独立的,如李学勤先生认为简 1—36 是一篇,中心是论乐;简 37—67 是另一篇,中心是论性情,“两者思想相关,可能共属一书,然而各为起迄,不是同一篇文字。”[①]而李零先生则认为上下篇应属同一篇,“上篇是讲教习和心性的关系,以及礼乐的教化功能;下篇是讲‘心术’,即施行教化必须掌握的心理技巧。后者与前者在内容上是有密切关系的。”[②]诚如李零先生所言,楚简认为教化正是通过一系列的心理变化才得以完成;反过来说,教化的成功也正体现于一系列的心理变化及其最终所达至之精神境界,如《五行》谓:“君子无中心之忧则无中心之智,无中心之智则无中心之悦,无中心之悦则不安,不安则不乐,不乐则无德”、“不聪不明,不圣不智,不仁不安,不安不乐,不乐无德”等。忧、悦、安、乐、德等显然与人的心理状态相关,通过聪明、圣智而影响于人之内心从而最终有德,此即《性自命出》所谓的“人道”。其中“乐”即快乐是领悟天道从而完成“德”必须要经历的精神境界。

楚简要求天道需于人之内心有所体现、有所根据。“仁形于内谓之德之行,不形于内谓之行”等意为仁义礼智只有深结于心才可谓之“德之行”,否则只是“行”;换言之,人心是“德”发生乃至生成的根基所在。楚简一再强调“不乐则无德”,显然“德”需经历一系列的心理变化过程并最终达至“乐”的境界才得以生成。而从根本上说,这种“乐”来自于人心对天道的体认以及人道与天道的合一。

帛书《五行》之“说”曰:“不乐无德。乐也者流体,机然忘寒(塞),忘寒(塞),德之至也。乐而后有德。”[③]“乐者言其流体也,机然忘寒(塞)也。忘寒(塞),德之至也。”“流”者如《礼记·乐记》之“流”:“乐胜则流,礼胜则离”、“流而不息,合同而化,而乐兴焉”,即变动不居、与势俱化之意。“其流体也”是对

① 李学勤:《郭店简与〈乐记〉》,载北京大学哲学系编:《中国哲学的诠释与发展》,北京:北京大学出版社,1999 年,第 23—28 页。

② 李零:《上博楚简三篇校读记》,北京:中国人民大学出版社,2007 年,第 151 页。

③ 此处的“寒”应为“塞”,据庞朴先生《帛书〈五行〉篇校注》改。见庞朴:《帛书五行篇研究》,济南:齐鲁书社,1980 年,第 51 页。

“乐”的性质的定义，言其以仁义礼智圣五者和合为一从而超越任何具体的德性限制而与天地和同、生生不息之意。达于此一境界自然“忘(无)塞”，从而为“德之至”，并能无往而不利、无举而不胜。“乐”者即达于此一境界所体验到的快乐，而这种快乐实际上来源于“和”。

“和”首先是个体的内心之和。子曰：“兴于诗，立于礼，成于乐。”(《论语·泰伯》)此处的“乐”并不简单地指音乐。安乐哲先生指出了“乐”的两种指代即音乐与快乐的某种内在关联，他说：“‘乐’(music)和‘乐’(enjoyment)由同一个字表达，这似乎绝非偶然。它表达已实现的和谐与可能随之而来的快乐之间的关联。”[①]《礼记·乐记》曰：“乐者，天地之命，中和之纪。”《荀子·乐论》亦曰：“乐者，天下之大齐也，中和之纪也，人情之所必不免也。”“乐者，和之不可变者也。”音乐是“和谐”的一个重要形式与载体，是节奏与度的完美展示，当人的内心能够实现与音乐一般的和谐，快乐的产生是自然而然的事情。

但从根本上说，内心之“和”来源于天道之“和”以及天人合一之“和”。《礼记·乐记》曰：“乐者，德之华也。”“乐者，所以象德也。”“大乐与天地同和。”“故圣人作乐以应天。”《荀子·解蔽》又云：“仁者之思也恭，圣人之思也乐，此治心之道也。”杨《注》：“思，虑也。乐，谓性与天道无所不适。”因而从根本上说，快乐的根源在于人心对天道的体认乃至人道与天道的合一。音乐正因为体现了与天道之耦合，以之为摹本型塑人心自能事半功倍，《性自命出》曰：“凡学者求其心为难，从其所为，近得之矣，不如以乐之速也。”

“圣”与“时”尽管侧重点各有不同，但都体现了人道对天道的企进以及两者的合一。帛书《五行》之“说”曰：“行之而时，德也。时者，和也。和也者惠也。”惠者，顺也；行之而时，是谓顺于天时、天道。《中庸》曰：“喜怒哀乐之未发，谓之中；发而皆中节，谓之和。中也者，天下之大本也；和也者，天下之达道也。致中和，天地位焉，万物育焉。”《淮南子·要略》亦曰：“执中含和，德形于内，以著临天地。”此处“致中和”指“中心”与天道之和，其意与“五行皆形于内而时行之”近似，均指中心璨然而言语行事从容中道，天人最终在“和”的意义上合而为一。正因如此，“德”才具有超越个人之意味，楚简《五行》曰：“君子之为善也，有与始，有与终。君子之为德也，有与始，无与终也。”帛书“说”曰：“[君]子之为善也，有与始，有与终，言与其体始，与其体终也。君子之为德也，有与始，无与终。有与始者，言与其体始。无与终者，言舍其体而独其

① [美]郝大维、安乐哲：《通过孔子而思》，何金俐译，北京：北京大学出版社，2005年，第347页。

心也。”“德”来源于对天道的体认并最终复归于天道，当它一旦于人心之内完成（“和”），就具有独立于形体及任何具体限制之超越意义。

帛书《五行》“说”曰：“闻道而乐，有德者也。道也者天道也。言好德者之闻君子道而以夫五也为一也，故能乐。乐也者和。和者，德也。”“好德者”即有志于天道之人，通过“圣”闻“君子道”即“天道”，而后经内心之修炼而最终以仁义礼智圣五者通融为一，故能超越形体而“乐”，进而成为有“德”者亦即与天道复合之人。蔡仁厚先生认为：“……其实，儒家的义理骨干是‘天道性命相贯通’，而‘天人合德’的话，亦已讲了千百年。儒家的实践，一定要求天人相通，物我相通；一定要求由小我到大我，从有限通向无限。所以，儒家既是道德境界，亦同时是天地境界。若关联宗教来说，儒家亦是‘即道德即宗教’的。儒圣的终极关怀，同于宗教（唯取径与讲法，各有不同）。在儒家的道德与宗教，本就是相融通、相契合的。”①陈来先生也认为：“所以这里的‘德，天道也’，是说德合于天道，而不是说德得自天道。但无论如何，‘德，天道也’的说法，把天道和人道相分，表现出作者既注重从‘形于内’的内在性理解‘德’，也同时从‘天道’来强调‘德’的普遍性、超越性的意义。或者说，‘德’是既内在又超越的。”②在楚简，严格地说，“德”是需要由内在而超越的；而对“时”之强调，又使得“德”超越而不离人世。

五、结　语

总而言之，郭店楚简的天人观是天人相分下的天人相合，尽管此天人相合仍然是以人顺应天为基调。在天人相分的前提下，人须因“圣”以知天道，而后以仁义礼智圣五者通融为一以达成天道于人心之实现。但如此“德”还不完整，只有在证悟天道的基础上将之适时、合时地应用于人伦日用，才可称之为“五行皆形于内而时行之”的完整的“德”。而人如何有“德”亦即据有天道，则需要一系列的心性型塑过程，其中最重要的一个要求是能“乐”。“乐”即快乐，是以仁义礼智圣五行和而为一即达至内心和谐所产生的快乐。但从根本上说，人之所以能快乐源于对天道之“和”的体认以及人与天之“和”所实现的心性与天道之契合。

（特约审稿人：江曦）

---

① 蔡仁厚：《孔子的生命境界：儒学的反思与展开》，台北：学生书局，1998 年，第 13—14 页。

② 陈来：《竹帛〈五行〉与简帛研究》，北京：三联书店，2009 年，第 125 页。

《孟子》西译史评析

◇ 刘单平
（山东大学历史文化学院）

【摘　　要】明末清初，传教士们的翻译活动开启了《孟子》西译的进程。传教士们翻译《孟子》的目的是为传教服务，因而译本具有明显的宗教倾向。进入20世纪，《孟子》西译主要由外国学者完成。外国学者受本国文化传统和自身知识构成的制约，在翻译时通常会出现误读和理解偏差。华人学者对此深感忧患，开始投身到典籍外译的洪流中。与外国学者相比，华人学者翻译的《孟子》在准确性上更胜一筹。

【关 键 词】《孟子》；西译史；传教士；学者

明末清初，西方传教士的大量来华拉开了近代中西文化交流的序幕。作为中国传统思想的重要组成部分，《孟子》在中西文化交流的洪流中开启了西译进程。纵观《孟子》西译史，可以看出《孟子》西传经历了两大阶段：一是传教士以传教为目的的经典翻译；一是学者以研究、传播中国文化为目的的经典翻译。传教士的经典翻译带有明显的基督教倾向，但在客观上传播了儒家思想，激发了西方学者对中国文化的兴趣和研究热情。西方译者以研究中国传统文化为主要目的，比较关注译本的学术价值和研究价值，但受本国文化传统和自身知识构成的制约，有时会误译和曲解文意。华人译者，尤其是国内译者以传播、推广中国传统文化为己任，更关注译文的通俗易懂性和准确度。

一、《孟子》西译史概况

《孟子》一书在西方的传播首先得益于外国传教士。传教士们来中国后发现，“中国经典著作对所有的中国人，无论他知识渊博还是没什么文化，仍旧具有深远的影响，对人们的思想意识仍占据着支配地位。”[①]传教士们的这一发现直接推动了《孟子》一书的西译进程。

① ［英］麦高温：《中国人生活的明与暗》，北京：时事出版社，1998年版，第60页。

意大利耶稣会传教士利玛窦(Matteo Ricci,1552—1610)是第一位在中国本土将《孟子》译成西方语言的人。1582年,他在葡萄牙殖民势力的支持下来华传教。利玛窦熟知儒家经典,经常在书信和著作中引用《孟子》内容。1591年,他开始着手翻译四书。在翻译时,他着力寻找基督教与儒家思想的共同之处,试图用基督教教义来诠释儒家思想。该书于1594年完稿,书名为《中国四书》。当他把手稿寄回国后,整个思想界为之轰动。遗憾的是,这一译本未能正式出版,手稿也不幸散失。尽管如此,利玛窦在推动《孟子》西传上还是功不可没。他激发了传教士翻译中国经典的热情,加速了中国经典外译的进程。

现存欧洲语言中《孟子》的最早译本是意大利耶稣会士罗明坚(Michel Ruggieri,1543—1607)的拉丁文本。罗明坚于1579年到达澳门传教。传教期间,他努力学习汉语和中国传统文化。返回欧洲后,他将《大学》的部分内容译成拉丁文并在罗马公开发表。但是他翻译的《孟子》没有刊行,手稿至今仍保存在意大利国家图书馆。

把《四书》翻译成拉丁文并出版的是意大利传教士殷铎泽(Prosper Interecetta,1599—1666)和葡萄牙耶稣会士郭纳爵(Ignatius da Costa,1599—1666)。他们翻译《四书》的目的是向传教士介绍儒家思想,方便他们在中国更好地传教。但《四书》出版后引起了西方学者的广泛关注,在客观上推动了儒学,尤其是孔子思想的国际化进程。

1711年,比利时耶稣会士卫方济(Franciscus,1651—1729)将《四书》直译为拉丁文。卫方济在翻译时以自己的理解为主,把《大学》译为《成年人之学》,《中庸》译为《不变之中道》。这种过于直译、不求甚解的翻译方法,导致译文准确度不高。

1828年,第一本英文版《孟子》由英国伦敦会传教士柯大卫(戴维科利)(David Collie,?—1828)在马六甲出版。与以往传教士的译文相比,柯大卫在翻译上更加客观,较少攻击儒学,因而其《孟子》译本也更加准确。

1861年,伦敦会传教士、英国著名汉学家理雅各(James Legge,1815—1897)的英译《四书》分一、二卷依次在香港出版。《孟子》英译本收录在第二卷。理雅各是西方汉学研究中里程碑式的人物,美国理海大学(Lehigh College)教授吉瑞德(Norman J. Girardot)称赞他“开辟了一条专业化的汉学研究道路,结束了西方学者对中国文献停留在业余水平上研究的历史”[①]。他

① Norman J. Girardot. The Victorian Translation of China: James Legge's Oriental Pilgrimage[M]. Berkeley: University of California Press, USA, 2002, p. 9.

的《孟子》译本以"忠实"著称,长期被奉为"标准译本"。理雅各《孟子》译本的显著特点是注释包罗万象,篇幅甚至超过译文本身。

同理雅各一样,德国人花之安(Ernst Faber,1839—1899)也具有传教士和汉学家的双重身分。1877年,他把《孟子》翻译成德文,并在伦敦出版。他的《孟子》译本虽以传教为目的,但具有较高的学术价值。他除了翻译《孟子》、《论语》、《列子》等典籍外,还用英德文著有《儒学汇纂》、《中国宗教导论》等著作,被誉为"十九世纪最高深的汉学家"。

法国传教士顾赛芬(Seraphin Couvreur,1839—1919)几乎翻译了所有的儒家经典。1895年,他完成了《孟子》的翻译。他用法语和拉丁语双语同时翻译《孟子》,力求将原文、音标、以及相对应的法文和拉丁文翻译放在同一页,以方便读者查阅。顾赛芬的译文以直译为主,准确优雅,颇受欢迎。

同善会传教士卫礼贤(Richard Wilhelm,1873—1930)于1899年来到中国,并在此后的25年里一直在中国传教。1916年,他把《孟子》翻译成德文。卫礼贤在翻译《孟子》时,主要参照焦循的《孟子正义》和阮元的《孟子校勘记》。他的《孟子》译本用词优美,注释比较完备。卫礼贤不仅大量翻译中国典籍,还在法兰克福创立了中国研究所,为传播中国文化做出了重要贡献。

虽然传教士们的《孟子》西译激起了西方学者对中国经典的兴趣,但是他们对译文的翻译和对孟子思想的评价有失公允,令那些对中国文化充满好奇,试图深入了解研究的学者不满。进入20世纪后,学者们成为《孟子》西译的主力军,他们以更客观的态度投入到《孟子》翻译的活动中。

1932年,英国人赖发洛(Leonard A. Lyall,1867—?)将《孟子》翻译成英文。他于1886年来华,在中国海关任职长达41年。长期的中国居住经历使他逐步成长为一个精湛的汉学家。除了《孟子》,他还翻译过《中庸》和《论语》。赖发洛的翻译以直译为主,用语简洁明快,对普通读者有较大吸引力。

1942年,翟林奈(Lionel Giles,1875—1958)将《孟子》翻译成英文。他在不列颠博物馆任职四十年,主管东方书籍,这使他更容易接触中国典籍。除了《孟子》,他还翻译过《孙子兵法》、《论语》、《左传》和《老子》。他的《孟子》是删节版的。《孟子》一书共260节,译文仅保留了138节。译文没有注明所保留章节在《孟子》原文中的位置,也未对删减章节做出说明,这给读者的查阅造成很多不便。虽然存在这一缺憾,但总的来说,他的译本朗朗上口,不失为一篇翻译佳作。

1955年,魏鲁男(楷),(原名詹姆斯·罗兰·韦尔 James Roland Ware,1901—)的《孟子说》出版。魏鲁男是美国当代著名的汉学家,在哈佛大学远东语文学部主持汉语教学。他的《孟子说》没有脚注,用语形象、生动,对普通读者有较强吸引力。

1963 年，杜百胜(W. A. C. H. Dobson)的英译《孟子》出版。杜百胜是加拿大多伦多大学汉语教授。他在翻译《孟子》时，把原文内容归到七大主题之下。这一编排增强了语义的连贯性，更便于读者理解。他的译文虽然流畅，但有时过于自由，脱离原文。

1965 年，西方汉学家翟楚(Chu Chai)和其子翟文伯(Winberg Chai)合作出版了《儒家经典》，《孟子》包含其中。译者改变了原文的结构布局，将《孟子》内容概括到四大主题之下。为了便于读者查阅，译者在每一节后面都加括号注明了该章节在《孟子》原文中的顺序。译者不尚文采而追求准确的风格为译文赢得广泛好评。

1970 年，刘殿爵(D. C. Lau)的英译《孟子》出版。刘殿爵是著名的汉学大家。他在伦敦大学任教近三十年，于 1978 年回香港就任香港中文大学中国语言及文学系讲座教授。刘殿爵翻译的《孟子》自面世以来，一直被誉为中国典籍英译的典范之作，受到西方汉学界的普遍好评。学者琼克尔(D. R. Jonker)评价本书是"理雅各译本的杰出后继者，在各方面都达到了当今学者的需求，足以代替理译本"[①]。唐纳德 · 瓦格纳(Donald B. Wagner)在其著作 *A Mencius Reader* 中，对刘译本的评价是"在众多可见的《孟子》英译本中，刘殿爵的译本对学生来说是最有用的。刘殿爵既具备使译作严格忠于原著的非凡能力，又能够使译作具有高度可读性"[②]。

1998 年，大卫 · 亨顿(David Hinton)出版了英译本《孟子》。亨顿不仅翻译过《孟子》、《论语》等儒家经典，还翻译了许多中国著名诗人的诗歌。如《陶潜诗集》、《杜甫诗选》、《李白诗集》等。他用优美、简洁、流畅的语言，为我们展现了《孟子》一书精湛的文学造诣。但译文有时会漏译一些重要的文化现象，不能完整再现《孟子》一书的文化内涵。

近 20 年来，中国学者的汉英对照版《孟子》如雨后春笋般涌现。1993 年，郑训佐今译，赵甄陶等英译的《孟子》出版；1999 年，蔡希勤今译，何祚康英译的《孟子》出版；1999 年，杨伯峻今译，赵甄陶等英译的大中华文库版《孟子》出版；2006 年，金沛霖的英汉对照版《孟子语录》出版；2008 年，王恒展的汉英双语版《孟子语录》出版。今译、英译相互参照，译文通俗易懂，是国内学者英译《孟子》的一大特色。由于国内译者以传播、推广中国传统文化为己任，因而更关注译文的通俗性和准确度。

---

① D. R. Jonker, "Review: Mencius by D. C. Lau", *T'oung Pao*, 1973, 59, (1/5), p. 271.

② Donald B Wagner, *A Mencius Reader*, Copenhagen NIAS, 2004, p. vii-viii.

二、《孟子》西译史评析

通过对《孟子》西译史的回顾，可以看出《孟子》的西传经历了两大阶段：一是传教士以传教为目的的经典翻译；一是学者以研究、传播中国文化为目的的经典翻译。

传教士的经典翻译具有明显的宗教倾向。在华的许多传教士“把翻译和研究儒家经典当作是其宗教事业的一个重要组成部分，一方面是为了更好地熟悉中国传统文化以及中国人的思维和行为方式，更有针对性地教化其国人；另一方面是为了证明基督教优于儒教，基督教和儒教有相通之处，企图用基督教取代儒教。”[①]这种宗教倾向在传教士们翻译的《孟子》译本中表现得尤为明显。理雅各翻译的《孟子》代表了传教士们《孟子》外译本的最高水平，被誉为翻译典范，但他的译文也无法避免宗教的影响。

理雅各在翻译《孟子》时带有传教士的价值取向。作为一名传教士，理雅各已经形成了用基督教教义指导自己的思想与行动的习惯。这在他对儒家核心概念的翻译上表现得尤为明显。理雅各把“孝”翻译为“filial piety”，把“天”翻译成“Heaven”。在英语世界里，“piety”指虔诚的状态或性质，尤指宗教中人对上帝的爱和尊敬，有明显的基督教味道。在《孟子》一书中，“天”有三种含义：一是自然之天；二是义理之天；三是命运之天。理雅各对“天”的理解是：在儒家经典和中国人的语言里，“天”在比喻意义上被使用，正如西方人所谓的“崇高的、至高的存在”，特指“上帝的旨意或统治”[②]。理雅各从这一理解出发，将天和基督教的上帝联系起来，翻译为 Heaven。Heaven 通常指天国、天堂，即上帝、天使及那些得到拯救的灵魂的居所。此外，他还把“道”、“命”、“圣人”分别译为 the way、Fate、Saint。通过对中国特有文化词语的神学化翻译，理雅各把灵魂、天国、圣徒等基督—耶稣意象强加给了中国传统文化。不仅如此，他还习惯用基督教教义来诠释孟子思想，例如：

> 《诗》云：“永言配命，自求多福。”(《孟子 · 公孙丑》)

理雅各的译文是：

> Be always studious to be in harmony with the ordinances *of God*,

① 杨平：《评西方传教士〈论语〉翻译的基督教化倾向》，见《人文杂志》2008 年第 2 期。

② 徐来：《英译〈庄子〉研究》，上海：复旦大学出版社，2008 年，第 67 页。

so you will certainly get for yourself much happiness.[①]

此诗的意思是：要长久地思念配合天命，自己寻求更多幸福。孟子引用此诗旨在说明，君主要推行仁政，就要未雨绸缪，在国家安定时修明政教，这样才能得到天命的垂青。很明显，孟子强调的是人的主观能动性。理雅各在翻译时，从基督教教义出发，否认人的能动性，强调敬畏、顺服上帝的旨意，就会获得更多的幸福。

传教士不仅惯用基督教教义来阐释《孟子》，还习惯从基督教教义出发评价孟子思想。孟子强调人性善，主张尧、舜、孔子皆圣人，宣称人人皆可以为尧舜。这与基督教主张的原罪说针锋相对，遭到了绝大多数传教士的抨击。英国安立甘会传教士慕雅德（Arthur Evans Moule）认为"孟子应当受到谴责，因为他忽视了人性的普遍的邪恶趋向。"[②]德国传教士花之安也认为"由于儒学的影响，中国人缺乏一种深深的罪感，他们感受不到上帝救赎的必要性，所有世上的邪恶他们都看不见"[③]。从表面上看，理雅各对孟子的人性善持宽容态度，认为"儒学主张人性向善与基督教的人必须弃恶向善的思想是相通的，孟子在这方面的思想与英国巴特勒主教的学说是相同的"[④]。但是他的宽容是建立在对孟子人性善的曲解之上的。孟子所谓的人性善是人性本善，即人性天生就具有善性，但天生的善性需要后天的扩充、存养才能实现。"根据孟子对善的理解和定义，其学说显然应该是'性善论'，而不是'性向善'论，尽管其对'性善'有独特的理解"[⑤]。理雅各不仅曲解孟子思想，还以基督教教义为依据，批判孟子学说"缺乏《启示录》所包含的内容，不知道'罪恶借着一人进入了世界，死亡借着罪恶也进入了世界；这样死亡就殃及了众人，因为众人都犯了罪。'"[⑥]可见，传教士们在翻译时会受其宗教思想的影响，带有先入为主的偏见，难以做到客观公正地译介《孟子》思想和文化。

译者的传教士身分和宗教热忱是造成译本具有明显宗教倾向的主要原因。来华的传教士以传播基督教文明，用基督文化取代儒家文化，使中国人皈依基督教为使命。为了吸引那些深受儒家思想文化影响的人加入基督教，

① James Legge, *The Works of Mencius*, New York Dover Pub. Inc, 1970, p. 199.

② 胡卫青：《中西人性论的冲突：近代来华传教士与孟子性善论》，见《复旦学报》2000 年第 3 期，第 70 页。

③ 胡卫青：《中西人性论的冲突：近代来华传教士与孟子性善论》，见《复旦学报》2000 年第 3 期。

④ James Legge, *The Chinese Classics: with a Translation, Critical and Exegetical Notes, Prolegomena, and Copious Indexed*, London Trübner & Co, 1861, Vol. ii. p. 59.

⑤ 梁涛：《郭店竹简与思孟学派》，北京：中国人民大学出版社，2008 年，第 354 页。

⑥ James Legge, *The Works of Mencius*, New York Dover Pub Inc, 1970, preface.

他们在翻译《孟子》等儒家经典时，试图寻找儒家思想和基督教思想有相通之处的依据，企图把儒家思想基督教化以便于中国人接受。而虔诚的宗教信仰又使他们坚信基督教教义是唯一真理，凡是和基督教思想有出入的言论都应当受到批判。

尽管传教士们的翻译具有明显的宗教倾向，但翻译活动在客观上传播了中国文化，推广了中国智慧。古莱神父在出版自己翻译的孔子的部分篇章时指出，“翻译的目的不在于把中国智慧带给欧洲学者，而是用来当作工具，使中国人皈依基督”[①]。理雅各也认为“如果把儒家经典全部翻译出来，并配有注释的话，将会大大有利于我们以后的传教事业。”[②]事实表明，经典翻译的影响远远超出了传教士的想象。1687 年，《西文四书解》在巴黎出版。此书据说是给那些到东方传教的人作参考的，但也引起了西方学者的关注。1688 年 6 月，巴黎的《学术报》上有个叫柏尼埃(Francois Bernier, 1620—1688)的写道：“中国人在德行、智慧、谨慎、信义、诚笃、忠实、虔诚、慈爱、亲善、正直、礼貌、庄重、谦逊以及顺从天道诸方面，为其他民族所不及，你看了总会感到兴奋，他们所依靠的只是大自然之光。你对他们还有更多的要求吗?”[③]德国科学家、哲学家莱布尼茨(1646—1716)在《论中国哲学》中说：中国哲学远在希腊人的哲学很久以前，“我们从前谁也不信在这个世界上，还有比我们伦理更完善的立身处世之道、更进步的民族存在，现在从东方的中国，竟使我们觉醒了”[④]。他还在《中国近事》序言中建议：“鉴于我们道德急剧衰败的现实，由中国派传教士来教我们自然神学的运用与实践，就像我们派传教士去教他们由神启示的神学那样，是很有必要的。”[⑤]虽然传教士翻译儒家经典的目的是为了方便他们在中国传播宗教，但翻译活动在客观上唤起了欧洲学者对中国传统文化的兴趣和关注，在欧洲学术界掀起了一股中国热。越来越多的学者开始把目光投向中国传统文化和中国古代文明，试图从中国典籍、中国智慧中汲取养分丰富自己的学术研究，找到解决西方社会面临的重要问题的办法。

学者们翻译中国经典的目的是研究、传播中国传统文化，因而在翻译时

---

① 马祖毅、任荣珍：《汉籍外译史》，武汉：湖北教育出版社，2003 年，第 35 页。

② James Legge, *The Chinese Classics with a translation, critical and exegetical notes, prolegomena, and copious indexes Vol. I*, MC publishing Inc. ,2001.

③ 马祖毅、任荣珍：《汉籍外译史》，武汉：湖北教育出版社，2003 年，第 36—37 页。

④ 李晓偲、樊勇：《17—18 世纪的儒学西传及其对欧洲哲学的影响》，见《昆明理工大学学报》2008 年第10 期。

⑤ 李晓偲、樊勇：《17—18 世纪的儒学西传及其对欧洲哲学的影响》，见《昆明理工大学学报》2008 年第10 期。

力求客观公正地重现原著思想。但是西方译者和华人译者在学术背景、原始资料占有和解读等各方面都存在较大差异,因而翻译出的作品也不尽相同。

从译著的编排体例上看,外国译者以研究中国传统文化为主要目的,因而不满足于仅仅提供译文,通常会提供详细的背景资料和译者对原著独到的见解,如译本内的序言、注释、索引、附录以及与译本相关的论文和著作等。这就使译本具有较高的学术价值和研究价值。以大卫·亨顿的《孟子》英译本为例。亨顿在译本中附了一张孔孟时期主要国家分布图,便于读者了解孟子游说的各诸侯国的地理位置。在前言中,译者介绍了自商以降中国社会的主要状况、孔孟思想以及孟子地位的崛起过程,为学者们研究《孟子》提供了丰富的背景信息。在注释中,亨顿还详细介绍了《孟子》中提到的各种人物,以及中国特有的土地制度和度量单位等。他还对儒家思想的核心概念如:礼、仁、义、道、德、天的内涵进行了深入探讨。华人译者,尤其是国内译者以传播、推广中国传统文化为己任,更关注译文的通俗易懂性和准确度,对与译本相关的背景资料和相关的研究成果不甚关注,仅仅满足于完成一个汉英对照版了事,因而学术价值和研究价值相对薄弱。

从译文准确性上看,外国学者的《孟子》译本虽然能够提供丰富的学术信息,但受本国文化传统和自身知识构成的制约,译本中常会出现误译和曲解。正如杨牧之在《大中华文库》总序中所写的:“我们一方面对外国学者将中国的名著介绍到世界上去表示由衷感谢,一方面为祖国的名著还不被完全认识,甚而受到曲解而感到深深的遗憾。……还有许多资深、友善的汉学家译介中国古代的哲学著作,在把中华民族文化介绍给全世界的工作方面作出了重大贡献,但或囿于理解有误,或缘于对中国文字认识的局限,质量上乘的并不多,常常是隔靴搔痒,说不到点子上。”[①]例如,《礼》曰:“父召,无诺。”(《孟子·公孙丑章句下》)英国人赖发洛将其译为:Good Form says, “When thy father calls do not answer.”[②]

本句翻译的关键是对“无诺”的理解。中国古代非常重视等级礼制,对应答之词的规定也非常严密和细致。“等级的森严、礼仪的苛细甚至影响到对尊长的应答。古人的应答之词既有唯,又有诺。《礼记·曲礼》:‘父召无诺,先生召无诺,唯而起。’东汉郑玄的注说:‘敬词唯恭于诺。’”[③]陈器之在《孟子

① 赵甄陶、张文庭、周定之英译,杨伯峻今译:《孟子》,长沙:湖南人民出版社,1999年,第1页。

② Leonard A Lyall, *Mencius*, London Longmans Green and Co, 1932, p. 54.

③ 张双棣、张联荣、宋绍年、耿振生编著:《古代汉语知识教程》,北京:北京大学出版社,2002年,第97页。

通译》中指出,"诺,答应的声音,《曲礼》注:'应辞唯恭于诺',似可理解为'怠慢地答应'。"[①]可见,应答之词"诺"有怠慢之意,"唯"比"诺"更显恭敬。根据《礼》的规定,"父召无诺"指当父亲召唤的时候,应毫不怠慢,"唯"一声就起身,不说"诺"。赖发洛却将此句翻译为"当父亲召唤的时候不要答应"。他的误译与他不了解中国传统文化,逐字直译字面意思有关。

华人学者对西方译本中的误读深感不满,积极投身到典籍外译的队伍中。与外国译者相比,华人学者在翻译《孟子》时具有以下优势:

首先,华人学者具有较强的文字识别能力。《孟子》成书于战国时期,文中所使用的一些字词的含义到了今天已经发生了很大变化,这就需要译者具有较强的敏锐度,善于找出那些词义发生变化的字词,探求这些字词在《孟子》一书中的真实含义。例如:

> 《尧典》曰:"二十有八载,放勋乃徂落,百姓如丧考妣。"(《孟子·万章》)

本句翻译的关键是对"百姓"的理解。今天,人们普遍认为"百姓"指"普通人民"。但是在古代,"百姓"除了指"黎民",还指"百官"。阎若璩《四书释地又续》中说,"'百姓'义二,有指'百官'言者,《书》'百姓'与'黎民'对,《礼大传》'百姓'与'庶民'对是也。有指小民言者,'百姓不亲,五品不逊'是也。《四书》中'百姓'凡二十五见,惟'百姓如丧考妣'指'百官',盖有爵士者为天子服斩衰三年,礼也。"很明显,根据古代丧葬之礼的规定,此处"百姓"应指"百官"。国内学者赵甄陶等觉察到了"百姓"词义的变化,准确理解了"百姓"的内涵,将之翻译为"百官"。外国译者赖发洛和亨顿的文字敏感度不高,没有察觉到"百姓"内涵的变化,把"百姓"翻译为"普通人",即"小民"。

其次,华人学者可以比较容易地占有和解读与所译典籍相关的各类训诂资料,并对训诂资料的准确性作出判断取舍。古人向来重视对古代典籍作注,一部典籍往往会有多个注解版本。广泛占有不同的训诂资料,有助于译者比较全面地了解所译典籍的情况。在遇到不同的训诂资料对同一词语的注释出现分歧的情况时,华人学者可以结合自身的传统文化素养,利用训诂方法,在具体语境中作出判断取舍。例如:

> 为长者折枝,语人曰"我不能。"是不为也,非不能也。(《孟子·梁惠王》)

① 陈器之:《孟子通译》,长沙:湖南大学出版社,1989年,第124页。

对“为长者折枝”的注解，历来存在歧义。据焦循《孟子正义》记载，“折枝”古来有三种含义：其一，赵岐注曰：“折枝，案摩折手节解罢枝也”；其二，《音义》引陆善经云：“折草树枝”；其三，《文献通考》载陆筠解为“罄折腰肢”，盖犹今拜揖也[①]。可见，折枝在古来有三种解释：折取树枝；弯腰行礼和按摩关节。

外国学者在翻译“为长者折枝”时，或由于对训诂资料的占有不全面，或由于判断有失偏颇，都译为“折取树枝”。刘殿爵在对各家注解比较的基础上翻译成“按摩关节”。笔者认为，中国自古就强调尊长敬老，而“折取树枝”不足以表明尊老之意，故应排除在外。如果取“弯腰行礼”之意，用在此处不妥。孟子在这里为齐宣王解释“不为者与不能者的区别”。“为长者折枝”是“不为者”的代表，指的是那些很容易做但不愿意做的事情。在中国古代，年轻人在对老人弯腰行礼是当然之事，应循之礼，不存在是否愿意做的问题。纵观各家注解，“替老人按摩关节”更符合孟子之意。可见，华人学者熟悉中国传统文化，不仅能够直接阅读原著，还可以从自身的文化环境里认识孟子思想，因而翻译更加准确。

可见，在翻译《孟子》等古代典籍时，不仅要考虑同一个词在不同语境下的含义，还要兼顾当时的传统和礼仪。在这方面，国内学者的处理就比较好。

三、小　结

传教士们的经典翻译，唤起了西方学者对中国传统文化的兴趣，开启了外国学者研究中国传统文化的大门。但是传教士的《孟子》译本宗教倾向过于明显，不能如实反映孟子思想的内涵。进入20世纪后，典籍外译主要由外国学者完成。他们翻译中国经典的目的是研究中国文化，因而力求如实、客观地反映《孟子》思想。由于受本国文化传统和自身知识构成的制约，他们的译本中通常会出现误读和理解偏差。华人学者对西方译本中的误读和偏见深感不满，对西方学者长期垄断中国典籍外译深感忧虑，他们开始积极投身到典籍外译的洪流中。华人学者熟悉中国传统文化，不仅能够直接阅读原著，还可以从自身的文化环境里认识孟子思想，因而翻译更加准确。

① 焦循：《孟子正义》，北京：中华书局，1987年版，第85—86页。

征　稿

本刊《儒林》是山东大学儒学高等研究院的院刊。

本刊作为年刊，创刊于2005年，迄今已经出版了六辑，在学术界产生了一定的重要影响。

（一）本刊宗旨

1. 辨章学术，考镜源流；以文会友，以友辅仁。

2. 采取“大儒学”范畴或广义“国学”概念。

3. 汉学与宋学并重，经学史与哲学史并重，文献与思想并重，传世文献与出土文献并重，考据与义理并重，史与论并重，基础研究与应用研究并重，历史与现实并重，国学与西学并重。

（二）栏目设置

1. 设置以下栏目：

思想探索：当代儒学中出现的新思想观点；

理论建构：当代儒学复兴中出现的新理论体系；

人物品议：历史上的儒学人物及当代的新人物的研究；

学派评析：历史上的儒学派别及当代的新学派群体的研究；

名物训释：儒学史上的名词、术语、概念和范畴等的诠释；

文献研究：含传世文献与出土文献的研究；

中外比较：侧重中西比较；

图书评论：介绍最新出版著作；

名家访谈：每辑访谈一至两位儒林名家；

青年论坛：学生的优秀文章；

儒林讯息：学术会议、学术活动、学术事件的报道。

2. 每辑根据具体情况增设一至两个临时栏目，讨论儒学重大前沿问题。

（三）投稿要求

1. 一般稿件篇幅为1万字左右，最长勿超过1.5万字（特殊稿件例外）。

2. 来稿请用电子文档：Word文件，A4页面。文章标题用2号黑体字，副标题用4号仿宋体字；作者署名用4号楷体字，其下括符内的作者单位、城市及邮编用5号宋体字；正文用5号宋体字；独立段落的引文用5号仿宋体字；一级标题用4号楷体字，二级标题用小4号黑体字。

3. 来稿请撰【摘要】、【关键词】、【作者简介】。

4. 注释、参考文献一律采用脚注形式。某参考文献在文中第一次出现时，注明其相关信息，格式如下：

(1) 图书：作者/编者：《书名》，出版地：出版社，出版年份，版次，页码。

(2) 期刊：作者：《文章标题》，《刊名》XXXX年第X期。

(3) 报纸：作者：《文章标题》，《报纸名称》，出版年月日。

(4) 网络文章：作者：《文章标题》，网名：英文网址。

5. 来稿请在文末注明作者的联系方式（电话、电子邮箱、邮寄地址及其邮编）。

投稿邮箱：rxy@sdu.edu.cn

《儒林》编辑部

图书在版编目(CIP)数据

儒林. 第6辑 / 黄玉顺主编. —上海：上海古籍出版社，2016.11

ISBN 978-7-5325-8054-5

Ⅰ.①儒… Ⅱ.①庞… Ⅲ.①儒家—研究—丛刊 Ⅳ.①B222.05-55

中国版本图书馆 CIP 数据核字(2016)第 070863 号

儒林(第六辑)

黄玉顺　主编

上海世纪出版股份有限公司
上　海　古　籍　出　版　社　出版

(上海瑞金二路 272 号　邮政编码 200020)

(1) 网址：www.guji.com.cn

(2) E-mail：guji1@guji.com.cn

(3) 易文网网址：www.ewen.co

上海世纪出版股份有限公司发行中心发行经销

启东人民印刷有限公司印刷

开本 787×1092　1/16　印张 16.25　插页 7　字数 283,000

2016 年 11 月第 1 版　2016 年 11 月第 1 次印刷

ISBN 978-7-5325-8054-5

B·941　定价：68.00 元